全国商业职业教育教学指导委员会组编

国家文化产业资金支持媒体融合重大项目

微课

职业教育教学改革融合创新型教材 · 市场营销类

Shangwu Tanpan
Yu Goutong Jiqiao

商务谈判
与沟通技巧

第三版

王振翼　主编 ｜ 王金龙　副主编

东北财经大学出版社
Dongbei University of Finance & Economics Press ｜ 大连

图书在版编目（CIP）数据

商务谈判与沟通技巧 / 王振翼主编. —3版. —大连：东北财经大学出版社，2020.2（2021.12重印）

（职业教育教学改革融合创新型教材·市场营销类）

ISBN 978-7-5654-3771-7

Ⅰ. 商… Ⅱ. 王… Ⅲ. 商务谈判-高等职业教育-教材 Ⅳ. F715.4

中国版本图书馆CIP数据核字（2020）第017804号

东北财经大学出版社出版

（大连市黑石礁尖山街217号 邮政编码 116025）

网 址：http://www.dufep.cn

读者信箱：dufep@dufe.edu.cn

大连天骄彩色印刷有限公司印刷 东北财经大学出版社发行

幅面尺寸：185mm×260mm 字数：404千字 印张：19.5

2020年2月第3版 2021年12月第12次印刷

责任编辑：张旭凤 责任校对：张 洋

封面设计：冀贵收 版式设计：原 皓

定价：42.00元

"职业教育教学改革融合创新型教材" · 市场营销类

编写委员会

☆编写委员会主任

王晋卿

☆编写委员会副主任

马广水　杨群祥　杜明汉　李宇红

☆编写委员会成员（以拼音为序）

韩　英　胡德华　李红霞　陆　霞
权小研　孙金霞　石　琼　王　方
王丽丽　王婉芳　汪　锋　汪贤武
徐汉文　徐盈群　殷智红

富媒体智能型教材出版说明

"财经高等职业教育富媒体智能型教材开发系统工程"入选国家新闻出版广电总局新闻出版改革发展项目库，并获得文化产业专项资金支持，是"国家文化产业资金支持媒体融合重大项目"。项目以"融通""融合""共建""共享"为特色，是东北财经大学出版社积极落实国家推动传统媒体与新媒体融合发展的重要举措之一。

"财道书院"智能教学互动平台是该工程项目建设成果之一。该平台通过系统、合理的架构设计，将教学资源与教学应用集成于一体，具有教学内容多元呈现、课堂教学实时交互、测试考评个性设置、用户学情高效分析等核心功能，是高校开展信息化教学的有力支撑和应用保障。

富媒体智能型教材是该工程项目建设成果之二。该类教材是我社供给侧改革探索性策划的创新型产品，是一种新形态立体化教材。富媒体智能型教材秉持严谨的教学设计思想和先进的教材设计理念，为财经职业教育教与学、课程与教材的融通奠定了基础，较好地避免了传统教学模式和单一纸质教材容易出现的"两张皮"现象，有助于教学质量的提高和教学效果的提升。

从教材资源的呈现形式来说，富媒体智能型教材实现了传统纸质教材与数字技术的融合，通过二维码建立链接，将VR、微课、视频、动画、音频、图文和试题库等富媒体资源丰富呈现给用户；从教材内容的选取整合来说，其实现了职业教育与产业发展的融合，不仅注重专业教学内容与职业能力培养的有效对接，而且很好地解决了部分专业课程学与训、训与评的难题；从教材的教学使用过程来说，其实现了线下自主与线上互动的融合，学生可以在有网络支持的任何地方自主完成预习、巩固、复习等，教师可以在教学中灵活使用随堂点名、作业布置及批改、自测及组卷考试、成绩统计分析等平台辅助教学工具。

富媒体智能型教材设计新颖，一书一码，使用便捷。使用富媒体智能型教材的师生首先下载"财道书院"APP或者进入"财道书院"（www.idufep.com）平台完成注册，然后登录"财道书院"输入教材封四学习卡中的激活码建立或找到班级和课程对应教材，就可以开启个性化教与学之旅。

"重塑教学空间，回归教学本源！""财道书院"平台不仅仅是出版社提供教学资源和服务的平台，更是出版社为作者和广大院校创设的一个自主选择和自主探究的教与学的空间，作者和广大院校师生既是这个空间的使用者和消费者，也是这个空间的创造者和建设者，在这里，出版社、作者、院校共建资源，共享回报，共创未来。

最后，感谢各位作者为支持项目建设所付出的辛劳和智慧，也欢迎广大院校在教学中积极使用富媒体智能型教材和"财道书院"平台，东北财经大学出版社愿意也必将陪伴广大职业教育工作者走向更加光明而美好的职教发展新阶段。

东北财经大学出版社

第三版前言

《商务谈判与沟通技巧》第二版在使用过程中，一直注重总结经验，查找不足，听取广大教师、学生的意见和建议，同行专家、有关企业也提出了很多宝贵的修改意见，为本书第三版的修订提供了依据，指明了方向。

第三版教材以语言简明、透彻、通俗，讲解具有应用性、操作性、针对性、灵活性为特点，以理论知识注重够用、实践技能注重实用、教学方法注重有用、训练项目注重可用为原则，以提升学生的职业素养为目标。

本次修订对部分项目和模块进行了修改，补充了新的案例，更新了部分"故事汇"里的内容；丰富了"训练营"的训练项目，使商务谈判与沟通活动场景更加生动；完善了"知识库"的有关内容，使其更简明、更适用；对"金钥匙"里面的箴言、格言等，也进行了修改，针对性更强；"超链接"内容也做了新的调整。特别是第三版教材新增了60多幅图表，把一些复杂的理论或描述，变得一看就懂、一目了然，增加了趣味性和可读性。修订后的《商务谈判与沟通技巧》案例更加丰富，知识更加精炼，故事更加精彩，训练更加真实，在体例上仍然是突出项目，明确目标，细分任务，力争将职业技能所需要的沟通和谈判技巧贯穿于任务和项目中，全面提升学生的沟通和谈判能力及素养。

本书由无锡商业职业技术学院王振翼老师主编并负责修订，无锡商业职业技术学院王金龙老师为副主编并参与了本书的修订。无锡商业职业技术学院副院长徐汉文教授、江苏红豆集团投资有限公司总经理徐信保先生、贝塔斯曼科技有限公司人力资源部总经理张莹女士对本书的修订给予了大力支持和指导，在此表示衷心的感谢。

本书借鉴了许多理论成果和相关参考书，我们在此表示衷心感谢！由于时间仓促和水平有限，不足和错误之处在所难免，敬请读者批评指正，以便我们能进一步改进。

编 者
2019年10月

目　录

微课资源目录

项目一

沟通与情商

【目标与要求】
- 强化情商修炼意识，促进沟通
- 认识到情商对沟通的重要作用
- 认识自己的情商状况，制订改进计划

【学习任务】
- 情商测试，情商高低对比
- 让学生客观地认识自我
- 制订情商改进计划

【国际标准情商测试题】

这是一组欧洲流行的测试题，可口可乐公司、麦当劳公司、诺基亚公司等世界500强企业曾以此作为员工情商测试的模板，以帮助员工了解自己的情商状况。共33题，测试时间为25分钟。

第1～9题：请从下面问题的答案中，选择一个和自己最切合的答案。

1.我有能力克服各种困难：_____

A.是的　　　　　　　　　B.不一定　　　　　　　　　C.不是的

2.如果我到一个新的环境，我要把生活安排得：_____

A.和从前相仿　　　　　　B.不一定　　　　　　　　　C.和从前不一样

3.一生中，我觉得自己能实现我所预想的目标：_____

A.是的　　　　　　　　　B.不一定　　　　　　　　　C.不是的

4.不知为什么，有些人总是回避或冷淡我：_____

A.不是的　　　　　　　　B.不一定　　　　　　　　　C.是的

5.在大街上，我常常避开我不愿打招呼的人：_____

A.从未如此　　　　　　　B.偶尔如此　　　　　　　　C.有时如此

6.当我集中精力工作时，假如有人在旁边高谈阔论：_____

A.我仍能专心工作　　　　B.介于A、C之间　　　　　C.我不能专心且感到愤怒

7.我不论到什么地方，都能清楚地辨别方向：_____

A.是的　　　　　　　　　B.不一定　　　　　　　　　C.不是的

8.我热爱所学的专业和所从事的工作：_____

A.是的　　　　　　　　　B.不一定　　　　　　　　　C.不是的

9.气候的变化不会影响我的情绪：_____

A.是的　　　　　　　　　B.介于A、C之间　　　　　C.不是的

第10～16题：请如实回答下列问题，将答案填入右边横线处。

10.我从不因流言蜚语而生气：_____

A.是的　　　　　　　　　B.介于A、C之间　　　　　C.不是的

11.我善于控制自己的面部表情：_____

A.是的　　　　　　　　　B.不太确定　　　　　　　　C.不是的

12.在就寝时，我常常：_____

A.极易入睡　　　　　　　B.介于A、C之间　　　　　C.不易入睡

13.有人侵扰我时，我：_____

A.不露声色　　　　　　　B.介于A、C之间　　　　　C.大声抗议，以泄己愤

14.在和人争辩或工作出现失误后，我常常感到愤怒、精疲力竭，而不能继续安心工作：_____

A.不是的　　　　　　　　B.介于A、C之间　　　　　C.是的

15.我常常被一些无谓的小事困扰：_____

A.不是的　　　　　　　　　　B.介于A、C之间　　　　　C.是的

16.我宁愿住在僻静的郊区，也不愿住在嘈杂的市区：_____

A.不是的　　　　　　　　　　B.不太确定　　　　　　　　C.是的

第17~25题：在下面的问题中，请为每一题选择一个和自己最切合的答案。

17.我被朋友、同事起过绰号、挖苦过：_____

A.从来没有　　　　　　　　　B.偶尔有过　　　　　　　　C.这是常有的事

18.有一种食物使我吃后呕吐：_____

A.没有　　　　　　　　　　　B.记不清　　　　　　　　　C.有

19.除去看见的世界外，我的心中没有另外的世界：_____

A.没有　　　　　　　　　　　B.记不清　　　　　　　　　C.有

20.我会想到若干年后使自己极为不安的事：_____

A.从来没有想过　　　　　　　B.偶尔想到过　　　　　　　C.经常想到

21.我常常觉得自己的家庭对自己不好，但是我又确切地知道他们的确对我不错：_____

A.否　　　　　　　　　　　　B.说不清楚　　　　　　　　C.是

22.每天我一回家就立刻把门关上：_____

A.否　　　　　　　　　　　　B.不清楚　　　　　　　　　C.是

23.我坐在小房间里把门关上，但我仍觉得不安：_____

A.否　　　　　　　　　　　　B.偶尔是　　　　　　　　　C.是

24.当一件事需要我作决定时，我常觉得很难：_____

A.否　　　　　　　　　　　　B.偶尔是　　　　　　　　　C.是

25.我常常用抛硬币、抽签之类的游戏来预测凶吉：_____

A.否　　　　　　　　　　　　B.偶尔是　　　　　　　　　C.是

第26~29题：下面各题，请按实际情况如实回答，仅须回答"是"或"否"即可，在你选择的答案旁打"√"。

26.为了学习我早出晚归，早晨起床我常常感到疲惫不堪：

是_____　否_____

27.在某种心境下，我会因为困惑陷入空想，将学习搁置下来：

是_____　否_____

28.我神经脆弱，稍有刺激就会使我战栗：

是_____　否_____

29.睡梦中，我常常被噩梦惊醒：

是_____　否_____

第30~33题：本组测试共4题，每题有5种答案，请选择与自己最切合的答案，在你选择的答案上打"√"。

答案标准如下：

1	2	3	4	5
从不	几乎不	一半时间	大多数时间	总是

30. 工作中，我愿意挑战艰巨的任务。1　2　3　4　5

31. 我常发现别人好的意愿。1　2　3　4　5

32. 能听取不同的意见，包括对自己的批评。1　2　3　4　5

33. 我时常勉励自己，对未来充满希望。1　2　3　4　5

参考答案及评估：

计分时请按照标准，先算出各部分的得分，最后将几部分的得分相加，得到的分值即为你的最终得分。

第1~9题，每回答一个A得6分，回答一个B得3分，回答一个C得0分。计＿＿＿＿＿分。

第10~16题，每回答一个A得5分，回答一个B得2分，回答一个C得0分。计＿＿＿＿＿分。

第17~25题，每回答一个A得5分，回答一个B得2分，回答一个C得0分。计＿＿＿＿＿分。

第26~29题，每回答一个"是"得0分，回答一个"否"得5分。计＿＿＿＿＿分。

第30~33题，从左至右分数分别为1分、2分、3分、4分、5分。计＿＿＿＿＿分。

总计为＿＿＿＿＿分。

130分以上，说明你的情商很高，请继续保持和提升。

90~120分，说明你的情商中等，请努力提升。

90分以下，说明你的情商较低，急需提升。

故事汇

油漆匠的态度

有一位太太请了一个油漆匠到家里粉刷墙壁。

油漆匠一走进门，看到那位太太的丈夫双目失明，顿时流露出怜悯的眼光。男主人一向开朗乐观，油漆匠在那里工作了几天，他们谈得很投机，油漆匠也从未提起男主人的缺陷。

工作完毕，油漆匠取出账单，那位太太发现比谈妥的价钱少了很多。

她问油漆匠："怎么少算了这么多呢？"

油漆匠回答说："我跟你先生在一起觉得很快乐，他对人生的态度，使我觉得自己的境况还不算太坏。所以减去的那一部分，算是我对他表示一点谢意，因为他使我不会把工作看得太苦！"

油漆匠对她丈夫的推崇，使她落泪，因为这位慷慨的油漆匠，自己只有一只手。

故事启发　情商决定态度。而态度就像磁铁，不论我们的思想是正面的还是负面的，我们都受到它的牵引。而思想就像轮子一般，使我们朝一个特定的方向前进。虽然我们无法改变人生，但我们可以改变人生观；虽然我们无法改变环境，但我们可以改变心境；我们无法改变环境来完全适应自己的生活，但可以调整态度来适应一切的环境。

训练营

【训练任务1-1】
情商考验。
【任务目标】
了解情商对沟通的影响，知道情商的重要性。
【任务内容和要求】
（1）通过商务谈判活动，表现不同的语言对情绪的影响。
（2）用故意激怒法，展现情绪对沟通的影响。
【任务组织】（见表1-1）

表1-1   情商考验任务组织表

人数	30人	时间	30分钟
场地	不限	用具	卡片或白纸一沓
活动步骤	（1）将学生分成3人一组，每两组进行一场游戏，并告诉他们：你们正处于一场商务谈判中 （2）给每个小组一张白纸，让他们在3分钟的时间内用头脑风暴的办法列举出尽可能多的会激怒别人的词语，但用语必须文明。每个小组要注意不要让另外一组事先知道他们会使用的词语 （3）让每个小组写出一个1分钟的剧本，其中要尽可能多地出现那些激怒人的词语，时间为10分钟 （4）告诉大家评分标准 ①每个激怒性的词语给1分 ②每个激怒性的词语视激怒程度给1～3分 ③如果表演者能使用这些会激怒对方的词语表现出真诚、合作的态度，另外加5分 （5）让一个小组先开始表演，另外一组学生在纸上写下他们听到的激怒性的词语 （6）表演结束后，让表演的小组确认他们所说的那些激怒性的词语，必要时要对其做出解释，然后两个小组互换角色，重复上述过程 （7）第二个小组的表演结束后，大家一起分别给每个小组打分，给分数最高的那一组颁发"火上浇油奖"			
问题讨论	（1）在与人沟通的过程中，哪些词语最容易引起愤怒 （2）怎样避免使用容易引起沟通对象愤怒的词语			

【任务评价】（见表1-2）

表1-2　　　　　　　　　　　　情商考验任务评价表

评价指标	评价标准	分值（分）	评估成绩（分）	所占比例
情商情况 表演状况 剧　　本 团队配合	1.剧本真实，效果较好	20		70%
	2.激怒词语较多，达到了激怒效果	30		
	3.反映出的情商状况	20		
	4.遵守规定时间	10		
	5.语言形象，表达清楚	10		
	6.总体印象	10		
教学过程	参与程度、参与态度	100		30%
综合得分				

知识库

微课1
情商

一、什么是情商

情商，通常指情绪商数，英文简称EQ（Emotional Quotient）。主要是指人在情绪、意志、耐受挫折等方面的品质，是一个人自我情绪管理以及管理他人情绪的能力指数。

人与人之间的情商并无明显的先天差别，更多与后天的培养有关。它是心理学家们提出的与智商相对应的概念。从最简单的层次上下定义，提高情商是把不能控制情绪变为可以控制情绪，从而增强理解他人及与他人相处的能力的过程。

戈尔曼和其他研究者认为，这种能力是由五种特征构成的：自我意识、控制情绪、自我激励、认知他人情绪和处理相互关系。情商越来越多地被应用在企业管理学上。对于组织管理者而言，情商是领导力的重要组成部分。

微课2
情商、智商、
逆商三者关系

二、EQ、IQ和AQ的关系

与EQ关系密切的，还有IQ和AQ。

IQ是Intelligence Quotient的缩写，意为智力商数，简称智商。它是测量个体智力发展水平的一种指标，最早由德国心理学家施太伦（L.W.Stern）提出，美国心理学家推孟在制定"斯坦福-比奈智力量表"时引用IQ，并加以改进。IQ是用智龄（心理年龄）除以实际年龄所得的商再乘以100得到的。

AQ是Adversity Quotient的缩写，意为逆境商数。它代表了一个人面对逆境时处理问题的能力，描绘了一个人的挫折忍受力。根据AQ专家保罗·史托兹博士的研究，一个人AQ越高，越能以弹性面对逆境，积极乐观并接受困难的挑战，提出创意并找出解决方案，因此能不屈不挠，越挫越勇。

EQ、IQ越高，表现越卓越。AQ低，就会影响EQ；EQ低，必然导致IQ低。例如，一个身处逆境、情绪低落的人，很难发挥IQ；如果这个人的EQ低，就会影响AQ，也必然导致IQ低。一个情绪低落、难以自控的人，如果遇到挫折，自然会影响IQ；如果这个人的IQ低，却不一定影响EQ和AQ。

结论：情商和逆商低，一定影响智商；智商低，不一定影响情商和逆商。

哈佛大学的高曼（Daniel Goleman）教授发现，一个人的EQ对他在职场的表现有着非常重要的影响。举例而言，一项针对美国500强企业的员工所做的调查发现，不论员工属于何种产业，一个人的IQ和EQ对他在工作上成功的贡献比例为1：2，也就是说，对于工作成就而言，EQ的影响是IQ的2倍，而且职位越高，EQ对工作表现的影响就越大。此外，对于某些工作类别，如营销业务以及客户服务等，EQ的影响更为明显。

我国教育的特点是十分重视智商的开发，强调从小就进行智力开发，而对情商和逆商的培养却被教育机构和家长忽视，这两者对智商有着极大的影响。在当今社会，一个成功人士必须同时具备EQ、IQ和AQ。

微课3

情商要素

三、构成情商的五个要素

哈佛大学心理学博士丹尼尔·戈尔曼认为情商包含5个要素，见图1-1。

图1-1　构成情商的要素

（一）能认识自己的情绪

能够监视情绪时时刻刻的变化，察觉某种情绪的出现，观察和审视自己的内心世界，它是情商的核心，只有认识自己，才能成为自己生活的主宰。

（二）会管理自己的情绪

调控自己的情绪，使之适时适度地表现出来，即能调控自己。

（三）自我激励

能够依据活动的某种目标，调动、指挥情绪的能力，它能够使人走出生命中的低潮，重新出发。

（四）能识别他人的情绪

能够通过细微的社会信号，敏感地感受到他人的需求与欲望，认知他人的情绪，这是与他人正常交往、实现顺利沟通的基础。

（五）能处理好人际关系

具备调控自己与他人的情绪反应的能力，人际关系和谐融洽。

【案例1-1】

控制情绪的故事

一天，陆军部长斯坦顿到林肯那里，气呼呼地对他说，一位少将用侮辱的话指责他偏袒一些人。林肯建议斯坦顿写一封内容尖刻的信回敬那家伙。

"可以狠狠地骂他一顿。"林肯说。

斯坦顿立刻写了一封措辞强硬的信，然后拿给林肯看。

"对了，对了。"林肯高声叫好，"要的就是这个！好好训他一顿，写得真好，斯坦顿。"

但是当斯坦顿把信叠好装进信封里时，林肯却叫住了他，问道："你干什么？"

"寄出去呀。"斯坦顿有些摸不着头脑了。

"不要胡闹。"林肯大声说，"这封信不能发，快把它扔到炉子里去。凡是生气时写的信，我都是这么处理的。这封信写得好，写的时候你已经解气了，现在感觉好多了吧？那么就请你把它烧掉，再写第二封信吧。"

【案例启示】

能时刻管理好自己的情绪，才能保证做任何事都能理性行事。

四、情商高低的表现

（一）高情商的表现

（1）喜欢钻研他人行事的动机。

（2）是热情的领导者，言出必行。

（3）清楚自己的优势和短板。

（4）能够平静地面对过去。

（5）对未来充满信心。

（6）是一个成熟主动的聆听者。

（7）坚定地追求自己的目标。

（8）知道自己为什么不高兴。

（9）能自如地和朋友以及陌生人交谈。

（10）在工作和生活中都严守道德标准。

（11）非常热心助人。

（12）拥有强大的内心驱动力。

（13）敢于在必要的时候说不。

（二）较高情商的表现

（1）拥有自我意识。

（2）心理承受能力强，能够进行自我调节。

（3）能够积极乐观地看待世界。

（4）能够揣测他人心理、动机。

（5）拥有较好的人际关系。

（6）能够对事情、问题作出判断。

（三）较低情商的表现

（1）易受他人影响，自己的目标不明确。

（2）比低情商者善于原谅，能控制大脑。

（3）能应对较轻的焦虑情绪。

（4）把自尊建立在他人认同的基础上。

（5）缺乏坚定的自我意识。

（6）人际关系较差。

（四）低情商的表现

（1）自我意识差，没有自信。

（2）无确定的目标，也不打算付诸实践。

（3）严重依赖他人，但又从不考虑别人的感受。

（4）处理人际关系能力差，经常大发脾气，应对焦虑能力差。

（5）生活无序，爱抱怨。

（6）总喜欢为自己的失败找借口，推卸责任，做事怕困难，胆量小。

（7）心理承受能力差，受不了一点打击，经常流泪，对生活感到悲观绝望。

【案例1-2】

一位服务生的EQ

高EQ的服务生的想法：

第一，我们的服务工作出了问题，客户有情绪很正常。

第二，客户不是冲我发脾气，他是冲我们的公司发脾气，所以我完全可以心平气和地处理。

低EQ的服务生的想法：

第一，客户为何会这么想？奇怪了，我什么都没做错，怎么冲我发脾气？太过分了。

第二，我拿的工资又不高，受这种窝囊气，与客户打一架，大不了不要这份工作了。于是服务生与客户吵起来，得罪了客户，工作也丢了。

【案例启示】

同样一件事，情商不同的人想法完全不一致，导致的行为也不一样。低情商常见的4种表现，见图1-2。

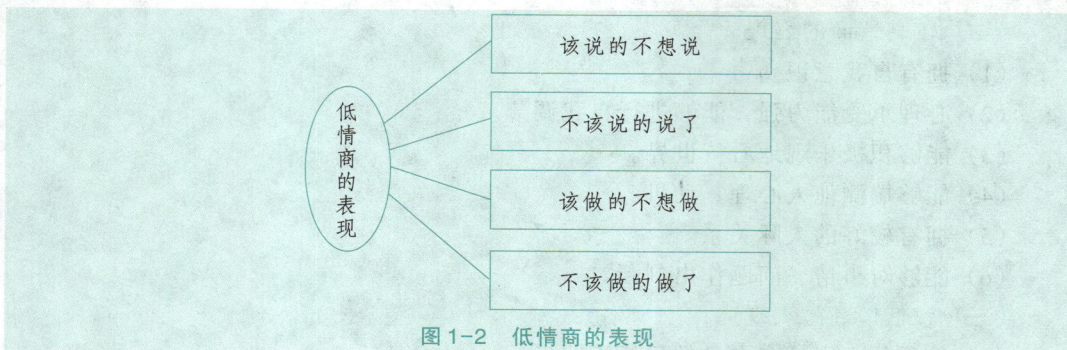

图 1-2　低情商的表现

五、提高情商水平的方法

（一）不抱怨、不批评

高情商的人一般不批评别人、不指责别人、不抱怨、不埋怨。其实，这些抱怨和指责都是不良情绪，它们会传染。高情商的人只会做有意义的事情，而不做没有意义的事情。

（二）热情和激情

高情商的人对生活和工作保持热情和激情。知道调动自己的积极情绪，让好的情绪伴随每天的生活和工作。不让那些不良的情绪影响到生活和工作。

（三）包容和宽容

高情商的人宽容、心胸宽广，心有多大，眼界有多大，你的舞台就有多大。高情商的人不斤斤计较，有一颗包容和宽容的心。

（四）沟通与交流

高情商的人善于沟通、善于交流，并且以坦诚的心态来对待他人，真诚又有礼貌。沟通与交流是一种技巧，需要学习并在实践中不断地总结摸索。

（五）多赞美别人

高情商的人善于赞美别人，这种赞美是发自内心的、真诚的。能看到别人优点的人，会进步得很快，总是挑拣别人缺点的人反而退步。

（六）保持好心情

高情商的人每天保持好的心情，每天早上起来，送给自己一个微笑，并鼓励自己，告诉自己"我是最棒的，我是最好的"。

（七）善于聆听

高情商的人善于聆听，聆听别人说的话，仔细听别人说什么，多听多看，而不是自己滔滔不绝。聆听是尊重他人的表现；聆听是更好沟通的前提；聆听是人与人之间最好的一种沟通。

（八）有责任心

高情商的人敢做敢当、不推卸责任，遇到问题，分析问题，解决问题。正视自己的优点和不足，做一个敢于担当的人。

（九）每天进步一点点

高情商的人每天进步一点点，说到做到，立刻就开始行动，不是光说不做。行动力是成功的保证。每天进步一点点，朋友们也更加愿意帮助这样的人。

（十）记住别人的名字

高情商的人善于记住别人的名字，用心去做，就能记住。记住了别人的名字，别人也会更加愿意亲近你，和你做朋友，你会有越来越多的朋友，有好的朋友圈。

六、职场情商训练的方法

职场情商训练的方法有：

（1）把看不顺眼的人看顺眼。

（2）把看不起的人看起。

（3）把不想做的事做好。

（4）把想不通的事想通。

（5）把快骂出的话收回。

（6）把咽不下的气咽下。

（7）把想放纵的心收住。

微课4

提高情商的方法

七、工作EQ能力拓展

哈佛大学的高曼教授针对职场的工作表现，提出了他的工作EQ架构。经过不断测试和修正，目前工作EQ的内容共有4大项、18小项。

（一）自我察觉

（1）意识到自己情绪的变化：解读自己的情绪，认识到情绪的影响。

（2）精确的自我评估：了解自己的优点以及不足之处。

（3）自信：掌控自身的价值及能力。

（二）自我管理

（1）情绪自制力：能够克制冲动及矛盾的情绪。

【案例1-3】

老总走进办公室，突然发现一人低头正专注地玩手机。老总大怒，问："你一个月工资多少？"那人答："3 000元。"老总从口袋里掏出3 000元甩给他，并大吼道："马上给我离开这里，你被辞退了！"那人走后，余怒未消的老总问旁边的人："他是哪个部门的？"旁边的人说："他是送快递的。"

【案例启示】

不要在冲动时做决定，因为在那一刻，人的智商为零！

（2）坦诚：展现出诚实及正直，值得信赖。

（3）适应力：弹性强，可以适应变化的环境或克服障碍。

（4）成就动机：具备提升能力和追求卓越表现的强烈动机。

（5）冲劲：随时准备采取行动，抓住机会。

（三）社交察觉

（1）同理心：感受到其他人的情绪，了解别人的观点，积极关心他人。

（2）团体意识：解读团体中的趋势，了解和掌握团队配合、团队角色、团队关系和团队运作的意义和方法。

（3）服务：认识到客户及其他服务对象的需求，并有能力加以满足。

（四）人际关系管理

（1）领导能力：以独到的愿景来引导及激励他人。

（2）影响力：能说服他人接受自己的想法。

（3）发展其他人的能力：通过回馈及教导来提升别人的能力。

（4）引发改变：能激发新的做法。

（5）冲突管理：减少意见相左，协调共识的能力。

（6）建立联系：培养及维持人脉。

（7）团队能力：与他人合作的能力，懂得团队运作模式

在这18项EQ能力中，一个人只要有5～6项EQ能力特别突出，而且是平均分布在4大项能力中的话，那么他在职场上的表现，就会非常出色了。

训练营

【训练任务1-2】

最像哪种动物。

【任务目标】

通过活动，让学生更加深入地了解他人，让学生更加深刻地认识自我。

【任务内容】

按图描述动物性格，与自身联系，描述自己的性格特征。

【任务组织】（见表1-3）

表1-3　　　　　　　　　　　　　最像哪种动物任务组织表

任务项目	具体实施	时间	备注
了解他人认识自我	（1）将准备好的动物图片给学生看 （2）让学生描述不同动物的性格 （3）让学生回忆自己在遇到矛盾或危险的时候是什么反应，最像哪种动物 （4）让学生依次描述自己最像哪种动物，要言之有理 陈述举例：我最像刺猬，虽然看起来浑身都是刺，不好接近，其实我的性格很温顺 （5）训练结束，组织学生讨论 ①你是否意识到自己的性格竟然和某种动物很相似 ②通过这个游戏，你是否对他人有了更深刻的了解 ③这个游戏给我们的人际沟通带来了怎样的启示	25分钟	教室内动物图片

【任务评价】（见表1-4）

表1-4   最像哪种动物任务评价表

评价指标	评价标准	分值（分）	评估成绩（分）	所占比例
陈述与讨论	1.描述真实、形象	20		70%
	2.回忆与联想符合实际	20		
	3.讨论认真，体会深刻	20		
	4.遵守规定的时间	10		
	5.语言形象，表达清楚	20		
	6.总体印象	10		
教学过程	参与程度、参与态度	100		30%
综合得分				

金钥匙 🔑

■ 心里容不下别人是没有慈悲，心里容不下自己是没有智慧。

■ 我们希望别人怎么对待我们，我们就怎么对待别人。

■ 一个人的成功，IQ的作用只占20%，其余80%是其他的因素，其中情商占很大一部分。

——丹尼尔·戈尔曼

■ 人都有五彩缤纷的情绪世界，释放积极情绪并调控消极情绪，保持健康成长，激励自己踏上成功的人生之路。

■ 孤独是什么？是一种掩饰不掉，挥之不去，即使很无奈也可以完全放松的精神享受，没有人打扰，没有人陪伴。

■ 什么是寂寞？寂寞是需要温暖的，对于如何获取温暖，那便是接近人群。

■ 狂欢是一群人的寂寞，孤独是一个人的狂欢。

■ 看清楚一个人，看清楚一件事，其实都是很容易的，放到时间里，慢慢的，越来越清晰。

超链接1-1 创业，一场情商的较量

美国哈佛大学心理学博士丹尼尔·戈尔曼曾说过："如果你没有控制情感的能力，如果你不具备自我意识，如果你无法管理你的沮丧情绪，如果你没有同情心，无法建立有效的关系，那么无论你多么聪明，你也不会走得很远。"

对于创业者来说，创业是一场艰辛无比的艰难跋涉，在这条荆棘的创业路上，创

业者要斗智斗勇、斗心理、斗策略，和对手赛跑，和时间赛跑，在残酷激烈的市场竞争中披荆斩棘。创业者作为整个团队中的风向标，解决在创业过程中遇到的各种困难，不仅要靠创业者的智商，有时候情商更加重要。如果说情商是创业者的自我修养，创业就是一场情商的较量。

美国曾公布了一份权威调查，显示美国近20年来政界和商界成功人士的平均智商仅在中等，而情商却很高。这项数据表明如果你想成为一名成功的领导，最重要的不是你的智商，而是你的情商。高情商意味着有足够的勇气面对可以克服的挑战，有足够的度量接受不可克服的挑战，有足够的智慧来分辨两者的不同。

高情商的创业者包容利他给别人成长空间。

高情商的创业者头脑冷静内心强大。

高情商的创业者保持尊重和耐心善于聆听。

创业者们既然选择了创业，那就是选择了一条不那么顺畅的泥泞的路，愿创业者们扬帆起航，不断前行，锻炼自己的情商，成长为高情商、有智慧的创业者。

资料来源　佚名. 创业，一场情商的较量［EB/OL］.（2017-09-27）. http：//www.sohu.com/a/194965092_773585.

课后思考：

1. 你认为情商影响沟通吗？

2. 如何为自己制订一份提高情商的计划？

项目二
沟通方式

【目标与要求】
- 能恰当选择沟通方式
- 让学生体会单向沟通的局限性
- 增强对双向沟通重要性的认识
- 提高学生非语言沟通的能力

【学习任务】
- 通过训练体会单向沟通的局限性
- 通过训练体会双向沟通的重要性
- 设计一次正式沟通和非正式沟通，写出体会

【沟通方式测试】

在企业中，沟通方式是指我们在同下属、同事、上司沟通时所采用的面对面交谈、电话、书信、短信、电子邮件等沟通形式，包括语言方式和非语言方式。请通过回答下列问题对自己的该项能力进行差距测评。

1.当你犯了错误，需要向领导说清楚时，你会采用怎样的沟通方式？

A.当面沟通　　　　　　　　B.电话沟通　　　　　　　　C.发电子邮件

2.当下属提出辞职时，你会采用怎样的沟通方式挽留他？

A.直接谈话　　　　　　　　B.先电话沟通，再当面沟通

C.发电子邮件

3.错怪了下属，你会采用怎样的方式和下属沟通？

A.打电话道歉　　　　　　　B.发电子邮件道歉　　　　　C.当面沟通，表示歉意

4.向上司提出关于公司管理的意见时，你会采用何种方式进行沟通？

A.书信　　　　　　　　　　B.面谈　　　　　　　　　　C.电子邮件

5.当你的团队取得了良好的业绩时，你会选择何种方式表示祝贺？

A.当面表示祝贺　　　　　　B.向每个人发电子邮件　　　C.给每位成员打电话

6.当你和同事发生误会时，你会如何向其解释？

A.当面说清楚　　　　　　　B.电话沟通　　　　　　　　C.发电子邮件

7.当你向经理提出辞职时，你会采用何种沟通方式？

A.递交正式的辞职信　　　　B.找经理面谈　　　　　　　C.电话沟通

8.你要向客户推销产品，如何与其沟通？

A.电话沟通拜访　　　　　　B.电话沟通，并发电子邮件

C.电子邮件

9.客户向你抱怨公司的产品时，如何与其沟通？

A.电话沟通　　　　　　　　B.通过电子邮件沟通　　　　C.有时上门沟通

10.作为团队领导，你如何同你的团队成员进行有效的沟通？

A.电话和短信　　　　　　　B.电子邮件和MSN　　　　　C.当面沟通

选A得3分，选B得2分，选C得1分。

24分以上，说明你选择沟通方式的能力很强，请继续保持和提升。

15～24分，说明你选择沟通方式的能力一般，请努力提升。

15分以下，说明你选择沟通方式的能力很差，急需提升。

故事汇

卓文君妙笔答夫

司马相如进京赶考，一举中第，在长安被封为中郎将后，便产生了休妻的念头，于

是就写了封信给卓文君，信的内容是：一二三四五六七八九十百千万万千百十九八七六五四三二一。意为我们从头开始到现在，可环境变了，我们应该从现在回到起初的样子。聪明的卓文君读后，明白了丈夫的意思，泪流满面，心凉如水，心情十分悲痛。就以他的信的内容展开回了封信，可谓是经典之作：

一朝别后，二地相悬。

只说是三四月，又谁知五六年？

七弦琴无心弹，八行书无可传。

九连环从中折断，十里长亭望眼欲穿。

百思想，千系念，万般无奈把郎怨。

万语千言说不完，百无聊赖，十依栏杆。

重九登高看孤雁，八月中秋月圆人不圆。

七月半，秉烛烧香问苍天，

六月三伏天，人人摇扇我心寒。

五月石榴红似火，偏遇阵阵冷雨浇花端。

四月枇杷未黄，我欲对镜心意乱。

忽匆匆，三月桃花随水转。

飘零零，二月风筝线儿断。

噫，郎呀郎，巴不得下一世，你为女来我做男。

司马相如阅信后大为惭愧，打消了休妻的念头。

故事启发　　为了达到沟通的目的，必须采用合适的形式和方法来表达和承载一些信息，让信息传递和交流。卓文君情真意切地以一、二、三、四、五、六、七、八、九、十、百、千、万做了一首诗作为回信，挽救了他们的婚姻，值得后人借鉴。

知识库

一、什么是沟通

沟通是人与人之间、人与群体之间思想与感情的传递和反馈，以求思想达成一致和感情通畅的过程。简单地说，沟通就是交流观点和看法，寻求共识，消除隔阂，谋求一致。

现实生活中，许许多多的不愉快、不顺畅、难堪、挫折、失败、不幸，均与缺乏沟通或沟通不成功有关。英国学者帕金森有一个著名的定律——帕金森定律，即因未能沟通而造成的真空，将很快充满谣言、误解、废话与毒药。

在一个环境中，只要不是只有一个人，那么经常性的交往和沟通就是必然的。

微课5

沟通的重要性

微课6

沟通的方式

二、沟通方式

按照不同的标准，沟通方式可分为以下几类，见图2-1：

沟通方式

- 语言沟通和非语言沟通
- 单向沟通和双向沟通
- 正式沟通和非正式沟通
- 垂直沟通和水平沟通
- 对内沟通和对外沟通
- 单独沟通和集体沟通

图2-1　沟通方式

（一）语言沟通和非语言沟通

1.语言沟通

（1）口头沟通。口头沟通是指借助语言进行的信息传递与交流。口头沟通的形式很多，如会谈、电话、会议、广播、对话等。

（2）书面沟通。书面沟通与口头沟通相比，可以永久保存，能够传递复杂的信息，且信息传播不受时间、地点等限制。它是指信息发出者通过书面形式将自己要表达的信息呈现给信息接收者，信息接收者接收信息后做出反馈的过程。

书面沟通有时可以起到比口头沟通更好的效果，沟通者觉得面对面没有办法进行沟通时，或者认为口头沟通会产生障碍时，就可采用书面沟通的方式，它的效果比口头沟通更好、更有效。

书面沟通的形式包括信件、报告、备忘录、公告及其他传递书面文字或符号的手段。

（3）电子沟通，又称E-沟通。电子沟通是指计算机技术与电子通信技术组合而产生的以信息交流技术为基础的沟通。它是随着电子信息技术的兴起而新发展起来的一种沟通形式，包括传真、闭路电视、计算机网络、电子邮件、QQ、微信等。

【特别提示2-1】

微信、米聊等移动IM（即时通信），作为跨界、跨平台、跨形态的创新产品，已经为行业和用户带来了一场新的沟通变革，丰富了人们的沟通模式，推动了弹性社交的快速普及。

【练一练】2-1　给客户发E-mail或短信

情景：实习生李四给培训部王经理发E-mail或短信，内容是询问会议在哪里开、何时开等有关信息。

假如你就是李四，应该如何发送这条E-mail或短信？

学生扮演李四，教师扮演王经理，实际写E-mail或短信并发送；老师随机抽取并朗读E-mail或短信，同学点评，教师小结，最后提出规范的E-mail和短信参考格式：

（1）有尊称，如"王经理：您好"。

（2）先表明身份，客气地表示打扰与请求帮助，如"我是×××的李四。麻烦您告诉我……"。

（3）表示感谢与署名，如"谢谢您。李四"。

（4）事后再致谢意，如"王经理：信已经收到。谢谢。李四"。

（5）要有明确的主题，如"李四致王经理的……"。

（6）有附件的，还要有简洁的说明与致谢，如"王经理：关于×××的资料已发给您，请查收。谢谢。李四。2015-06-28"。

（7）不宜经常用"！"。

【练一练】2-2　与客户QQ联系

情景：你有公司安排的新任务要与客户沟通，因为很急，刚好对方QQ在线，你想通过QQ详细沟通，你该如何做？

电子沟通也是一门学问，在回复电子邮件和在IM上与人聊天的时候，明显能够感觉到不同的人或礼貌或冒昧，或文雅或粗鲁。为了高效地进行电子沟通，掌握一定的礼仪是有必要的。

【练一练】2-3　沟通中的小问题

请3位同学分别扮演甲、乙和经理，模拟下面的情景：

办公室的电话铃响了，甲接起电话。

甲："您好，这里是××公司销售部，请问，有什么事吗？"

乙："是销售部主管王先生吗？"

甲："对不起，他现在不在，能问下您找他有什么事吗？能为您转达吗？"

乙："我姓刘，是他的一个客户，能不能请他尽快与我联系。"

甲："好的，我会尽快转告他。再见。"

（看了上面这段，发现问题了吗？）

甲拨通了经理的电话。

甲："经理吗？刚才有位客户打电话找您，要您尽快与他联系。"

经理："客户叫什么名字？"

甲："不知道，只知道姓刘。"

经理："他找我有什么事？会不会是退货？"

甲："不知道，他没有说。"

经理："你也没有问吗？那把他的联系电话告诉我。"

甲："对不起，我也不知道，我以为您知道。"

经理："姓刘的客户那么多，我怎么知道是谁？！"

经理挂断了电话。

是经理脾气不好还是甲没有做对？如果你是甲，你会如何处理？

2. 非语言沟通

（1）非语言沟通的定义。

非语言沟通是指通过身体动作、体态、语气语调、空间距离等方式交流信息、进行沟通的过程。在沟通过程中，信息的内容部分往往通过语言来表达，而非语言则作为提供解释内容的框架，来表达信息的相关部分，因此非语言沟通常被错误地认为是辅助性或支持性的角色。

伯贡与赛因说："非语言交流是不用言辞表达的、为社会所共知的属性或行动，这些属性或行动由发出者有目的地发出，由接收者有意识地接收并可能进行反馈。"

萨摩瓦说："非语言交际是指在一定环境中除语言因素以外的，对输出者或接收者含有信息价值的那些因素。这些因素既可以人为生成，也可以由环境造成。"

（2）非语言沟通的功能。

非语言沟通的功能是传递信息、沟通思想、交流感情。使用非语言沟通符号来重复语言所表达的意思或起到加深印象的作用。例如，人们使用语言进行沟通时，附带有相应的表情和其他非语言符号。

（3）非语言沟通的分类。

①标志语言。包括聋哑人的手语、旗语，交通警察的指挥手势，裁判的手势，以及人们惯用的一些表意手势，如"OK"或胜利的"V"等。

②动作语言。例如，饭桌上的吃相能反映出一个人的修养；一位顾客在排队，他不停地把口袋里的硬币弄得叮当响，这清楚地表明他很着急；在棋盘前，举棋又放下，显示出他拿不定主意。

③物体语言。例如，总把办公物品摆放很整齐的人，能看出他是一个干净利落、讲效率的人；穿衣追求质地，不跟随时尚，这样的人一定有品位、有档次。

3. 语言沟通和非语言沟通的区别

语言沟通和非语言沟通相互加强，但它们之间存在着明显的区别。

语言沟通在词语发出时开始，它利用声音这一个渠道传递信息，能对词语进行控制，是结构化的，并且是被正式教授的。

非语言沟通是连续的，通过声音、视觉、嗅觉、触觉等多种渠道传递信息，绝大多数是习惯性的和无意识的，在很大程度上是无结构的，并且能够通过模仿学到。

【拓展领域2-1】

不得不知的六类非语言沟通方式

美国传播学家艾伯特·梅拉比安对于沟通曾提出了一个公式：

沟通时信息的全部表达=7%的语调+38%的声音+55%的肢体语言

我们把声音和肢体语言都归为非语言交往的符号，那么人际交往和销售过程中信息的沟通就只有7%是由语言进行的。所以非语言沟通是你不得不知的技巧。非语言沟通的要点，见图2-2。

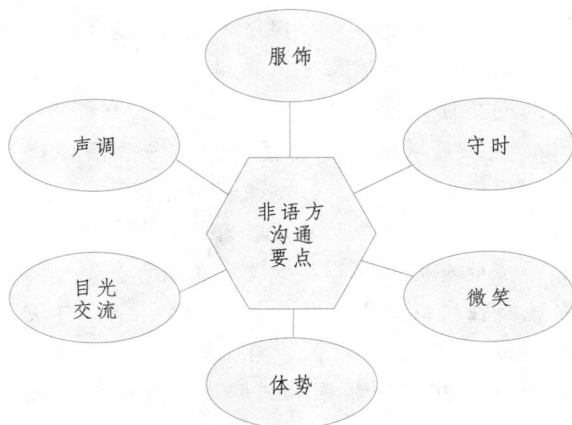

图2-2　非语言沟通的要点

1.目光交流

目光交流，是人与人之间最传神的非语言交往。"眉目传情"或"暗送秋波"等成语形象说明了目光在人们情感交流中的重要作用。

在沟通活动中，听者应看着对方，表示关注；而讲话者一般不宜再迎视对方的目光，讲话者说完最后一句话时，才将目光移到对方的眼睛上。这是在表示一种询问"你认为我的话对吗？"或者暗示对方"现在该轮到你讲了"。

人们在交往的过程中，彼此间的注视还因人的地位和自信程度而异。推销学家在一次实验中，让两个互不相识的女大学生共同讨论问题，预先对其中一个人说，她的交谈对象是一个研究生，却告知另一个人说，她的交谈对象是一个高考多次失利的中学生。结果显示，自以为自己地位高的女学生，在听和说的过程中都充满自信地凝视对方，而自以为地位低的女学生说话时很少注视对方。在日常生活中也能观察到，主动者往往更多地注视对方，被动者则较少迎视对方的目光。

2.服饰

在沟通中，人的衣着服饰也在传播信息并与对方沟通。意大利影星索菲亚·罗兰说："你的衣服往往表明你是哪一种类型，它代表了你的个性，一个与你会面的人往往自觉地根据你的衣着来判断你的为人。"

服饰本身是不会说话的，但人们常在特定的情境中以穿某种衣服来表达心中的思想和建议要求。比如在人际交往中，人们总是恰当地选择与环境、场合和对手相称的服装。在谈判桌上，衣着是销售者"自我形象"的延伸扩展。同样一个人，穿着打扮不同，给人留下的印象也完全不同，对交往对象也会产生不同的影响。

美国有一位营销专家做过一个实验，他本人以不同的打扮出现在同一地点。当他身穿西服以绅士模样出现时，向他问路或问时间的人，大多彬彬有礼，而且基本上是绅士阶层的人；当他打扮成无业游民时，接近他的多半是流浪汉，或是来找火借烟的。

3. 体势

达·芬奇曾说过，精神应该通过姿势和四肢的运动来表现。同样，在人际交往过程中，人们的一举一动，都能体现特定的态度，表达特定的含义。

在与地位高于自己的人交往时，身体各部分肌肉往往会绷得很紧，可能是由于内心紧张、拘谨，因此身体的放松是一种信息传播行为，向后倾斜15度以上是极其放松的态度。人的思想感情会从体势中反映出来：略微倾向于对方，表示热情和兴趣；微微起身，表示谦恭有礼；身体后仰，显得若无其事和轻慢；侧转身子，表示嫌恶和轻蔑；背朝人家，表示不屑理睬；拂袖离去，则是拒绝交往的表示。

我国文化传统很重视交往中的姿态，认为这是一个人是否有教养的表现，因此素有大丈夫要"站如松，坐如钟，行如风"之说。在日本，百货商场对职员的鞠躬弯腰还有具体的标准：欢迎顾客时鞠躬30度，陪顾客选购商品时鞠躬45度，对离去的顾客鞠躬45度，表示真诚的道歉鞠躬90度。

4. 声调

有一次，意大利著名悲剧影星罗西应邀参加一个欢迎外宾的宴会。席间，许多客人要求他表演一段悲剧，于是他用意大利语念了一段"台词"，尽管客人听不懂他的"台词"内容，然而他那动情的声调和表情，凄凉悲怆，不由使大家流下同情的泪水。可一位意大利人却忍俊不禁，跑出会场大笑不止。原来，这位悲剧明星念的根本不是什么台词，而是宴席上的菜单。

恰当自然地运用声调，是顺利交往与沟通的条件。在一般情况下，柔和的声调表示坦率和友善；在激动时，声调自然会颤抖；表示同情时，声调会略为低沉。不管说什么话，阴阳怪气，就有冷嘲热讽之嫌；用鼻音哼声往往表现傲慢、冷漠、恼怒和鄙视，是缺乏诚意的表现，会引起人不快。

5. 守时

守时是一种基本素质，理应是现代人必备的素质之一。现代生活的快节奏，却在削弱着大家的时间意识，不守时的情况经常会在我们的身边发生。例如公司每周的例会，总会有那么几个人迟到；约会时间已到，饭菜已上桌，却总有几个人不见踪影，这样的例子屡见不鲜。

守时，也是非语言沟通的重要因素之一。遵守时间，按时赴约，无声地传递一种品德和修养，这本身就是沟通。

6. 微笑

微笑来自快乐，它带来的快乐也能创造快乐。在人际交往过程中，保持微笑，双方都能从发自内心的微笑中获得这样的信息——"我是你的朋友"。微笑虽然无声，但是它说出了许多意思——高兴、欢悦、同意、尊敬。

资料来源 佚名. 教你七招简单有效的非语言沟通［EB/OL］.（2012-12-01）. http：//jingyan. baidu.com/article/27fa7326c201b446f9271f48.html.

【特别提示2-2】

避免不恰当的沟通方式。

训练营

【训练任务2-1】

找到合适的距离。

【任务目标】

（1）让学生知道沟通需要合适的距离。

（2）使双方通过沟通确定他们的最佳距离。

【任务内容与要求】

（1）通过两个人之间距离的调整，感受沟通的合适距离，从而了解四级自信模式的含义。

（2）要求在活动中注意体会距离变化带来的感受。

【任务组织】（见表2-1）

表2-1　　　　　　　　　　找到合适的距离任务组织表

人数	10人	时间	30分钟
场地	不限	用具	无
活动步骤	（1）2人一组，让他们面对面站着，间隔2米。让2个人一起向对方走去，直到其中有一方（如A）认为是比较合适的距离（即再往前走，他会觉得不舒服）再停下 （2）让小组中的另一个人（如B）继续向前走去，直到他认为不舒服为止 （3）现在每个小组都至少有1个人觉得不舒服，而且事实上，也许2个人都不舒服，因为B觉得他侵入了A的舒适区，没有人愿意这样 （4）现在请所有人回到座位上去，给大家讲解四级自信模式（见下） （5）将所有的小组重新召集起来，让他们按照刚才的站法站好，然后告诉A（不舒服的那一位），现在进入自信模式的第一阶段，即很有礼貌地劝他的同伴离开他一点。例如："请你稍微站远一点好吗？这样让我觉得很不舒服！"注意，要尽可能礼貌，面带微笑。告诉B，他的任务就是按照老师的要求去做 （6）无论A有什么要求，仍然按照老师的要求去做 （7）现在告诉A，下面可以自由选择怎么做来达到目的，但是一定要依照四级自信模式。要有原则，但是要控制你的不满，尽量达成沟通和妥协 （8）如果已经完成了劝服的过程，就回到座位上		

续表

四级自信模式	第一级：礼貌地提出请求，明确你的界限。你可以使用下面的表述："你介意往后退一步吗？""我觉得我们的距离有点近。" 第二级：有礼貌地再次重申你的界限或边界。你可以使用下面的表述："很抱歉，我真的需要远一点的距离。" 第三级：描述不尊重你的界限的后果。你可以使用下面的表述："我明白，你选择不接受，正如我刚刚所说，这意味着我将不得不离开。" 第四级：实施结果。你可以使用下面的表述："没办法，我必须离开。"
问题讨论	（1）当别人侵入你的区域时，你是否会觉得很不舒服？如果别人不接受你的建议，你会有什么感觉 （2）是不是每一组的B都退到了让A满意的地步，是不是有些是A和B妥协以后的结果 （3）有多少人采用了全部的自信模式？有没有人只采用了一级，对方就让步了？有没有人直接使用了第四级或直接转身离开

【任务评价】（见表2-2）

表2-2　　　　　　　　　　　　　找到合适的距离任务评价表

评价指标	评价标准	分值（分）	评估成绩（分）	所占比例
表演情况 对四级自信 模式的理解 讨论情况	1.表演得真实、形象	20		70%
	2.对四级自信模式体会深刻	30		
	3.讨论认真，积极发言	20		
	4.表达清晰	10		
	5.协作与配合	10		
	6.总体印象	10		
教学过程	参与程度、参与态度	100		30%
综合得分				

（二）单向沟通和双向沟通

1.单向沟通

在沟通过程中，信息发送者负责发送信息，信息接收者负责接收信息，信息在全过程中单向传递。

2.双向沟通

在沟通过程中，信息发送者不仅负责发送信息，还要接收由信息接收者反馈回来的信息；信息接收者不仅接收信息，还要发送反馈信息，信息在全过程中双向传递。

3.单向沟通和双向沟通的应用

（1）企业流程完善且合理，极其重视效率与秩序，宜采用单向沟通。

（2）对于程序化和模式化的学习任务，可采用单向沟通。

（3）企业向底层进行某些决策和知识的传达时，可采用单向沟通。

（4）对工作项目及其结果要求精度高，宜采用双向沟通。

（5）企业或团队内部重视成员之间的关系和协调时，宜采用双向沟通。

（6）处理较难的问题或要进行比较复杂的决策时，采用双向沟通的效果更好。

（7）在危急时刻或时间较为紧迫时，采用单向沟通效果更佳。

（8）管理者与员工进行绩效沟通时，一般采用双向沟通。

（三）正式沟通和非正式沟通

1.正式沟通

正式沟通，一般是指在组织系统内，依据组织明文规定的原则进行的信息传递和交流的沟通方式。例如，组织与组织之间的公函来往、组织内部的文件传达、召开会议、上下级之间的定期情报交换等。

正式沟通一般有明确的任务，气氛严肃，时间地点选择严格，形式的选择一般以文字或者公开的面谈为主，一般双方都有较好的沟通准备，如各种形式的会议、正式的宴会以及领导和下属之间约见式的谈话等。

正式沟通的优点：沟通效果好、比较严肃、约束力强、易于保密、可以使信息沟通保持权威性、适用于重要的信息和文件的传达等。正式沟通的缺点：信息传递速度较慢、信息在逐渐传递的过程中会出现失真或扭曲的可能。

2.非正式沟通

非正式沟通是指正式沟通渠道以外的信息交流和传递，以及相互之间的回馈，以保证双方利益并达到目的的沟通方式，它不采用组织监督，自由选择沟通渠道。例如，团体成员私下交换看法、朋友聚会等，就属于非正式沟通。非正式沟通是正式沟通的有机补充。在许多组织中，决策时利用的情报大部分是由非正式信息系统传递的。同正式沟通相比，非正式沟通往往能更灵活迅速地适应事态的变化，省略许多烦琐的程序，并且常常能提供大量的通过正式沟通渠道难以获得的信息，真实地反映员工的思想、态度和动机。

非正式沟通的优点：沟通形式多样、直接明了、速度很快，容易及时了解到正式沟通难以提供的"内幕新闻"；非正式沟通的缺点：非正式沟通难以控制、传递的信息不确切、信息容易失真或被曲解，并且可能促进小集团、小圈子的建立，影响员工关系的稳定和团体的凝聚力。

（四）垂直沟通和水平沟通

垂直沟通分为上行沟通和下行沟通，均属于上下级之间的沟通方式。一般下行沟通的速度要快于上行沟通的速度，因为下行沟通多属于领导布置任务，而上行沟通多属于下属向领导反映问题、申请和汇报工作。水平沟通是平等组织、企业、部门、团队成员之间的沟通方式。

垂直沟通的优点是沟通速度快，信息传递准确；缺点是如果传递层次多，信息传递会变慢，可能出现越级沟通和隐瞒事实的现象。水平沟通的优点是沟通主体之间彼此平等，沟通顺畅；缺点是容易产生矛盾和冲突，难以控制局势。

（五）对内沟通和对外沟通

对内沟通是组织、企业、部门、团队内部进行的信息沟通。对外沟通是组织、企业、部门、团队与其他平等主体为合作而直接进行的沟通。比如技术部和市场部，如果他们就一个项目方案的合作而进行的沟通，是对内沟通；如果就此项目方案，技术部讨论自己的职责、任务、工作等，那么就是技术部与市场部进行对外沟通。对内沟通和对外沟通，是因业务和工作需要开展的沟通，优缺点不便讨论。

（六）单独沟通和集体沟通

单独沟通是平等个体之间一对一的沟通，这里的个体不一定是一个人，也可以是一个团体、组织。比如公司会议上，一把手说：你们各个部门之间单独沟通，这时个体就很有可能是一个部门中的若干人。集体沟通是平等主体全部或绝大多数参与交流的一种信息沟通方式。

单独沟通的优点是可以就某一问题深入讨论、不占用他人的时间；缺点是受知识面的影响，可能会片面。集体沟通的优点是群策群力、众志成城、士气高昂；缺点是难以统一观点、占用别人的时间等。

三、信息沟通的障碍

（一）沟通障碍表现

发送信息者的障碍、接收信息者的障碍、反馈的障碍。

（二）信息沟通障碍的原因

漏斗原理（如图 2-3）告诉我们：你想要说的是 100%；你所表达出的是 80%；听众接收到的是 60%；听众理解的是 40%；听众记住的是 20%。信息在传递过程中丢失的这种现象是普遍存在的问题，在企业管理、行政管理、人际沟通当中也普遍存在。

图 2-3　漏斗原理

【特别提示2-3】

有效的沟通应将正式沟通和非正式沟通两种方式结合起来，这样才能满足沟通的要求。

训练营

【训练任务2-2】

折纸。

【任务目标】

（1）使学生体会到单向沟通的局限性。

（2）增强学生对双向沟通重要性的认识。

【任务内容与要求】

（1）通过每个学生两次折纸、撕纸的活动，了解单向沟通和双向沟通的特点。

（2）每个学生要遵守活动规则，第一次折纸时不允许说话。

（3）认真体会两次折纸的结果带来的启示。

（4）认真参加讨论。

【任务组织】（见表2-3）

表2-3 折纸任务组织表

任务项目	具体实施	时间	备注
沟通方式训练	（1）给每位学生发一张纸 （2）教师发布指令 ①大家闭上眼睛 ②全过程不许问问题 ③把纸对折 ④再对折 ⑤再对折 ⑥把右上角撕下来，转180度，再把左上角撕下来 ⑦睁开眼睛，把纸打开，比较一下大家撕出来的图样是否相同 （3）再发一张纸，重复上面的指令。不同的是，这次允许发问 （4）对比两次结果，组织学生讨论 ①两次折纸的结果有什么不同？原因是什么 ②双向沟通的优点是什么	10分钟	教室内提前准备废纸（16K），每人两张

【任务评价】（见表2-4）

表2-4　　　　　　　　　　　　　　折纸任务评价表

评价指标	评价标准	分值（分）	评估成绩（分）	所占比例
对单向、双向沟通的理解	1.对单向沟通局限性的理解	20		70%
	2.对双向沟通的重要性有充分的认识	20		
	3.讨论认真，积极发言	10		
	4.有自己深刻的体会	20		
	5.遵守活动时间要求	10		
	6.效果明显	10		
	7.活动评估	10		
教学过程	参与度、态度和热情	100		30%
综合得分				

金钥匙

■ 改变传统沟通方式，必须先改变行为方式，而决定行为方式的主要因素是观念。

■ 管理就是沟通、沟通、再沟通。

——杰克·韦尔奇

■ 管理者的最基本能力：有效沟通。

——L·威尔德（英国管理学家）

■ 公司管理层的首要职能就是建立和保持一个良好的沟通机制。

——切斯特·I·巴纳德（《管理者职能》的作者）

■ 要使公司的工作卓有成效，无论这个公司的组织架构如何，有效的沟通渠道都是必不可少的。

——大卫·帕卡德（美国惠普公司联合创始人）

■ 不是有了电话就有了朋友；同样，不是有了金钱就有了朋友。有一颗真诚热忱、主动沟通的心，才是最重要的。如果你能以充满关怀和热情的态度主动沟通，主动去帮助别人，那么你周围的人便会因为你的付出而更加感谢你，同时你也会拥有更多交心的朋友。

超链接2-1　改善沟通的主要方式就是改变自己

从前，美国有一个牧师，他在一个星期六的早晨起来，正为自己要在十分困难的情况下进行唠叨的布道而发愁。当时他的太太去买东西了，天空正下着雨，他的小儿子又吵闹不休，令人心烦。后来这位牧师在无可奈何的情况下，捡起一本旧杂志，一页一页地翻着，当翻到有一幅色彩艳丽的世界地图时，把它撕了下来，然后将它撕成了碎片，扔到地板上，对小儿子说："小约翰，你要是能将这幅地图重新拼起来，我就给你25美分。"

牧师以为他的小儿子为此会花上大半个上午，可是不到10分钟，就有人敲他的房门，是他的小儿子抱着拼好的地图进来了。牧师非常惊讶地看着这准确无误的世界地图，便问："孩子，你是怎么完成这幅拼图的？"小约翰说："这非常容易，在地图的另一面有一个人的照片，我就把这个人的照片拼在一起，再翻转过来，我想，如果这个人的照片是正确的话，那么，这个世界地图就是正确的。"这个牧师终于笑了，给了小儿子25美分，并且说："你也替我准备了明天的布道内容——假如一个人是正确的，他的世界也是正确的。"

如果一个人想改变他的世界，首先他应该改变自己。如果他是正确的，他的世界也是正确的。

【拓展领域2-2】

创业者与客户沟通的最佳方式

如何与客户建立有效的沟通，这是一个长久以来困惑销售人员的问题。您是追求短期的销售成功呢？还是向往与客户保持长期关系？您能如愿以偿地销售任何产品吗？或者说，您了解客户所需吗？您懂得与客户沟通的技巧吗？哪一种沟通形式最有效呢？这里有三种不同的沟通模式——礼貌待客式、技巧推广式、个性服务式，哪一种沟通模式更适合贵公司呢？

为了更好地理解这三种模式，下面举一个简单的例子。有一个奶制品专卖店，里面有三个服务人员：小李、大李和老李。当您走近小李时，小李面带微笑，主动问长问短，一会儿与您寒暄天气，一会儿聊聊孩子的现状，总之聊一些与买奶无关的事情，小李的方式就是礼貌待客式。而大李呢，采取另外一种方式，他说："我能帮您吗？您要哪种酸奶？我们对长期客户是有优惠的，如果气温高于30℃，您可以天天来这里喝一杯免费的酸奶。您想参加这次活动吗？"大李的方式属于技巧推广式。老李的方式更加成熟，他会和您谈论您的日常饮食需要，问您喝什么奶，是含糖的还是不含糖的？也许您正是一位糖尿病人，也许您正在减肥，老李总会找到一种最适合您的奶制品，而且告诉您如何才能保持奶的营养成分。老李的方式属于个性服务式。

那么，您认为以上三种模式哪一种更适合贵公司呢？哪一种是最有效的方式呢？这三种模式之间的内在联系是什么？以下的调查也许与您的直觉不大一样。

其中一个问题是销售人员所使用的非语言服务是否始终与语言服务保持一致。如果二者是一致的，那么这三种模式就会起到非常好的效果。有些研究表明，技巧推广式更能为企业带来效益。

但是，如果提供的语言服务和非语言服务的信息不一致，客户就会倾向于相信非语言服务反映出来的服务信息。也就是说，如果销售人员被训练得看起来礼貌待客，但可能身体语言流露出了他内心并不喜欢他的工作，也不喜欢与客户打交道，那么礼貌待客就失去了意义。同样，技巧推广式也会由于销售人员的不友善或漫不经心而达不到预期效果。只有个性服务式沟通才能将语言信息及非语言信息完美结合，这是因销售人员与客户长期交流而建立起深层关系的缘故。

销售人员最重要的口头沟通是开场白和结束语。因为人们在沟通时易于记住刚开始和最后发生的事情。所以销售人员与客户沟通时，要特别注意开始时的礼貌寒暄和最后的结束语。

礼貌待客讲究即时应对，包括时间即时、空间即时和语言即时。所谓时间即时，就是向走进来的客户及时打招呼。例如，只要客户向销售窗口走近1米之内，就要在5秒钟之内打招呼以便让客户感受到您的热情接待。空间即时是在距离上接近客户。接近的程度要根据各地文化背景的不同而不同。语言即时就是客户以不同的方式表示出有问题时，能够迅速应答，而不能说"那不是我部门的事"或者"我不是您要找的人"，很小的语言差异往往会导致完全不同的结果。所以使用积极的语言，如"咱们一起来看看是什么问题"，就比使用被动语言"这个问题是得琢磨琢磨"要有礼貌。

对于技巧推广式，调查人员列出了至少15种以上的方式来掌握客户与销售人员的沟通技巧。如承诺、威胁、荣誉感、积极的尊重、消极的尊重等，都与人性的特点有关。销售人员要充分了解人性的特点并把它们融入销售语言中，激发起消费者不能错过交易、眼光独到、时尚流行等心理期待。

调查显示，多数成功的推销用语都有如下规律：创造需求—激发兴趣—唤起欲望（通过任何一种人的需要）—采取行动。

在与客户沟通的过程中，非语言信息甚至可以影响客户的潜在情绪。例如，在鸡尾酒晚会上，那些笑容灿烂的服务员所得到的小费平均比微笑少的服务人员多几倍；同样，把找回给客户的零钱放在客户的手心里，可多拿10%的小费；接近客户，或者蹲下来与客户目光接触，同样会提高小费数额。

总之，个性化的沟通模式是最有效的模式，但需要多培训、多练习。而且，与其他模式一样，它的有效性也会由于销售人员不易察觉的歧视而大打折扣。对零售业的调查显示，肥胖客户、穿着不讲究者、与销售人员（如性别、人种、档次、年龄）不同者和具有挑衅性的客户都不会受到及时、礼貌的服务待遇。所有这些均说明，只有通过培训才能逐渐消除服务中的差异。

资料来源　佚名. 与客户沟通的最佳方式案例分析［EB/OL］.（2011-07-17）. https：//club.1688. com/threadview/28839013.html.

课后思考：

1.你认为观念与沟通方式有何关系？
2.你如何理解"改善沟通的主要方式就是改变自己"？

项目三

沟通表达、倾听、提问与反馈技巧

【目标与要求】
- 能恰当选择表达方式
- 让学生了解表达的重要性
- 了解表达的方式
- 提高学生的表达能力

【学习任务】
- 通过训练提高表达能力
- 通过训练体会倾听的重要性
- 运用提问、反馈技巧进行一次有目的的沟通

模块一　沟通表达技巧

【目标与要求】 能准确运用语言表达
让学生了解语言表达的重要性
提高学生的语言表达能力

【学习任务】 通过训练提高语言表达能力

【表达能力测试】

表达是将思考所得的成果用语言表现出来的一种行为，表达能力是观察、记忆、思考、创造和阅读的综合运用能力。请通过下列问题对自己的该项能力进行测评：

1.你如何表达和阐述你的观点？

A.分条列项阐述　　　　　　　　　　B.重点突出，条理清楚

C.直接陈述

2.你一般采用怎样的方式表达你的观点？

A.语言文字、图像和数据并用　　　　B.图形、数据和声音并用

C.直接用语言阐述

3.你当众表达时，一般如何把握你的声音？

A.重点突出，抑扬顿挫　　　　　　　B.注意控制音量

C.对麦克风进行挑选和试用

4.你当众表达时，一般如何把握你的语速？

A.语速适中　　　　　　　　　　　　B.注意表达的节奏

C.通过停顿调节语速

5.你进行表达时，如何运用你的语言？

A.尽量简单精练　　　　　　　　　　B.通俗表达

C.根据受众对象，使用专业术语

6.你进行表达时，如何运用技巧很好地和听众进行沟通？

A.和听众保持眼神交流　　　　　　　B.运用手势吸引听众

C.通过幽默调节气氛

7.你认为如何才能让你的表达吸引听众？

A.完美的开场白　　　　　　　　　　B.充满逻辑性和故事性的论述

C.你的权威性

8.你向上级汇报工作时，你如何表达？

A.结果突出，重点解释　　　　　　　　B.重点突出，清晰表达

C.照本宣科，宣读报告

9.你要求同事配合你的工作时，你从哪个角度进行表达？

A.发出邀请　　　　　　　　　　　　　B.陈述同事对工作的重要性

C.直接要求同事合作

10.你向下属分配任务时，你如何表达？

A.明确任务，并限定时间　　　　　　　B.说清任务，明确利益

C.传达任务，限期完成

选A得3分，选B得2分，选C得1分。

24分以上，说明你的表达能力很强，请继续保持和提升。

15～24分，说明你的表达能力一般，请努力提升。

15分以下，说明你的表达能力很差，急需提升。

故事汇

乞讨词语

巴黎圣马丁大教堂附近，一个盲人在乞讨。一张纸上写道："我一出生时就瞎了眼睛。"旁边放着一个装钱的盒子。一位女士走过来看了一下纸上的字，然后将纸翻过来写了几个字放回原处。之后，路过的人纷纷向帽子里扔硬币。

她写的是什么？（见课程资源视频资料）

微课7

沟通的表达技巧

故事启发　　表达要恰如其分，能引起听众的共鸣。同一个意思的表达有无数种，充满感情的表达更能引起受众的注意。

知识库

一、表达的含义

（1）表达是将思考得到的成果用语言反映出来的一种行为。

（2）表达以交际与传播为目的，以物、事、情、理为内容，以语言为工具，以听众、读者为对象。

（3）表达几乎包括一切高级行为、一切艺术、一切表露出来的情绪。

二、表达前应做的准备

表达前应准备3件事，见图3-1。

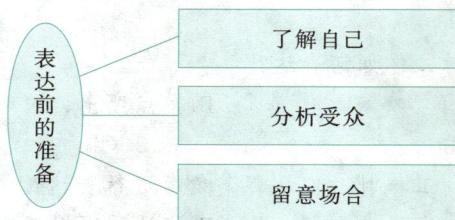

图 3-1　表达前的准备

（一）了解自己

知道自己表达的核心问题是什么，表达的目的是什么；审核表达的信息是否完整、准确、易懂；表达方式是否恰当，以及能够预计表达的效果。

（二）分析受众

了解你要表达的对象的情绪、心理、生活、工作等状况，熟知对方的兴趣点是什么，及时观察对方的面部表情、肢体语言、精力是否集中等情况。

（三）留意场合

不受干扰的沟通和表达才能有好的效果。在嘈杂、压力大、紧张感较强的场合，表达的准确性会大大降低，从而影响表达效果。

三、准确表达的关键

准确表达的关键，见图 3-2。

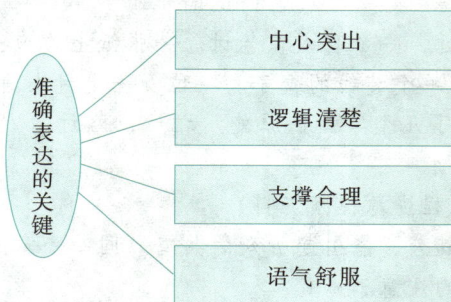

图 3-2　准确表达的关键

【练一练】3-1

下面每组语言的表达有什么区别吗？

（1）苏州园林据说有一百多处，我到过的不过十多处。

苏州园林据说有一百多处，我到过的不过十处。

（2）苏州园林与北京的园林不同，极少使用彩绘。

苏州园林与北京的园林不同，很少使用彩绘。

（3）还在那儿布置几块玲珑的石头。

还在那儿布置许多玲珑的石头。

（4）几乎可以说把整个园林翻了一番。

可以说把整个园林翻了一番。

注：每组的第一句话出自叶圣陶的《苏州园林》。

训练营

【训练任务3-1】

信息传递。

【任务目标】

（1）体验信息传递的过程。

（2）体验表达能力的重要性。

【任务内容与要求】

（1）第一位学生将老师告诉的话传给下一位同学，依次传递。

（2）传递过程必须小声，不能让其他人听见。

【任务组织】（见表3-1）

表3-1　　　　　　　　　　　　信息传递任务组织表

任务项目	具体实施	时间	备注
信息传递	（1）20人围成一圈，由教师给出一句简短的话，要求学生准确理解并自行组织语言，悄悄告诉下一位学生（每人把从前一位听到的传达给下一位） （2）最后一位学生完成表达后，第一位学生告诉大家所听到的话，对比差别 （3）共同分析出现差错的原因	20分钟	教室内

【任务评价】（见表3-2）

表3-2　　　　　　　　　　　　信息传递任务评价表

评价指标	评价标准	分值（分）	评估成绩（分）	所占比例
倾听 表达 讨论 体会	1.信息传递认真、准确	20		70%
	2.倾听效果好	30		
	3.表达清晰	20		
	4.讨论认真，积极发言	10		
	5.协作与配合	10		
	6.总体印象	10		
教学过程	参与程度、参与态度	100		30%
综合得分				

四、表达的六大失误

表达的六大失误为：

（1）表达的目的不清，中心模糊。

（2）缺乏组织和驾驭语言的能力。

（3）充斥过多的信息，并出现矛盾信息。

（4）论点缺乏足够的论据作为支撑。

（5）声音单调，无激情、无生机。

（6）未满足听众需求，不能引起共鸣。

五、无效表达的表现

无效表达的表现包括：

（1）抢话。

（2）接话茬。

（3）顺嘴胡说，信口开河。

（4）语言尖刻。

（5）缺乏弹性，不留空间。

（6）无内容、空泛。

（7）语言轻狂。

（8）缺乏分寸。

（9）阴阳怪气，不讲普通话。

（10）言行不一。

（11）傲慢（对方会非常注意你的态度，不会注意你的语言内容，证明你没有那么高的位置）。

（12）态度卑微。

（13）恶语伤人。

六、如何提高表达能力

提高表达能力的方式有：

（1）尽量用数字说话，语言形象、有说服力。

（2）增大阅读量、丰富词汇、启迪思想。

（3）每次说话都要有目的性、目标感、方向性，避免东拉西扯、啰啰唆唆、不着边际。

（4）尽量不用俗语，以免妨碍语言自由表达。

（5）说话注意场合、方式，委婉表达。

（6）说话声音不高不低、节奏舒缓。

（7）扩大人际交往范围，增加说话机会，提高对语言的驾驭能力。

训练营

【训练任务3-2】

从银行贷款。

【任务目标】

（1）通过训练，使学生体会到语言表达的重要作用。

（2）认识到语言表达方面的不足，及其对沟通效果的影响。

【任务内容与要求】

（1）模拟企业贷款活动，训练学生的表达能力和沟通能力。

（2）银行与企业互不认识，不能表现同学间熟悉的关系，要认真对待。

（3）提前准备贷款的理由和依据，并组织好语言。

【任务组织】（见表3-3）

表3-3　　　　　　　　　　　　从银行贷款任务组织表

任务项目	具体实施	时间	备注
从银行贷款	（1）全班分成2个组 （2）每组20人，分别进行 ①10名同学代表10家银行，每人1枚硬币代表100万元，任务是将手中的钱贷给你认为应该贷的企业，主要考核其表达是否清楚，条理是否清晰 ②10名同学代表10家不同的企业，任务是说服银行把钱贷给自己，获得硬币多的同学为胜者 （3）要用最少的时间获得最多的硬币 （4）组织学生讨论 ①如何说服银行把钱贷给你 ②银行为什么把钱贷给你	30分钟	教室内 10枚硬币

【任务评价】（见表3-4）

表3-4　　　　　　　　　　　　从银行贷款任务评价表

评价指标	评价标准	分值 （分）	评估成绩 （分）	所占比例
表达 表演 陈述 讨论	1.理解表达的含义	15		
	2.表达准确，条理清晰，有感染力	30		
	3.表演真实	15		
	4.遵守活动规则	10		70%
	5.语言设计合理	10		
	6.效果明显	10		
	7.活动评估	10		
教学过程	参与度、态度和热情	100		30%
综合得分				

【训练任务3-3】

五步对抗。

【任务目标】

（1）让学生学会五步对抗的交流方式。

（2）让学生掌握表达敌意的策略性技巧。

【任务内容与要求】

（1）按照五步对抗模型进行设计。

（2）以小组为单位进行设计，要认真对待。

（3）积极参加讨论。

【任务组织】（见表3-5）

表3-5　　　　　　　　　　　　　五步对抗任务组织表

任务项目	具体实施	时间	备注
五步对抗	（1）教师向学生介绍五步对抗模型（见表3-6） （2）将学生分为5组，给每组发一张题板 （3）分给5个小组五步对抗模型中的任意一步，请各小组找出更多与所分步骤相匹配的表达 （4）让各小组选出一个代表，按照所分步骤的顺序进行排列 （5）各个代表与大家分享各自小组的表达，5个小组的表达放在一起要形成一个完整的五步对抗模型 （6）活动结束后，组织学生进行讨论 ①大家对五步对抗模型有怎样的看法 ②这个活动带给我们怎样的启示	30分钟	教室内 五步对抗模型题板纸

表3-6　　　　　　　　　　　　　五步对抗模型

步骤	内容
第一步	描述充满希望的未来，即描述消除对抗后所要达到的结果。例如，你可以这样说："我希望我们能好好相处，这样我们共事时大家都会感到和谐和舒服。"
第二步	详细描述问题。例如，当你觉得有人在背后说你坏话时，你可以对他说："上周三下午，你对经理说我工作不努力，还说我的有些想法很愚蠢。"
第三步	表明这为什么是一个问题，如果那个人没有意识到他的行为有问题，那么你就得告诉他。例如，你可以这样表达："你这样做，让我感觉受到了侮辱，我们不应该把精力放在这上面，而应当把精力放在工作中去。"
第四步	提供一个积极的解决办法。例如，你可以这样表达："如果你对我有什么看法，请你本着友好的态度当面告诉我，在你向他人评价我之前，请仔细考虑一下你对我的评价是否公平。"
第五步	给未来一个积极地展望。例如，你可以这样表达："如果你同意我的话，我想我们还是好同事，我会在工作中一如既往地支持你。"

【任务评价】（见表3-7）

表3-7　　　　　　　　　　　　　五步对抗任务评价表

评价指标	评价标准	分值（分）	评估成绩（分）	所占比例
配合表述讨论体会	1.团队配合默契	20		70%
	2.五步描述与表达十分清楚	30		
	3.各小组代表分享效果好	20		
	4.五步对抗模型完整	10		
	5.讨论认真，积极发言	10		
	6.总体印象	10		
教学过程	参与程度、参与态度	100		30%
综合得分				

金钥匙

■　一句话可以把人说笑，一句话可以把人说跳。同样一句话之所以会产生截然不同的效果，除了自身修养外，还有说话技巧问题。说话有技巧就中听，说话无章法就刺耳。人与人之间需要和谐，因此说话技巧十分重要。

■　顺着说，不要逆着说。出示话题（如"当你不守纪律被老师或同学批评时"或"当你骑车与人相撞并受到指责时"等），如果你顶着说、逆着说，显然是硬碰硬，对方不但不会让步，而且会产生更大的反弹力，形成针尖对麦芒的态势，一场恶斗就不可避免；如果懂得顺着说，有错就承认，有则改之，无则加勉，则大事化小，小事化了。

■　想着说，不要抢着说。出示话题（如"当你正在钻研题目，你面前的同学因感冒咳嗽不停，影响你的思考，你实在忍不住时"或"当你看到别人在你面前插队买菜时"等），想着说与抢着说的效果是不同的。想着说就是在说话前保持头脑冷静，多加思考，想一想哪些该说，哪些不该说，该什么时候、什么场合说；而抢着说就是说话不经思考，莽撞开口，不讲方式，不计后果。想着说往往用语准确，方法得当，因此能够说得恰到好处，令人心悦诚服；而抢着说往往会急不择言，冲动冒昧，易造成不良后果。如第一个话题，抢着说可能就劈头盖脸地责问过去："你太过分了！成天这么大声咳嗽，简直跟我过不去！"其不良后果可想而知，一场争吵避免不了。如果能想着说，就会心平气和地说："你感冒不轻了，到医院看看吧，需要的话我可以陪你去"人家听了会感到温暖，同学关系就和谐了。

■ 绕着说，不要直着说。出示话题（如"说说我的优点"或"向一位有点吝啬的人借照相机"等），如第一个话题绕着说："我这个人有些稀里糊涂，连自己有什么优点也弄不清，这可算是一个缺点。不过我听人家说，我待人热情，有舍己为人的长处。其实这个说法有点言过其实。我只不过喜欢帮助人家做点小事，看到人家的钱被偷了，我就把平时节省的几十元都给了她。这也配得上那么高的评价吗?"绕着说，其实就是走曲线，迂回前进，而不是竹筒倒豆子——直来直去，这是批评、劝告、提醒他人及自我介绍时常用的有效方法。

■ 沟通表达时，不要忘了及时赞美对方。威廉·詹姆斯曾说过："人性深处最大的欲望，莫过于得到别人的认可和赞美。"因为它代表着被尊重、被认可。赞美能满足自我的自尊的需要，了解自己的价值所在。当我们赞美他人的时候，我们看到的是灿烂的笑容，感受到的是愉悦的心情。所以，要多赞美他人，而且是真诚地赞美他人，这样，你的人际关系就会越来越好。

超链接3-1　说话的艺术

（一）

急事，慢说

大事，清楚地说

小事，幽默地说

没把握的事，谨慎地说

没发生的事，不要胡说

做不到的事，别乱说

伤害人的事，不能说

讨厌的事，对事不对人地说

开心的事，看场合地说

伤心的事，不要见人就说

别人的事，小心地说

自己的事，听自己的心怎么说

现在的事，做了再说

未来的事，未来再说

（二）

少说抱怨的话，多说宽容的话

少说讽刺的话，多说尊重的话

少说拒绝的话，多说关怀的话

少说命令的话，多说商量的话

少说批评的话，多说赞美的话
少说无关的话，多说有用的话
少说寒心的话，多说安慰的话
少说泄气的话，多说鼓励的话

课后思考：

1.对表达的重要性，你有何认识？

2.制订提高语言表达能力的方案。

模块二　沟通倾听技巧

【目标与要求】｜能运用倾听技巧进行沟通
让学生了解倾听的重要性
熟知倾听方法

【学习任务】｜提高学生倾听的能力
通过训练体会倾听的重要性

【倾听能力测试】

倾听是沟通过程中最重要的环节，是有效反馈的前提。请通过下列问题对自己的该项能力进行差距测评。

1.你觉得为什么需要倾听？

A.便于有效反馈　　　　　　　　　　B.获取关键信息

C.可以与别人分享

2.如果你总喜欢打断别人的谈话，你认为是什么原因？

A.观点和意见不一致　　　　　　　　B.想发表自己的观点

C.对信息理解有偏差

3.在倾听的过程中，你经常会表露出哪些身体语言？

A.点头　　　　　　　　　　　　　　B.与谈话者保持目光接触

C.保持很好的坐姿

4.你是否会经常分析谈话者的"话外之音"或"真实意思"？

A.经常认真分析　　　　　　　　　　B.有时候会深入想一下

C.直来直去，从不这样想

5.在倾听的过程中，你是否会先入为主？

A.从来不会　　　　　　　　　　　　B.偶尔受心态影响会这样

C.取决于沟通的对象

6.在倾听的过程中，你是否会有选择地倾听？

A.不会　　　　　　　　　　　　　　B.有时根据自己的判断

C.总想抓住关键信息

7.你如何理解倾听？

A.获取信息并准备反馈　　　　　　　B.认真聆听讲话者的观点

C.倾听就是要听到

8.在倾听的过程中，你会将主要的注意力放在哪儿？

A.谈话者的观点 　　　　　　　　　B.谈话者的信息表达方式

C.谈话者本身

9.在倾听的过程中，你如何面对谈话者的情绪？

A.保持自己的情绪不受其感染 　　　B.对事不对人

C.待其平静后再反馈

10.在倾听的过程中，如果你觉得你的意见和谈话者相左，你会如何处理？

A.继续倾听 　　　　　　　　　　　B.获取全面信息后反问

C.反驳并表明自己的观点

选A得3分，选B得2分，选C得1分。

24分以上，说明你的倾听能力很强，请继续保持和提升。

15～24分，说明你的倾听能力一般，请努力提升。

15分以下，说明你的倾听能力很差，急需提升。

故事汇

完整的倾听很重要

一位女士走进一家餐厅，点了一份汤，服务员端上来后很礼貌地走开了。

服务员刚走开，这位女士便将服务员叫过来说："对不起，这碗汤我没法喝，因为……"还没等顾客说完，服务员马上说了声对不起，并重新为这位顾客上了一碗汤。

可是，这位女士仍旧说："对不起，这汤我没法喝，因为……"这位服务员一时有点不知所措，并解释说："尊敬的女士，您点的这道菜是本店最拿手的，深受顾客欢迎，您对我们的服务有什么不满吗？"

"先生，我只是想问一下，喝汤的勺子在哪里？"

故事启发　　倾听中最忌讳随便打断对方的话。沟通中应该70%的时间在倾听。说话需先倾听，笨拙的沟通者总是喋喋不休。故事中的服务员如果能耐心听完顾客的意见，事情就不会变得这样复杂。

训练营

【训练任务3-4】

商店打烊时。

【任务目标】

（1）让学生抓住倾听的关键。

（2）提高学生的信息分析能力。

【任务内容与要求】

（1）学生认真倾听老师读的故事内容，然后回答问题。

（2）结束后交流个人体会和感受。

【任务组织】（见表3-8）

表3-8　　　　　　　　　　　　商店打烊时任务组织表

任务项目	具体实施	时间	备注
商店打烊时	（1）将试题A（见表3-9）发给学生，每人一份 （2）老师讲一个故事：某商人刚关上店里的灯，一个男子就来到店里并索要钱款，店主打开收银机后，收银机内的东西被倒了出来，那男子逃走了，一位警察很快接到报案 （3）请学生根据听到的情节做试题A （4）做完试题A后，老师将试题B（见表3-10）发给学生，让他们看着情节做题 （5）老师公布试题答案（见表3-11） （6）组织学生讨论 ①做试题A和试题B的结果是否一样？ ②出现问题的原因是什么？	25分钟	教室内试题及答案

表3-9　　　　　　　　　　　　　　　　试题A

请快速对下列题目进行判断	正确	错误	不确定
1.店主将店内的灯关掉后，一个男子到达			
2.抢劫者是一个男子			
3.来的那个男子没有索要钱款			
4.打开收银机的那个男子是店主			
5.店主倒出收银机的东西后逃走			
6.故事中提到了收银机，但没有说里面具体有多少钱			
7.抢劫者向店主索要钱款			
8.索要钱款的男子倒出了收银机里的东西后，急忙离开			
9.抢劫者打开了收银机			
10.店内灯关掉后，一个男子来了			
11.抢劫者没有把钱随身带走			
12.故事涉及3个人物：店主、索要钱款的男子以及警察			

表3-10　　　　　　　　　　　　　试题B

某商人刚关上店里的灯，一个男子就来到店里并索要钱款，店主打开收银机后，收银机内的东西被倒了出来，那男子逃走了，一位警察很快接到报案	正确	错误	不确定
1.店主将店内的灯关掉后，一个男子到达			
2.抢劫者是一个男子			
3.来的那个男子没有索要钱款			
4.打开收银机的那个男子是店主			
5.店主倒出收银机的东西后逃走			
6.故事中提到了收银机，但没有说里面具体有多少钱			
7.抢劫者向店主索要钱款			
8.索要钱款的男子倒出了收银机里的东西后，急忙离开			
9.抢劫者打开了收银机			
10.店内灯关掉后，一个男子来了			
11.抢劫者没有把钱随身带走			
12.故事涉及3个人物：店主、索要钱款的男子以及警察			

表3-11　　　　　　　　　　　　　试题答案

某商人刚关上店里的灯，一个男子就来到店里并索要钱款，店主打开收银机后，收银机内的东西被倒了出来，那男子逃走了，一位警察很快接到报案	正确	错误	不确定
1.店主将店内的灯关掉后，一个男子到达			√
2.抢劫者是一个男子		√	
3.来的那个男子没有索要钱款		√	
4.打开收银机的那个男子是店主			√
5.店主倒出收银机的东西后逃离			√
6.故事中提到了收银机，但没有说里面具体有多少钱	√		
7.抢劫者向店主索要钱款			√
8.索要钱款的男子倒出了收银机里的东西后，急忙离开			
9.抢劫者打开了收银机		√	
10.店内灯关掉后，一个男子来了	√		
11.抢劫者没有把钱随身带走			√
12.故事涉及3个人物：店主、索要钱款的男子以及警察			√

【任务评价】（见表3-12）

表3-12　　　　　　　　　　　商店打烊时任务评价表

评价指标	评价标准	分值（分）	评估成绩（分）	所占比例
倾听做题讨论体会	1.倾听认真	20		70%
	2.做题细致	30		
	3.讨论认真，积极发言	20		
	4.能认真分析出错的原因	10		
	5.体会深刻	10		
	6.总体印象	10		
教学过程	参与程度、参与态度	100		30%
综合得分				

【训练任务3-5】

举起手来。

【任务目标】

（1）训练学生倾听时的注意力。

（2）培养学生的沟通技巧。

【任务内容与要求】

（1）学生甲向学生乙发出动作命令，学生乙要在听到动作命令后的3秒钟内做出正确的动作。一旦乙动作错误或超时，则重新开始游戏。

（2）对每组的活动进行计时，时间最少、错误最少的组获胜。

（3）结束后写出个人体会和感受。

【任务组织】（见表3-13）

表3-13　　　　　　　　　　　举起手来任务组织表

任务项目	具体实施	时间	备注
倾听训练	（1）将学生分为2人一组，一人为甲，一人为乙 （2）将"动作命令表"（见表3-14）发给各组学生，教师宣布游戏规则 （3）游戏结束后，让甲、乙互换角色，再做一遍 （4）活动结束后，组织学生讨论 ①作为学生乙，你是否每次都能做出正确的动作？如果不能，原因是什么 ②如果你是学生甲，你认为哪一个动作更容易让乙犯错误 ③通过这个活动，大家得到了怎样的启示	10分钟	教室内"动作命令表"

表 3-14　　　　　　　　　　　　　　　　动作命令表

（1）举起左手	（9）千万不要不举起左手
（2）放下左手	（10）不要放下右手
（3）不要放下左手	（11）不要不举起右手
（4）放下右手	（12）千万不要不举起右手
（5）不要不放下右手	（13）举起双手，原地跳一下，放下右手
（6）不要不放下左手	（14）举起右手
（7）请在下个命令中举起右手	（15）千万不要不举起双手
（8）不要举起左手	（16）不要不放下双手

【任务评价】（见表 3-15）

表 3-15　　　　　　　　　　　　　　举起手来任务评价表

评价指标	评价标准	分值（分）	评估成绩（分）	所占比例
倾听参与讨论体会	1.倾听认真	20		70%
	2.参与认真	30		
	3.讨论认真，积极发言	20		
	4.能认真分析出错的原因	10		
	5.体会深刻	10		
	6.总体印象	10		
教学过程	参与程度、参与态度	100		30%
综合得分				

知识库

一、倾听的重要性

（1）倾听，是人们生活中常见的一种人际交流方式。

（2）懂得倾听的人才会获得朋友，因为你分担了他的烦恼；懂得倾听的人才能够在听的过程中摸清大意，从他人的言语中得到他人内心的意图，才能想到合适的办法应对不同的人、不同的事，无论是善意还是恶意。倾听，也意味着慎言，避免流言，不伤害自己，也不伤害他人。认真倾听他人的言语，代表你对他人的尊重，同时你也赢得了别人的尊重；认真倾听领导的发言，你会发现你的上司确实有过人之处，你会发现你变得虚心了，你的虚心会让你更加努力，会让你的事业更进一步。懂得倾听，才能让你更深刻地了解他人，也了解你自己，客观地、辩证地看待自己，你才能取他人之长，补自己之短！

微课 8

沟通的倾听技巧

（3）倾听是一种态度，是一种尊重。善于倾听的人往往会给人留下有礼貌、关心人、理解人的良好印象。倾听表示接受对方，愿意成为对方的朋友，能获得对方的信任与尊重，在此前提下，才能够和对方交流和沟通。

（4）人的一生，54%的时间用于听，20%的时间用于说，16%的时间用于读，10%的时间用于写。

【特别提示3-1】

倾听大忌：抢话与插话。

二、倾听的原则

倾听的5项原则，见图3-3。

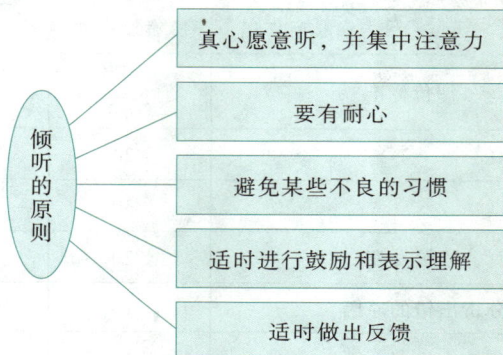

图3-3　倾听的原则

（一）真心愿意听，并集中注意力

如果你没有时间，或者出于别的原因不想倾听某人谈话时，最好客气地提出来："对不起，我很想听你说，但我今天还有两件事情必须完成。"

如果你不真心想听却勉强去听，或假装倾听，则你可能会不自觉地开小差，说话的人会对你的粗心产生很大不满。我们设身处地想想，对一个漠视我们谈话又勉强应付的人，你的感觉是什么？

倾听不但要用耳朵，还要用眼睛。专心致志地倾听他人谈话是值得的。真心真意，就能集中注意力。

【特别提示3-2】

主动认真倾听是对对方的尊重，当对方感受到你的尊重时，就会对你产生一定的好感，认为你是一个有修养和涵养的人，愿意与你交流。随着交流的增多，友谊也会随之巩固。

（二）要有耐心

要等待或鼓励说话者把话说完，这是听懂全部内容的前提。有些人的语言表达可能会有些零散或混乱，但如果你有足够的耐心，任何人都是可以把事情说清楚的。

如果你听到自己不能接受的观点，甚至伤害你的某些感情的话，你也得耐心听完。你不一定要同意对方的观点，但可以表示理解。一定要想办法让说话人把话说完，否则你无法达到倾听的目的。

（三）避免某些不良的习惯

随便插话打岔、改变说话人的思路和话题、任意评论和表态、把话题拉到自己的事情上来、一心二用做其他事等，都是常见的不良习惯，都会妨碍倾听。这些习惯在倾听时一定要避免出现，方法是把注意力集中在听懂、理解对方所说的话上。

（四）适时进行鼓励和表示理解

倾听一般以安静听、认真听为主，脸向着说话者，眼睛看着说话人的眼睛或手势，以理解说话人的身体辅助语言，同时要适时用简短的语言如"对"或"是的"等，或者点头微笑之类进行鼓励，表示你的理解、共鸣或兴趣。让说话人知道，你在认真地听，并且听懂了。如果没听懂，你可以要求说话人重复一遍或解释一下，这样说话人就能顺利地把话说下去。

（五）适时做出反馈

说话人的话告一段落后，你应该做出反馈。例如，"你刚才的意思我理解是……"，或者"你的话是不是可以这样来概括……"等。这些反馈信息对说话人会有极大的鼓舞，很多表达者都希望对方有回应。

【特别提示3-3】

倾听中切忌心不在焉。

【案例3-1】

美国知名主持人林克莱特一天访问一名小朋友，他问小朋友："你长大后想要当什么呀？"小朋友天真地回答："嗯，我要当飞机驾驶员！"林克莱特接着问："如果有一天，你的飞机飞到太平洋上空，所有引擎都熄火了，你会怎么办？"小朋友想了想："我会先告诉坐在飞机上的人绑好安全带，然后我挂上我的降落伞先跳出去。"然后观众都笑了。看到这个对话，大家或许都会想这个小朋友是自私的，然而真的是这样吗？那么看看下面的对话就知道了。林克莱特就问他："为什么要这么做？"小朋友的回答透露出了一个孩子真实的想法："我要去拿燃料，我还要回来！我还要回来！"听了这个回答，大家还会认为这个小朋友自私吗？

【案例启示】

这则故事提醒我们：你听到别人说话时，你真的听懂他说的意思了吗？你懂了吗？如果不懂，就请听别人说完吧，这就是"听的艺术"。听话不要听一半，不要把自己的意思投射到别人所说的话上。

学会倾听，你会让自己对一些事情更有耐心，这有助于你处理好人际关系，这是相互信任的桥梁。通过倾听，你会了解到对方的想法，了解对方需要什么，知道对方更想知道什么。积极主动、认真地倾听，会得到对方的尊重，增强彼此的沟通效果。

三、有效倾听的技巧

（1）倾听他人讲话的环境最好比较安静，这样可以减少外界的干扰。

（2）交谈时保持冷静的心态，不要受到其他事物的影响。

（3）要面带微笑，不要显示出不耐烦的样子，避免出现分心的举动。要让对方感到轻松自如，而不是拘束。

（4）倾听时不要挑对方的毛病，不要当场提出自己的批判性意见，更不要与对方争论，尽量避免使用否定别人的回答或评论式的回答，如"不可能""我不同意""我可不这样想""我认为不该这样"等。应该站在对方的立场去倾听，努力理解对方说的每一句话，并可以对他人的话进行重复。

（5）交谈过程中要少讲多听，不随意打断他人的讲话。

（6）在倾听时，要运用眼神、表情等非语言沟通手段来表示自己在认真倾听。尽可能以柔和的目光注视对方，并通过点头、微笑等方式，及时对对方的讲话做出反应，也可以不时地说"是的""明白了""继续说吧""对"等语言来表示自己在认真倾听。

（7）如果对对方谈到的内容比较感兴趣，可以先点点头，然后简单地表明自己的态度，最后说"请接着说下去！""这件事你觉得怎么样？""还有其他事情吗？"等，这样会使对方谈兴更浓。

（8）要注意倾听对方说的内容，最好能够在对方讲完后简单地复述一遍，这样可以让对方感到被认真倾听，同时也确保理解了对方所讲的内容。

（9）如果对对方的谈话不感兴趣，可以委婉地转换话题，如"我想我们是不是可以谈一下关于……的问题"等。

【练一练】3-2

某珠宝店内，一位顾客欲购买一副项链，该店的销售人员热情地接待了他。根据顾客的要求，销售人员向其推荐了一款新颖的项链，双方的交流很融洽。

在销售员为这位顾客办理相关手续时，顾客向其讲述自己的女儿考上了一所重点大学，这是给女儿上大学的礼物。可是，当销售员请顾客交钱时，顾客却犹豫了，最后，这笔销售任务没能完成。

请你找出没有成交的原因。

四、倾听中应避免的不良行为

（1）没有眼神交流。

（2）缺乏耐心，表现出对沟通没兴趣。

（3）常常看手表。

（4）东张西望。

（5）口是心非地附和。

（6）接听电话或拨打电话。

（7）喜欢批评，打断对方。

（8）面无表情。

（9）过于情绪化。

（10）只为了了解事实而听。

五、克服倾听障碍的方法

克服倾听障碍的方法有：

（1）选择适宜的沟通环境，避免不良环境对沟通过程产生不必要的干扰。

（2）倾听者要集中注意力，必要时做简要记录，以加强解码过程中对信息的接收。

（3）加强沟通中的反馈，避免造成信息的失真或错误。

（4）克服情感因素和思维定式的影响。

（5）不随便打断对方，让对方把话说完。

【情景剧3-1】

谁能听我说

1.选4位学生进行情景剧表演

甲：刚看完《功夫熊猫》/想和同学分享。

乙：不停变换身体姿势/插话、抢话题。

丙：东张西望/不停看表/不停转笔。

丁：每讲一句，就点头，最后反问"你刚才说什么？"/埋头看书/打哈欠、伸懒腰。

最后，甲失去了谈论的兴致，垂头丧气地走开了。自言自语道："怎么就没有人能好好地听我说呢？"

2.讨论

（1）看完这个心理剧，请大家先判断一下，剧中的3个倾听者是受欢迎的倾听者吗？

（2）在他们身上都有哪些不受欢迎的倾听行为？

3.倾听解密

教师引导学生分析这样的倾听行为有可能在向说话者传递什么样的信息。

（1）身子不停地转来转去或不停地变换姿势——什么时候可以结束啊！

（2）随意插话、抢话——你说的我都知道了。

（3）东张西望——你可不可以不要再说了。

（4）转笔——有些无聊。

（5）不停地看表——逐客令：你是不是该走了？

（6）埋头做自己的事情——你爱说不说，我得干自己的事了。

（7）打哈欠、伸懒腰——我对你所说的内容没什么兴趣。

4.引导

如果你是说话者，面对这样的倾听者，你有什么样的感受？

5.小组讨论

究竟什么样的倾听行为才是受欢迎的呢？归纳受欢迎的倾听行为。

（1）倾听时的目光与表情。

（2）倾听时的姿势与动作。

（3）当赞同对方的观点时。

（4）当不赞同对方的意见时。

（5）如果对方想说的话自己已经全知道了。

（6）如果要鼓励对方谈下去。

（7）倾听时还有哪些应该注意的地方。

6.角色互换（人际交往黄金定律）

请心理剧表演的说话者和倾听者重新上台，角色互换，尝试做一名"受欢迎的倾听者"，其他同学观察。

训练营

【训练任务3-6】

谁能逃生。

【任务目标】

（1）训练学生的倾听能力。

（2）提高学生的表达能力。

【任务内容与要求】

（1）通过飞机失事中6名幸存者谁先逃生的活动情境，复制真实现场，让学生通过不同的身份和对逃生的态度来训练倾听能力。同时，让学生感受现实中不同的人对生与死的态度。

（2）要求学生进入角色，按照活动方法和规则进行。

（3）结束后写出个人体会和感受。

【任务组织】（见表3-16）

表3-16   谁能逃生任务组织表

任务项目	具体实施	时间	备注
倾听训练	第一组： （1）准备6张纸条，写上6个角色，即孕妇、发明家、医学家、宇航员、生态学家、流浪汉 （2）选择6名同学抽取事先写好的纸条，确定身份 （3）活动情境：飞机失事，落到了一个荒岛上，只有他们6人存活。现在仅有一个只能容纳一人的橡皮气球吊篮可以逃生，但没有水和食物 （4）活动方法：6个人针对谁先离岛逃生的问题各自陈述理由。除了第一个人以外，其他人在陈述理由时要先复述前一个人的理由。最后由评委们根据复述他人理由的完整性和陈述理由的充分性，决定6人中谁先离岛 第二组： （1）选择6名同学，扮演6名教师 （2）活动情境：飞机失事，落到了一个荒岛上，只有他们6人存活。现在仅有一个只能容纳一人的橡皮气球吊篮可以逃生，但没有水和食物	40分钟	注意：第一组是针对谁先离岛逃生进行陈述 教室内 写好6个角色的纸条 注意：第二组是针对自己不先离岛逃生进行陈述

续表

任务项目	具体实施	时间	备注
倾听训练	（3）活动方法：6个人对自己不先离岛逃生各自陈述理由。除了第一个人以外，其他人在陈述理由时要先复述前一个人的理由，然后找出他不适合留下来的理由。最后由评委们根据复述他人理由的完整性和陈述理由的充分性，决定6人中谁先离岛 第三组： （1）选择6名同学，扮演6名高校学生 （2）活动情境：飞机失事，落在了一个荒岛上，只有他们6人存活。现在仅有一个只能容纳一人的橡皮气球吊篮可以逃生，但没有水和食物 （3）活动方法：6个人对自己先离岛逃生各自陈述理由。除了第一个人以外，其他人在陈述理由时要先复述前一个人的理由，然后找出他不该逃生的理由。最后由评委们根据复述他人理由的完整性和陈述理由的充分性，决定6人中谁先离岛	40分钟	注意：第三组是针对自己先离岛逃生进行陈述

【任务评价】（见表3-17）

表3-17　　　　　　　　　　　谁能逃生任务评价表

评价指标	评价标准	分值（分）	评估成绩（分）	所占比例
倾听状况 表达状况 团队意识 讨论情况	1.能认真倾听	30		70%
	2.能准确复述前一个人的陈述	15		
	3.表达准确，条理清晰	15		
	4.竞争合作、团队意识明显	10		
	5.表演真实	10		
	6.讨论体会深刻	10		
	7.活动评估	10		
教学过程	出勤、态度和热情	100		30%
	综合得分			

【训练任务3-7】

我说你听。

【任务目标】

（1）帮助学生认识倾听的重要性。

（2）体验不同的倾听态度和倾听习惯带给别人的不同感受，领悟不同的态度和做法在人际关系中的不同影响。

（3）对学生进行倾听训练，提高他们的人际交往技巧。

【任务内容】

热身游戏：我说你听。

【任务组织】（见表3-18）

表3-18　　　　　　　　　　　　　　我说你听任务组织表

任务项目	具体实施	时间	备注
我说你听	（1）请学生听一则名为《黑熊和棕熊赛蜜》的故事。故事中会多次出现"蜜蜂"和"蜂蜜"这两个词。每当听到"蜜蜂"时，男同学起立，女同学坐着；听到"蜂蜜"时，女同学起立，男同学坐下。如果连续听到两个相同的词，则站立不动 黑熊和棕熊赛蜜 黑熊和棕熊喜欢吃蜂蜜，它们都在养蜜蜂。它们各有一个蜂箱，养着同样多的蜜蜂。有一天，它们决定比赛看谁产的蜂蜜多。黑熊想，蜂蜜的产量取决于蜜蜂每天对花的"访问量"。于是它买来了一套测量"访问量"的仪器。在它看来，蜜蜂所接触的花的数量就是其工作量。棕熊与黑熊想的不一样，它认为能产多少蜂蜜，关键在于蜜蜂每天采回多少花蜜——花蜜越多，酿的蜂蜜也越多。于是它也买了一套仪器，但测量的是每只蜜蜂每天采回花蜜的数量和整个蜂箱每天酿出蜂蜜的数量，并把结果公布。一年过去了，棕熊的蜜蜂产的蜂蜜比黑熊的蜜蜂产的蜂蜜多出了整整一倍 （2）教师提出问题：为什么有的同学会在活动中反应既快又准确，而有的同学出错较多？学生讨论发言 （3）教师小结：反应既快又准确的一个很重要的前提就是认真倾听	15分钟	教室内

【任务评价】（见表3-19）

表3-19　　　　　　　　　　　　　　我说你听任务评价表

评价指标	评价标准	分值（分）	评估成绩（分）	所占比例
倾听动作讨论体会	1.倾听非常认真	30		70%
	2.能按照要求准确做动作	15		
	3.积极思考，积极参与讨论	15		
	4.表达准确，条理清晰	10		
	5.讨论体会深刻	10		
	6.活动评估	20		
教学过程	出勤、态度和热情	100		30%
综合得分				

金钥匙

- 倾听——沟通中被忽略的技巧。
- 学会倾听就学会了一项生存技巧。
- 有价值的人，往往不是最能说的人，可能是善于倾听的人。
- 要想赢在职场，就要学会倾听，善于倾听是迈向成功的捷径。
- 倾听是发现对方需要的重要手段。

——尼尔伦博格

- 沟通首先是倾听的艺术。

——保罗

- 专心听别人讲话，是我们所能给予别人的最大赞美。倾听他人讲话的好处是别人将以热情和感激来回报你的真诚。

——卡耐基

- 耳朵是通向心灵的道路。

——伏尔泰

超链接3-2　沟通倾听要诀

倾听是尊重人的表现，不仅能有效获取对方的信息，还能充分表达自己对对方的真诚和重视。学会倾听，远比伶牙俐齿打动人心，俘获人心。

中国古语有言多语失、三缄其口等。说的就是为人处世时要尽量少说话，即使需要说，也要把握好分寸，这是个人修养和能力的体现。

沉默是金，能够表现出你的涵养和价值，与那些无休无止的讲话者相比，适当沉默的人更能受到别人的欢迎。沉默是一种高超的留白艺术，富有智慧，让人回味无穷。

课后思考：

1.你有不能很好倾听的习惯吗？
2.对于倾听的重要性，你有何体会？

模块三　沟通提问技巧

【目标与要求】能恰当选择提问方式
让学生了解提问的重要性
了解提问的注意事项

【学习任务】通过训练提高提问能力
通过训练体会提问的重要性
运用提问技巧进行一次有目的的沟通

【发问能力测试】

在沟通中，发问是引导对方有方向地聆听和反馈的能力。请通过下列问题对自己的该项能力进行差距测评。

1.在提问前，你通常会考虑什么？

A.总是考虑用哪种方式提问　　　　　　B.有时会考虑如何提问

C.不考虑

2.发问完毕后，你会从怎样的角度评估自己提出的问题？

A.一般会从对方的角度　　　　　　　　B.从对方反应的角度

C.从自己的角度

3.当对方已经回答完你的问题时，你会如何做？

A.什么也不说，等待对方再说　　　　　B.引导对方继续解释

C.问下一个问题

4.当对方回答你的问题时，你会如何表示？

A.回答"是的"，让对方继续讲　　　　　B.鼓励对方继续讲

C.用"是的，但是"，表达自己的看法

5.面对不同的听众，你会如何发问？

A.因人而异，随机应变　　　　　　　　B.从对方的角度提问

C.按照统一的方式发问

6.在提问时，你经常采用哪种问题？

A.开放式问题　　　　　　　　　　　　B.封闭式问题

C.反射性问题

7.你在提出问题前，对于自己的表述会进行怎样的思考？

A.看逻辑思路是否有问题   B.看语言组织是否有问题

C.考虑用什么语气表达

8.你如何看待发问的语气？

A.语气可能导致意思发生变化   B.语气不同，问题的指向会不同

C.要时刻注意语气

9.当你想更多地了解问题产生的原因时，你一般会采用怎样的提问方式？

A.开放式   B.封闭式

C.步步追问，确认每个细节

10.在发问时，你如何让听众清晰地了解你的问题和你真实的意思表达？

A.用逻辑性的思维和语言   B.对问题进行重复解释

C.大众化的表达方式

选A得3分，选B得2分，选C得1分。

24分以上，说明你的发问能力很强，请继续保持和提升。

15～24分，说明你的发问能力一般，请努力提升。

15分以下，说明你的发问能力很差，急需提升。

故事汇

记者提问知首相

在第二次世界大战时，日本决定选举新一任首相，西方记者都急于知道选举结果，因为新当选的首相会影响整个第二次世界大战局势的发展，但整个投票选举都是秘密进行的，大臣们都守口如瓶。

有一个西方记者问了一个问题："请问内阁大臣阁下，新任的首相是不是秃顶？"记者根据对方迟疑、思索的表情判断出，新任日本首相是东条英机。

故事启发   通过发问，能准确地挖掘出信息发出者所要传达的信息，并可以判断出信息是否有效。有时通过反馈者的反馈，运用逻辑推理和排除法便可以获知准确信息。

知识库

一、提问的目的和作用

微课9

苏格拉底曾说过："人类的高级智慧就是向自己或向他人提问。"

要了解对方的想法和意图，掌握更多的信息，倾听和发问都是必要的，两者相辅相成。倾听也是为了发问，而提问则可以更好地倾听。

提问的目的和作用有以下几点：

沟通的提问技巧

1.引起他人的注意，为他人的思考提供既定的方向

例如，"你好吗？""今天天气很好，是不是？""你能否告诉……"，这是最为普遍、应用十分广泛的问话。由于这种问话往往得到的是期望之内的回答，问话的内容也比较明确，因此很少引起别人的紧张和焦虑，许多时候是为谈话做铺垫的。

【案例3-2】

化 石 吟

张 锋

最早的鱼儿怎么没下巴？

最早的鸟儿怎么嘴长牙？

最早登陆的鱼儿怎么没有腿？

最早的树儿怎么不开花？

逝去万载的世界可会重现？

沉睡亿年的石头能否说话？

长眠地下刚苏醒的化石啊，

请向我一一讲述那奇幻的神话。

……

【案例启示】

这首诗运用了排比的修辞手法，通过提问的方式引发读者的思考和兴趣。增强语势，富有强烈的节奏感，也表现了作者浓厚的科学兴趣和强烈的求知欲，开启了读者想象的大门。

2.获取需要的信息

发问人通过问话，希望对方提供自己不了解的情况。例如，"这个卖多少钱？""你们对这一点是怎么考虑的？"这类问话归结起来，有一些典型的、常见的引导词，如"谁""什么""什么时候""怎么""哪个方面""是不是""会不会""能不能"等。提出这类问话时，如果不事先表明问话的意图，很可能会引起对方的焦虑与担心。比如，双方洽谈商品交易中的一项条款，如果买方在提出了自己对价格的看法后，再询问卖方的意见，那么卖方心里就会踏实，他会根据买方提供的信息，斟酌自己的回答。但如果买方并没有讲述自己的观点，而径直问卖方能开什么价，那么卖方很可能有些担心和焦虑，因为卖方不知道买方是怎么想的，不知道买方会对开价做出什么反应。

3.传达消息，说明感受

许多问题表面上看起来似乎是为了取得自己希望的消息或答案，但事实上，这些问题会同时把自己的感受或已知的信息传达给对方。例如，"你真有把握保证质量符合标准吗？"这句问话像是要对方回答保证质量的依据，但同时也向对方传达了问话人担心质量有问题的信息，如果再加重语气，就说明问话人十分重视这一问题，但切忌变成威胁。

4.引起对方思考

为了引起对方思考，会经常这样问话："你是否曾经……""现在怎么……""这是

指哪一方面""我是否应该……"。

5.鼓励对方继续讲话

当你觉得对方的话还没有说完，或有些问题你还不清楚时，可以提问的形式鼓励对方继续讲下去，如"你说完了吗？""还有什么想法？"等，进而了解更详细的情况。

6.消解沉默

当出现冷场或僵局时，可运用提问打破沉默，如"我们换个话题好吗？"等。

总之，问话的功能是很多的。许多问题在某些特定的场合具有特殊的功能，如制止别人行动时，你可以说："请不要这样做，难道你就没有别的办法吗？"问话在什么条件下，产生什么样的作用，关键是看使用者怎样运用，想达到什么目的。

二、提问的注意事项

（一）认清对象，问得适宜

俗话说："到什么山上唱什么歌。"提问也得注意这一点。年龄、收入、婚姻关系、家庭背景往往是交谈中应避免的话题。如果问到这类问题，尽管发问者并无恶意，却在客观上给对方造成了不愉快，甚至恼怒。不同的人，性格也不一样，有的开朗外向、能言善辩，有的严肃内向、不善言辞。对前者提问可以开门见山，连连发问；而对后者，则要善于激发诱导，由浅入深，启发对方把心里话说出来。不同的人有不同的学识、阅历，提问者应先了解对方这方面的背景，适当地发问，不可问对方明显不懂的问题，使其感到难堪。万一遇上这种情况，提问者切不可露出鄙夷、嘲笑的神态，而应当尽快帮助对方摆脱困境。总之，一把钥匙开一把锁，要针对不同对象采用不同的对策进行提问，让对方轻松自如地说出你想获得的信息。

（二）抓住关键，讲究技巧

提问还要注意问题不要过于笼统，缺乏逻辑性，以免对方难以开口或一开口就无法讲下去。对敏感性较强的问题，正面发问往往效果不佳，若能转换成具体的、侧面的问题，常有利于对方坦率地说出自己的想法。发问的措辞也有讲究，要想知道所需的信息，就必须注意发问的措辞。

【案例3-3】

有一个教士问主教："我在祈祷时可以抽烟吗？"这个请求遭到主教的断然拒绝。另一个教士也去问这个主教："我在抽烟时能祈祷吗？"他的抽烟请求得到了允许。

【案例启示】

第二个教士就是抓住了提问的关键，满足了自己的需求。

（三）应避免的问题

1.不要问同行的营业状况

在激烈竞争的社会里，任何人都不愿意把自己的经营状况或秘密告诉一个可能的竞争对手，即使你问到这个方面的问题，对方也不会认真回答。

2.政见不宜问

如果你的谈话对象不是一位政治家、政论家或权威人物，你最好不要就某个重大的政治问题向他提问。普通人对于政治的看法是有很大分歧的。对方不知道你有何背景，也不知道你有无成见，不会开诚布公地回答这类问题。

3.对方不知道的问题不宜问

如果你不能确定对方能否充分地回答你的问题，那么你还是不问为佳。例如你问一位医生："去年发生在本市肝炎病例有多少？"这个问题对方很可能就答不出来，因为一般的医生谁也不会去费神地记这类数字。要是对方回答说"不太清楚"，不仅会使答者有失体面，问者自己也会感到难堪。

4.有些问题不宜刨根问底

比方说，你问对方住在哪里。对方回答说"在北京"或者说"在香港"，那么你就不宜再问下去。如果对方高兴让你知道，他一定会主动详细地说出来，而且还会说"欢迎光临"之类的话。否则，别人便是不想让你知道，你也就不必再问了。此外，在问其他类似的问题如年龄、收入等的时候，也要注意掌握问话尺度，要适可而止。

另外，在交往中还应注意：不问别人的饰物的价钱；不问报纸刊物的销量（除非知道该刊物是一流的，对方说出来面无愧色）；不问女子的年龄（除非知道她已经过了60岁）；不问对方的家世；不问别人用钱的方法。总之，凡对方不愿别人知道的事情都应避免提问。时刻要记住，问话的目的是引起双方的兴趣，不是使任何一方感到没趣。

三、提问方式

（一）开放式提问

开放式提问是指回答者不用回答"是"或"否"，可提供充分的信息和细节进行回答或评论。

开放式提问的优点是信息全面、气氛友好；缺点是回答很浪费时间，并容易偏离方向。

（二）封闭式提问

封闭式提问是指回答者只能选"是"或"否"，不需要提供其他信息和细节来回答。

封闭式提问的优点是节省时间，能控制谈话方向；缺点是由于限制回答，因此信息有限，并容易使气氛紧张。

通常用开放式提问开头，可获得大量的信息，一旦偏离话题，就用封闭式提问限制，如果回答者紧张，再用开放式提问，效果会很好。

四、提问技巧

（1）提出的话题要能吸引对方，具体而不要太抽象。

（2）明确目标——发问究竟要得到什么。

（3）为了引起对方对某个问题的关注，可以说："这件事你早就知道了吧。"

（4）如本人不愿意说出自己的看法，可以问："你的朋友是怎样看待这个问题的？"

（5）提出相反的问题，使交谈深入，如"事情不是这样的吧""有这么回事吗"等。

（6）发问语言要恰当，避免犀利发问，注意沟通语言的规范。

（7）一次只问一个问题，使问题清晰明确，有助于回答。

（8）把握恰当的提问时机，恰当提问是明智的。

五、提问时应克服的弱点

提问时应克服的弱点有：

（1）不期待答案，如提出修饰性的问题。

（2）暗示想要的答案或修饰回答者的答案。

（3）不给回答者足够的时间组织答案。

（4）打断回答者的回答。

（5）走神或听错答复。

（6）发问思路不清，语言欠佳，需要重复提出问题。

六、如何进行优质提问

《学会提问》的作者粟津恭一郎，总结了以下8种优质提问：

1.询问"真正渴望得到的东西"的提问

我们绝大多数人都想获得"进步""成功""成为理想中的自己"，所以年轻人都希望自己也能变得像盖茨比一样了不起。但是，我们自己真正想做的是什么？怎样才能称得上成功？理想中的自己又应该是什么样子的？

很少有人能独自解释清楚这些问题，因此，能让一个人发现自己"渴望什么"的提问，就很可能是优质提问。

2.询问工作大义的提问

所谓"大义"，是指自己从事这份工作对于世人有着怎样的意义，在高于企业"利润"的层面上，能为社会提供怎样的价值。

假如有两位出租车司机，一个认为自己的工作只是把"客人送到目的地"，另一个则认为自己的工作是"让拜访这片土地的人带着'来这里旅行真是太好了'的好心情回家"，那么二者的开车方式、与客人的谈话内容，可能就会有天壤之别。

"你的工作能给社会提供怎样的价值？"这句话无论是自问，还是向别人提问，都可能会是一个优质提问。

3.询问词语定义的提问

询问词语定义，实际上就是提问"本质性"。如果你的同事或者下级有常用的词语，你试着问"能不能告诉我这个词的具体定义？"有时候就能促使对方获得重大发现。

比如你的下级业绩不好，但是一直在反复强调自己这是在"满足顾客"，那么，作为总经理的你可以问："你所考虑的'满足顾客'具体指的是什么？"

假如你的朋友经常向你抱怨："我的孩子真是一个坏孩子！"那么，你可以反问她："你对'坏孩子'这个词是怎样理解的？"

4.询问相反概念的提问

我们一般都会有这样的生活经验：直接思考想做的事、喜欢的事，往往会因选择项过多而想不出来；而不想做的事、讨厌的事，则很容易就能想出来，并且会很具体。

只要列出"讨厌的事"，"喜欢的事"就会自然而然地变得清晰起来。

例如，面对把"生产有个性的突出商品"作为口头禅的制造企业总经理，可以问："那么反过来说，没有个性也能被大众接受的商品是什么样子的？"

5.质疑"理所当然"的提问

与"询问词语的定义"类似，质疑理所当然的事是否正确，也容易成为优质提问。哥白尼、牛顿、爱因斯坦那些对传统思维做出挑战的人，都有过质疑"理所当然"的提问的经历。

如果高校的老师和领导，或者是公司的员工和管理者，也都能意识到："为什么我们的财务报销流程一定要是这个样子的呢？"那么，可能会寻找到更加恰当的、适合自己的报销系统。

6.尝试改变立场的提问

公司的管理者们常常说，"有顾客视角很重要，以顾客为中心和导向很重要"。其实岂止是顾客，尝试站在自己周围所有人的立场上，都有助于获得重大发现。

"如果自己是这家公司的新员工，对于目前的工作方式有何想法？"

"如果自己是订货公司的负责人，对于这家公司的工作进展有何想法？"

"如果自己是这家公司的管理者，打算如何将公司发展壮大？"

"如果自己和朋友角色互换，面临他所面临的状况时会作何选择？"

如果能像这样尝试改变立场，就会发现很多以前没有的疑问，由此往往可以产生很多从未想到过的创意，或者察觉到被忽略的问题。

7.询问现在和未来的提问

如果明天就要举办一场大型学术会议，作为主办方，你对自己的同事提出这些问题：

"会有多少学者和学生出席？"

"这些人大多有着怎样的经历？"

"明天的演示需要做好哪些准备？"

"会议结束的时候，参会者能收获到什么？"

这时候，你的同事就可以做好充分的准备。

但是同样的问题，第二天再问，就会成为"劣质问题"：

"来了多少学生和学者？"

"他们走的时候收获了什么？"等。

一旦这样问，就已经失败了。因为即便你的同事因你的提问有所启发，也无法改变会议的结果了。

8."优质提问"是开放式提问

开放式提问答案可以自由发挥，封闭式提问的答案"不是A就是B"。

封闭式提问不仅限制了人们的回答，而且它还有一个致命的缺点：始终重复封闭式提问，容易令对方感受到"我怀疑你"的言外之意。

比如母亲向孩子提问"作业做了吗""书都看完了吗"等，在孩子看来这些提问不仅是在确认做没做，还包含着"作业还没做吧""书还没看完吧"等怀疑的信息。

工作也一样，如果上司问你"工作计划制订好了吗""财务报表处理好了吗""顾客提出的问题解决了吗"之类的封闭式问题，就容易让你心生反感。

相反，如果是开放式提问，就不会有这种麻烦：

"今晚做数学作业有哪些收获？"

"最近读完的这本书给你哪些启发？"

"制订工作计划给你带来了哪些帮助？"

训练营

【训练任务3-8】

成语大王。

【任务目标】

（1）训练学生的发问技巧。

（2）提高学生的团队沟通能力。

【任务内容与要求】

（1）分组猜成语，训练发问技巧。

（2）遵守活动规则。

（3）积极参加讨论。

【任务组织】（见表3-20）

表3-20   成语大王任务组织表

任务项目	具体实施	时间	备注
发问训练	（1）将班级分为6个组，每组分成2个小组，每小组3人，分组进行 （2）老师事先确定一个成语，告诉2个小组其中一个字 （3）2个小组轮流问问题，老师回答是、不是或沉默（与成语无关的问题） （4）老师回答"是"得1分，回答"不是"或沉默不得分。如小组的提问被沉默3次，则扣1分 （5）直接说出成语的小组，将被扣5分 （6）当某一小组猜到成语时，举手示意，若答案正确，给该组加10分 （7）最后，得分高的小组获胜 （8）讨论、分享	20分钟	教室内 提前准备资料

【任务评价】（见表3-21）

表3-21　　　　　　　　　　　　　　　　　　**成语大王任务评价表**

评价指标	评价标准	分值（分）	评估成绩（分）	所占比例
倾听 提问 讨论 体会	1.倾听认真	30		70%
	2.提问准确	15		
	3.能把握提问要领	15		
	4.团队配合默契	10		
	5.讨论体会深刻	10		
	6.活动评估	20		
教学过程	出勤、态度和热情	100		30%
综合得分				

【训练任务3-9】

猜人名游戏。

【任务目标】

训练学生熟练使用封闭式提问的能力，利用所获取的信息缩小范围，从而达到最终目的。该训练让学生在寻求"YES"答案的过程中，练习如何组织问题及分析所得到的信息。

【任务内容与要求】

（1）分组猜人名，训练封闭式提问的技巧。

（2）遵守活动规则。

（3）积极参加讨论。

【任务组织】（见表3-22）

表3-22　　　　　　　　　　　　　　　　　　**猜人名游戏任务组织表**

任务项目	具体实施	时间	备注
发问训练	（1）在教室前面摆4把椅子 （2）将学生分成4组，每组选1名代表为名人，坐在椅子上，面对小组的队员们 （3）教师给坐在椅子上的每位名人带上写有名人名字的高帽 （4）每组组员除了坐在椅子上的同学，都知道是什么名人，但谁都不能直接说出来 （5）现在开始猜，从第一组开始，第一组的名人必须要问封闭式的问题，如"我是……吗"。如果小组成员回答"YES"，他还可以问第二个问题。如果小组成员回答"NO"，他就失去机会，轮到第二组发问，以此类推 （6）谁先猜出自己是谁者为胜。教师应准备一些小礼物给获胜的小组 （7）讨论：你认为哪位名人的提问最有逻辑性	20分钟	教室内 4顶写有名人名字的高帽

【任务评价】（见表3-23）

表3-23　　　　　　　　　　　猜人名游戏任务评价表

评价指标	评价标准	分值（100分）	评估成绩	所占比例
发问技巧与要领团队沟通	1.能运用技巧提问	30		70%
	2.能把握提问的要领，紧扣主题	15		
	3.思想活跃，反应敏捷	15		
	4.团队沟通与合作较好	10		
	5.提问效率较高	10		
	6.效果明显	10		
	7.活动评估	10		
教学过程	出勤、态度和热情	100		30%
综合得分				

金钥匙 🔑

想再多找几个有力的问题吗？试试这几句：

- "你期待……？"
- "你打算如何……？"
- "在你的经验里……？"
- "你很成功地用过……？"
- "你如何决定……？"
- "为什么那是决定性的因素？"
- "你为什么选择……？"
- "你喜欢他的哪些地方？"
- "你想改善哪一点？"
- "你会想到改善……？"
- "有没有其他因素……？"
- "你的朋友对此有何看法？"

超链接3-3　一流的发问技术

　　世界顶尖的NLP潜能激发教练安东尼·罗宾是很多世界级名人的心理教练。他的发问技术是一流的。在他已经出版的《唤醒你心中的巨人》一书中，几乎全篇都用发问来引导读者，无怪乎他说，所谓"成功的人生"就是"问自己一个更好的问题"，问问题就是在解决问题。我们来看看他是如何发问的。

　　"过去这些年，我的人生一直受到这些想法的引导：到底是什么因素决定了我们每个人不同的命运？为什么有的人虽然在困难环境中却能开创不凡的人生？又为什么有的人却在优越环境中毁掉自己的一生？是什么因素使得有些人成为后人的榜样或者警惕？"

　　"富有和贫穷有什么差异？能与不能分别在哪里？为与不为有什么不同的结果？为什么有人能冲出极其凶险的逆境，高奏人生凯歌？为什么有人虽然环境优越、才华横溢，人生却变成一场灾难？为什么有人能把考验化为动力，奋勇向前，有人却通不过这个考验，以至于困苦一生？是什么差异使我们每个人的人生如此悬殊？"

　　"我要如何才能有效地掌握人生？我目前要怎么做才能开创前途并帮助他人？我怎样用有效而且愉快的方式去拓展知识、学习成长，并把心得与他人一同分享？"

　　"在任何时候，三个必须做决定的问题主宰了我们的人生，决定了我们日后的成就：第一，你决定怎么看？第二，你决定怎么想？第三，你决定怎么做？"

　　"既然信念是决定我们潜能发挥程度的关键，那么信念到底是什么？正面、负面的信念都有很大的力量，那么我们该拥有哪种信念？如何去培养它呢？信念来自于哪里？为什么有人拥有成功的信念，而其他人拥有失败的信念？"

课后思考：

1.你对恰当提问有何理解？

2.在实际生活中，你对正确提问有何体会？

模块四　沟通反馈技巧

【目标与要求】能恰当选择反馈方式
让学生了解反馈的重要性
能恰当使用反馈方式

【学习任务】通过训练提高反馈能力
通过训练体会反馈的重要性

【反馈能力测试】

在沟通中，反馈是指信息的接收者向信息的发送者做出回应和确认的行为。请通过下列问题对自己的该项能力进行差距测评。

1.在沟通中，当你对谈话者的信息不确定时，你通常如何反馈？

A.我可以这样理解吗　　　　　　　　B.你到底是不是

C.你究竟要说什么

2.对下属的任务进展情况，你会选用下面哪一种语气作为反馈结果？

A.你确保任务完成　　　　　　　　　B.你要按时完成

C.我不希望你拖延

3.在进行绩效分析时，你如何对下属评价？

A.你的绩效比平均水平低5%　　　　　B.你的绩效低于平均水平

C.你的绩效很差

4.面对没有反馈的沟通，你认为是哪里出了问题？

A.自己已经给出了主观性的反馈　　　B.没有明确需要反馈

C.沟通是一种告知

5.你如何面对批评式的反馈？

A.自检自查　　　　　　　　　　　　B.搞清反馈者是"对事"还是"对人"

C.评估反馈

6.你如何面对不合理的反馈？

A.评估反馈，予以纠正　　　　　　　B.探究反馈者心理并予以说服

C.否认反馈

7.你如何面对反馈者反应速度过慢？

A.约定反馈时间　　　　　　　　　　B.建立激励机制

C.提供备选方案

8.你如何评估反馈?

A.建立反馈评估标准　　　　　　　　B.遵从大多数反馈意见

C.根据自己的经验

9.在任务执行的过程中,你如何向上级反馈?

A.书面报告　　　　　　　　　　　　B.电子邮件或电话反馈

C.直接告知结果

选A得3分,选B得2分,选C得1分。

24分以上,说明你的反馈能力很强,请继续保持和提升。

15～24分,说明你的反馈能力一般,请努力提升。

15分以下,说明你的反馈能力很差,急需提升。

故事汇

为何理解偏方向

客人满席,领导姗姗而来。

满座起身相迎,一片寒暄之声。

旁边侍宴的服务员,经验不怎么丰富,颇有些紧张。

众人落座,有人招呼:"服务员,茶!"

服务员忙上前用手指点:"1、2、3、4、5、6、7、8,共8位!"

众人笑,领导补充道:"倒茶!"

服务员急忙又"倒查"了一遍:"8、7、6、5、4、3、2、1,还是8位。"

有人发问:"你数什么啊?"

服务员犹豫了一下,小声答道:"我属狗。"

众人误听为"我数狗",皆大怒,急呼:"叫你们经理来!"

经理入,垂首微笑并问道:"诸位,传我何事?"

领导交代:"别多问,去查查这位服务员年龄、属相。"

经理纳闷,依命而行,回来回复:"18岁,属狗!"

领导大笑,众人大笑。

故事启发　　反馈时,要根据现场的环境和语境作出判断。服务员对接收的信息存在疑惑时,没有表示自己的疑惑和提出疑问,而是主观臆断,才闹出如此笑话。

知识库

一、反馈的含义

反馈是指在沟通过程中，信息接收者向信息发送者做出回应的行为，是沟通过程的一部分。

一个完整的沟通过程是这样的：首先，信息的发生者通过"表达"发出信息；其次，信息的接收者通过"倾听"接收信息。对于一个完整的、有效的沟通来说，仅仅有这两个环节是不够的，还必须有反馈，即信息的接收者在接收信息的过程中或过程后，应及时回应对方，以便澄清"表达"和"倾听"过程中可能产生的误解和失真，如图3-4所示。

微课10

沟通的反馈技巧

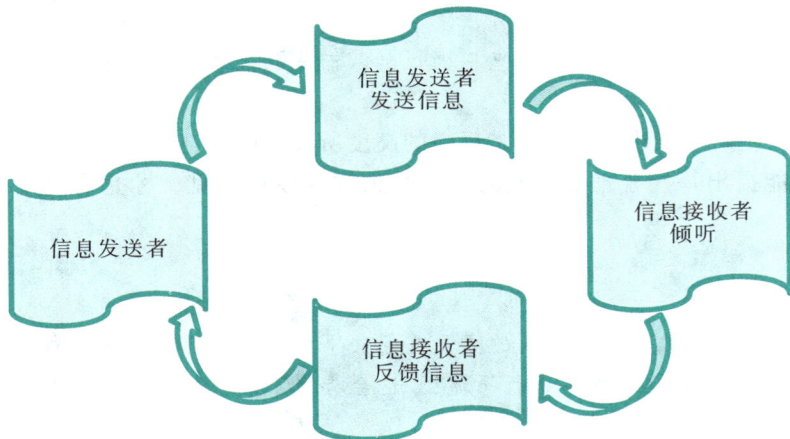

图3-4　反馈的过程

不反馈的后果：一是发送者不了解接收者是否接收了信息（对赞同、反对等不了解）；二是信息接收方无法澄清和确认是否准确地接收了信息。

二、反馈的类别

反馈有两种：一种是正面反馈；另一种是建设性反馈。

正面反馈就是对对方做得好的事情予以表扬，希望好的行为再次出现。建设性反馈就是对对方做得不好的地方，给他提出改进的意见。

请注意，建设性反馈是一种建议，而不是批评，这是非常重要的。

三、反馈的技巧

（一）针对对方的需求

反馈要站在对方的立场和角度上，针对对方最需要的方面，给予反馈。要从对方的立场、利益、态度、情感等需要的方面考虑反馈意见，避免盲目反馈。

例如，在半年绩效考核中，下属渴望知道上司对他工作和能力的评价，并期待上司能为自己指明下一步努力的方向。在绩效考核之后，如果上司不反馈，或者只是轻描淡写地说一下，则会挫伤下属的积极性。

（二）反馈要具体和明确

针对对方的问题进行反馈，这是反馈的关键。对方在哪些方面有要求，就应在哪些方面提出明确反馈意见。

【案例3-4】

错误的反馈："小李，你的工作真是很重要啊！"

这种表述方式很空洞，小李也不知道为什么自己的工作就重要了，从而不能真正给下属留下深刻的印象。

正确的反馈："公司公文和往来信函是一个公司素质高低的表现，代表着一个公司的水平、精神和文化。小李，你的工作很重要。"

【案例启示】

第二种反馈就不是空洞的、干巴巴的说教，而能起到事半功倍的效果。

（三）有建设性

反馈意见一定要有建设性，这是反馈的高度所在。既反馈对方需要的、具体的问题和信息，又能提出一些合理的、具有参考价值的建设性意见，才是有高度、有价值的反馈。

【案例3-5】

不同的经理人不同的反馈

有的经理人容易武断地给下属的意见或想法下结论，如有的经理人往往带着批评或藐视的语气说："你的想法根本就行不通！"这会弄得下属很沮丧，结果挫伤了下属主动沟通的积极性。

而会反馈的经理人，则会换一种态度，以建设性的、鼓励的口气给下属反馈，效果也会不同，比如说："小王，你的意见很好，尽管有些想法目前还不能实现，但是你肯动脑筋，很关心咱们部门业务的开展，像这样的建议以后还要多说啊！"

【案例启示】

懂得反馈技巧的领导，可以让下属清楚自己的优势和劣势，并能在工作中注意扬长避短。

（四）对事不对人

反馈对事不对人，这是反馈的原则所在。虽然反馈往往是就事实本身提出的，但必然会涉及人的问题，因此反馈中要做到只针对事实而不针对个人；否则，会给人际关系带来不必要的麻烦。

积极的反馈是就事论事，切忌涉及别人的面子和人格尊严，带有侮辱别人的话语千万不要说，比如"你是猪脑子啊，没吃过猪肉还没有看过猪跑？"之类的言语，只能加深双方的敌对和对抗情绪，与最初的沟通愿望适得其反。

（五）回避的反馈

如果反馈的焦点是对方不能改变的地方，在对方的能力范围之内不能改正，那就要回避。反馈时要特别注意能让对方可以改进，不要给对方造成更大的压力。

（六）及时反馈

选择合适的时间及时反馈，这是反馈的契机所在。反馈的最佳契机就是恰当、及时。不恰当的时间反馈效果不好，不及时的反馈，其价值会大大降低。

【案例3-6】

一个印刷业主得知一家公司打算购买他的一台旧印刷机，他感到非常高兴，经过仔细核算，他决定以250万美元的价格出售，并想好了理由。

当他们坐下来谈判时，印刷业主内心深处仿佛有个声音说："一定要沉住气。"

终于，买主按捺不住了，开始滔滔不绝地对机器进行贬损。

卖主依然一言不发。这时买主说："我们可以付给您350万美元，但1分钱也不能多给了。"

在不到1小时的时间内，买卖成交了，成交价却是380万美元。

【案例启示】

在商业或私人交往中，沉默也是一种较好的反馈方式。沉默是金，有时候，沉默也是一种反馈。

四、接受反馈的技巧

接受反馈是反馈过程中一个十分重要的环节，在接受反馈时应该做到以下几点：

（1）提前告诉为你反馈的人，你需要他们的反馈，并让他们知道你想要哪方面的反馈。

（2）耐心倾听，不打断。接受反馈时，一定要抱着谦虚的态度，以真诚的姿态倾听他人的反馈意见。无论这些意见在你看来是否正确和中听，在对方反馈时都要暂时友好地接纳，不能打断别人的反馈或拒绝接受反馈。打断反馈包括语言直接打断，如"不要说了，我知道了"，也包括肢体语言打断，如不耐烦的表情、姿势等。如果你粗鲁地打断了别人对你的反馈，其实就表示着沟通的中断和失败，你了解不到对方更多甚至更重要的信息了。

（3）避免自卫。自卫心理是每个人本能的反应。对方在向你反馈时，如果仅仅站在自己的立场，挑肥拣瘦地选择是否接受，一旦听到对自己不利、不好或不想听的东西，就急忙去辩解和辩论，明智的另一方会马上终止反馈。

（4）表明态度。别人对你反馈之后，你要有一个明确的态度，如理解、同意、赞成、支持、不同意、保留意见、怎么行动等。不明确表示你对反馈的态度与意见，对方会误解你没有听懂或内心对抗，这样就会增加沟通成本，影响沟通质量。

（5）互相尊重。与客户沟通，最重要的是善于察言观色，及时了解对方，尽量抓住对方感兴趣的话题来谈。等你与对方谈得很投机时，再向对方推荐你所销售的产品，如果他（她）能立刻接受最好，如果不能立刻接受，也不要着急，以后再找机会和他（她）谈。

【练一练】3-3

剧情大意：老师在课堂上想看看学生的智商怎么样，就向他提出问题。下面是一问一答，请2名同学表演一下，一个扮演老师，一个扮演学生。

老师："树上有10只鸟，开枪打死1只，还剩几只？"

学生反问："是无声手枪吗？"

老师："不是。"

学生："枪声有多大？"

老师："80~100分贝。"

学生："那就是说会震得耳朵疼？"

老师："是。"

学生："在这个城市里打鸟犯不犯法？"

老师："不犯。"

学生："您确定那只鸟被打死了吗？"

老师："确定。拜托，你告诉我还剩几只就行了，OK？"（老师已经不耐烦了）

学生："OK，树上的那些鸟有没有聋子？"

老师："没有。"

学生："有没有关在笼子里的？"

老师："没有。"

学生："边上还有没有其他树，树上还有没有其他鸟？"

老师："没有。"

学生："有没有残疾的或饿得飞不动的鸟？"

老师："没有。"

学生："打鸟人的眼有没有花？保证是10只？"

老师："没有花，就10只。"

学生："有没有傻到不怕死的？"（老师已经满头是汗，下课铃响了）

老师："都怕死。"

学生："会不会一枪打死2只？"

老师："不会。"

学生："所有的鸟都可以自由活动吗？"

老师："完全可以。"

"如果您的回答没有骗人，"学生满怀信心地说，"打死的鸟要是挂在树上没掉下来，那么就剩1只；如果掉下来，就1只不剩。"

老师当即晕倒……

训练营

【训练任务 3-10】

正确路线。

【任务目标】

（1）让学生体会正确反馈的重要性。

（2）提高学生正确反馈的能力。

【任务内容与要求】

（1）学生走教室内事先准备的3条路线，其他同学做出不同的反馈，来体会反馈的作用。

（2）全体同学要按照要求去做，营造出反馈气氛。

【任务组织】（见表3-24）

表3-24 正确路线任务组织表

任务项目	具体实施	时间	备注
反馈训练	（1）确定A、B、C三个小组，先后进入教室，按照事先在地上画出的路线行走：A走A路线；B走B路线；C走C路线 （2）A组同学进入教室，走A路线时，教室中的同学们都保持一种态度 （3）B组同学进入教室，走B路线时，大家又有一种态度 （4）C组同学进入教室，走C路线时，大家有另外一种不同的态度 （5）请三组同学谈谈自己的感受 （6）讨论 ①三组同学谈谈自己对同学们的反馈方式的感想 ②大家如何看待自己的反馈对三组同学的影响 ③通过这个游戏，大家对正确反馈的重要性有怎样的认识	20分钟	教室内提前画好A、B、C三条路线

【任务评价】（见表3-25）

表3-25 正确路线任务评价表

评价指标	评价标准	分值（分）	评估成绩（分）	所占比例
对反馈的理解讨论情况	1.同学们能正确理解老师的意图	20		70%
	2.反馈态度和动作准确	20		
	3.通过活动对反馈有较深的理解	30		
	4.讨论体会深刻，积极发言	20		
	5.效果明显	10		
教学过程	出勤、态度和热情	100		30%
综合得分				

金钥匙

■ 沉默是金，有时候，沉默也是一种反馈。

■ 轻松幽默的反馈能够缓和紧张气氛，是改善沟通氛围的调和剂。

超链接 3-4　幽默反馈解怨气

南北战争时，林肯要求各司令官发到白宫的报告务求翔实。麦克利兰将军是一个急性子的人，接到这道命令着实有些受不了，于是马上发电报到白宫，电报称："林肯大总统钧鉴：俘获母牛6头，请示处理办法。麦克利兰。"

林肯接到麦克利兰将军的电报后，马上给他回了一封电报："麦克利兰将军勋鉴：电悉。所俘获母牛6头，挤其牛乳可也。林肯。"

林肯很聪明，用他那惯有的幽默巧妙地化解了对方的怨气。

在沟通的过程中，若只是倾听了对方的讲话，而没有把重要的信息恰当地反馈给对方，就是对别人的冷漠，特别是当反馈的内容关系到组织利益、客户看法的时候，则会严重影响沟通效果。

课后思考：

1.参加工作后，及时向领导汇报工作就是反馈，请你根据自己掌握的知识谈谈如何汇报工作。

2.工作中不及时反馈的后果有哪些？

项目四
不同对象的沟通技巧

【目标与要求】
- 能恰当地与不同对象进行沟通
- 让学生了解与不同对象沟通的基本方法
- 能合理运用与不同对象的沟通方式

【学习任务】
- 通过训练体会与不同对象沟通的重要性
- 有目的地设计与不同对象的沟通，写出体会

模块一　与同事沟通技巧

【目标与要求】| 能与同事顺畅沟通
| 让学生了解与同事沟通的技巧
| 提高与同事沟通的能力

【学习任务】| 通过训练掌握与同事沟通的要领
| 把同学当同事进行正式沟通，记录过程，写出体会

【与同事沟通能力测试】

与同事沟通时要讲究方法、策略和技巧的有效运用。请通过下列问题对自己的该项能力进行差距测评。

1.面对同事的缺点和错误时，你会怎样做？

A.委婉沟通，引导其发现　　　　　　　B.直言相告

C.跟我的关系不大

2.发现同事的优点或者同事取得好的业绩时，你会怎样？

A.及时赞美和祝贺　　　　　　　　　　B.非常关心，想学习其经验

C.羡慕

3.当你听到同事在背后说别人的坏话时，你会怎么办？

A.不传话　　　　　　　　　　　　　　B.有时会加以制止

C.在一定范围内告诉别人

4.你和同事之间怎样看待对方？

A.相互讨论双方的优点　　　　　　　　B.相互讨论双方的缺点

C.能很好地谈论对方

5.表达时，你会注意自己的语气和语调吗？

A.每次都非常注意　　　　　　　　　　B.重要场合下会注意

C.很少注意

6.你在表达时，如何把握词语的使用？

A.总能找到准确的词语　　　　　　　　B.偶尔找不到合适的词语

C.经常词不达意

7.同事在工作中出现重大错误时，你会怎样做？

A.直言相告并帮助补救　　　　　　　　B.告知上级并共同补救

C.凭关系而定

8.当同事对你的工作提出意见时，你会持何种态度？

A.积极沟通，找出差距　　　　　　　　B.接受意见，自我检查

C.表面接受

9.当你和同事出现误会时，你会怎么办？

A.及时沟通，消除误会　　　　　　　　B.通过第三方沟通

C.等待对方找自己沟通

10.当你进入一家新公司时，你如何认识新同事？

A.主动认识每个人　　　　　　　　　　B.积极认识部门里的人

C.在工作中慢慢熟悉

选A得3分，选B得2分，选C得1分。

24分以上，说时你与同事沟通的能力很强，请继续保持和提升。

15～24分，说明你与同事沟通的能力一般，请努力提升。

15分以下，说明你与同事沟通的能力很差，急需提升。

故事汇

改善关系用赞美

在同一家公司任职的李小姐和苏小姐素来不和。

有一天，李小姐忍无可忍地对另一个同事王先生说："你去告诉苏小姐，我真受不了她，请她改一改她的坏脾气，否则没人愿意搭理她！"

王先生说："好，我会处理这件事。"

后来李小姐遇到苏小姐，苏小姐既和气又有礼貌，与从前相比，简直判若两人。李小姐向王先生表示谢意，并且好奇地问："你是怎么说的？竟有如此神奇的效果。"

王先生笑着说："我跟苏小姐说，有好多人称赞你，尤其是李小姐，对你有了新的认识，说你既温柔，又善良，而且脾气好，人缘更佳。如此而已。"

故事启发　同事之间，如果缺少知心的沟通，就会相互猜疑，互挖墙脚，只会看重自己的价值，而忽视他人的价值。对待同事的错误或缺点，有时候赞美比批评更有效果。良好的沟通，不仅可以消除矛盾，更会让人与人之间的心靠得更近，关系更密切。

知识库

一、与同事沟通的技巧

（1）以大局为重。多补台，少拆台，不要为自身小利而伤害集体大利。

（2）对待分歧，要求大同存小异。一是不要争论，而要以和为贵；二是冷处理，保

留意见。

（3）对待升迁、功利，要保持平常心，不要嫉妒、诋毁、说风凉话等，于己于人都不利，应调整好心态。

（4）要有协作意识，会主动让利。

（5）乐于帮助他人，关怀他人，乐于分享快乐。

（6）能合理处理分歧和异议，融洽相处，不要过于计较。

（7）善用微笑与言辞幽默。

（8）主动向你周边的人问候。

（9）记住对方的优点，不随意批评别人。

二、与同事沟通的原则

（1）不批评，不责备，不抱怨。

（2）主动用爱心去关心与关怀别人。

（3）对事不对人。

【案例4-1】

不会沟通，从同事到冤家

小贾是公司销售部的一名员工，为人比较随和，不喜争执，和同事的关系都比较好。但是，前一段时间，不知道为什么，同一部门的小李老是和他过不去，有时候还故意在别人面前指桑骂槐，跟他合作的工作任务也都有意让小贾做得多，甚至还抢了小贾的好几个老客户。

起初，小贾觉得都是同事，没什么大不了的，忍一忍就算了。但是，看到小李如此嚣张，小贾一赌气，告到了经理那儿。经理把小李批评了一通，从此小贾和小李成了绝对的冤家。

案例点评：

小贾遇到的事情是在工作中常常出现的一个问题。在一段时间里，同事小李对他的态度大有改变，这应该是让小贾有所警觉的，应该留心是不是哪里出了问题。但是，小贾只是一味忍让，这不是一个好办法，更重要的应该是多沟通。

小贾应该考虑是不是小李有了什么想法，有了一些误会，才让他对自己的态度变得这么恶劣，他应该主动及时和小李进行一次真诚的沟通，比如问问小李是不是自己什么地方做得不对，让他难堪了之类的。任何一个人都不喜欢与人结怨，他们之间的误会在比较浅的时候如果能够及时沟通，可能误会就会消除。

但结果是，小贾到了忍不下去的时候，他选择了告状。其实，找主管来说明一些事情，不能说方法不对，关键是怎么处理。在这里，小贾、部门主管、小李犯了一个共同的错误，那就是没有坚持"对事不对人"，主管做事也过于草率，没有起到应有的调节作用，他的一番批评反而加剧了小贾和小李之间的矛盾。

【案例启示】

部门主管正确的做法应该是把双方产生误会、矛盾的疙瘩解开，通过加强员工的沟通来处理这件事，这样做的结果肯定会好得多。我们每一个人都应该学会主动的沟通、真诚的沟通、策略的沟通，如此一来就可以化解很多工作与生活中完全可以避免发生的误会与矛盾。

（4）真诚地赞美别人。

（5）保持愉快的心情。

（6）认真倾听，听不懂一定要问。

【案例4-2】

从前有一个秀才上街去买柴，他见到了卖柴的人就对卖柴的人说："荷薪者，过来。"这个卖柴的是一个农民，没念过什么书，也听不懂这位秀才说"荷薪者（担柴人）"三个字是什么意思，但是卖柴的人听懂了"过来"两个字，于是这个卖柴的农夫就把柴担到了秀才面前。

这时秀才接着问："其价如何？"卖柴的听不懂这句话，但是他听到这句话里面有个"价"字，于是卖柴的告诉秀才价钱。秀才接着说："外实而内虚，烟多而焰少，请损之。"（其意思为：你的木柴外表是干的，里头却是湿的，燃烧起来会浓烟多而火焰小，请减些价钱吧！"）卖柴的人因为听不明白秀才说的是什么意思，于是担着柴走了。

【案例启示】

听不懂一定要问清楚，沟通中经常因为听不懂对方的话而产生误解，导致沟通失败。

（7）说别人感兴趣的话。

（8）让别人觉得自己重要。

三、与同事沟通的注意事项

（1）切勿将责任推给他人。

（2）切勿背后议论别人。

（3）切勿满腹牢骚。

（4）切勿趋炎附势。

（5）切勿拉帮结伙。

（6）切勿过分表现自己。

（7）切勿轻狂。

四、受同事尊重的30种人

（1）仪容整洁，但不追求时髦之人。

（2）对服务员、清洁工、司机、警卫、门房、接线员等人都客气有礼之人。

（3）待人谦虚、办事有分寸之人。

（4）不听信谣传、不为他人议论所动之人。

（5）赞扬他人功绩之人。

（6）聪明但不炫耀之人。

（7）与上司、部属经常保持联络之人。

（8）能够牺牲小我、完成大我之人。

（9）勇于认错之人。

（10）欣然承认他人优点之人。

（11）对所有人都平等看待之人。

（12）不骄傲、乐于教人之人。

（13）光明磊落、不矫揉造作之人。

（14）如生意人般精明能干，又富有同情心之人。

（15）具有工作热忱又虚心学习之人。

（16）不以自己的兴趣去勉强他人之人。

（17）注意健康、家庭和睦之人。

（18）陈述意见、不掺杂自我感情因素之人。

（19）遇到困难时镇定而不慌张之人。

（20）责任感强烈而不炫耀自己地位之人。

（21）没有特权意识之人。

（22）严守时间之人。

（23）性格豪放开朗之人。

（24）能专注、虚心听人说话之人。

（25）公私分明之人。

（26）不失女性娇媚的女性，不失男性气概的男性。

（27）尊重女性的男性，尊重男性的女性。

（28）不轻易向人借钱之人。

（29）说话有条理而简明扼要之人。

（30）亲切照顾后辈之人。

五、五种人不可深交

（一）交浅言深者不宜深交

初到公司，可以通过闲谈与同事沟通，拉近彼此之间的距离。但是有一种人，刚认识你不久，便把自己的苦衷和委屈一股脑儿地向你倾诉。这类人乍看是令人感动的，但他可能也向任何人倾诉，你在他心里并没有多大的分量。

（二）搬弄是非者不宜深交

一般来说道人是非者，必为是非人。这种人喜欢整天挖空心思探寻他人的隐私，抱怨这个同事不好、那个上司有外遇等。长舌之人可能会挑拨你和同事间的感情，当你和同事真的发生不愉快时，他却隔岸观火、看热闹，甚至拍手称快。他也可能怂恿你和上司争吵，他让你去说上司的坏话，他却添油加醋地把这些话传到上司的耳朵里，如果上司没有明察，你在公司的日子就难过了。

（三）唯恐天下不乱者不宜深交

有些人过分活跃，爱传播小道消息，制造紧张气氛。"公司要裁员""某某人得到上司的赏识""这个月奖金要发多少""公司的债务庞大"等，弄得人心惶惶。如果有这种人对你说这些话，切记不可相信。当然也不要当面泼他冷水，只需敷衍："噢。是真的吗？"

（四）爱占小便宜者不宜深交

有的人喜欢贪小便宜，以为"顺手牵羊不算偷"，就随手拿走公司的财物，比如订书机、纸张、各类文具等小东西，虽然值不了几个钱，但上司绝不会姑息养奸。这种占小便宜还包括利用公司的时间、资源做私事或兼差，总认为公司给的薪水太少，不利用公司的资源捞些外快，心里就不舒服。这种占小便宜的问题看起来不严重，但一旦公司发生较严重的事件，上司就可能怀疑到这种人头上。

（五）被上司列入黑名单者不宜深交

避免与这些人深交，不是不交往，而是要与之沟通适当。当你新进公司时，应当表现得友善大方，主动与人交际。比如：邀请同事共进午餐或晚餐、寻找机会请教工作上的问题，借此表达你愿意配合同事工作的善意。

三五同事经常聚在一起，或去唱歌，或逛街看电影，或聚会玩牌，久而久之，情谊加深，有可能形成小团体。一般说来，上司对小团体总是抱持着不信任的态度，会认为小团体里的人公私难分。如果提拔了圈内某个人，与之较好的同事可能会得到偏爱，不仅对公司、事业不利，对其他员工也不公平。如果上司想给其中某个人单独奖励或红包，这个人很可能会泄漏给圈内的朋友知道，其他人就会认为上司不公平。

训练营

【训练任务4-1】

积极沟通出雷阵。

【任务目标】

（1）体会与同事沟通的重要性。

（2）练习与同事沟通所需要的技巧。

【任务组织】（见表4-1）

表4-1　　　　　　　　　　　积极沟通出雷阵任务组织表

人数	40人	时间	30分钟
场地	不限	用具	蒙眼布，2根约10米长的绳子，一些报纸
活动步骤	（1）一次20名学生参加，选一块平整的游戏场地 （2）安排2个人做监护员 （3）让每个学生找1个搭档，其中1个人要被蒙上眼睛 （4）接下来布置地雷阵。2根约10米的绳子平行放在地上，绳距约10米。2根绳子分别标志着地雷阵的起点和终点 （5）在2根绳子之间尽量多地铺上一些报纸或硬纸板等作为地雷 （6）被蒙上眼睛的队员在同伴的牵引下，走到地雷阵的起点处，他的同伴则后退到他身后2米处 （7）被蒙上眼睛的队员在同伴的指引下，穿过地雷阵。如果碰到地雷，则回到起点。先到终点的小组获胜		
问题讨论	（1）游戏过程中遇到了什么问题？ （2）指挥者能做到指令清晰吗？		

【任务评价】（见表4-2）

表4-2   积极沟通出雷阵任务评价表

评价指标	评价标准	分值（分）	评估成绩（分）	所占比例
团队沟通与合作语言沟通	1.能恰当运用语言进行沟通	20		70%
	2.体现出了与同事沟通的技巧	20		
	3.同事之间沟通顺畅	20		
	4.团队沟通与合作较好	10		
	5.指挥与团队成员配合默契	10		
	6.效果明显	10		
	7.活动评估	10		
教学过程	出勤、态度和热情	100		30%
综合得分				

金钥匙 🔑

■ 大度、大气、大方是人际关系沟通中不可缺少的品德。
■ 同事之间缺少沟通，就像盲人骑瞎马。
■ 你一句，我一句，以不打断对方说话为原则。

超链接4-1 智者的四句箴言

　　一位少年去拜访一位年长的智者。他问："我如何才能变成一个自己愉快，也能给别人带来愉快的人呢？"智者望着他说："孩子，在你这个年龄有这样的愿望，已经很难得了。我送给你四句话。第一句话是：把自己当成别人。你能说说这句话的含义吗？"少年回答说："是不是说，在我感到痛苦忧伤的时候，就把自己当成别人，这样痛苦就减轻了；当我欣喜若狂之时，把自己当成别人，那些狂喜也会变得平和中正一些。"智者微微点头，接着说："第二句话，把别人当成自己。"少年沉思一会儿，说："这样就可以真正同情别人的不幸，理解别人的需求，并且在别人需要的时候给予恰当的帮助。"智者两眼发光，继续说道："第三句话，把别人当成别人。"少年说："这句话的意思是不是说，要充分地尊重每个人的核心领地？"智者哈哈大笑说："很好，很好。第四句话，把自己当成自己。这句话理解起来太难了，留着你以后慢慢品味吧。"少年说："这四句话之间有许多自相矛盾之处，我用什么才能把它们统一起来呢？"智者说："很简单，用一生的时间和精力。"少年沉默了很久，然后叩首告别。

　　后来少年变成了中年人，又变成了老人。在他离开这个世界很久以后，人们还时时提到他的名字。人们都说他是一位智者，因为他是一个愉快的人，而且也给每一个见到过他的人带来了愉快。

课后思考：

　　1.与同事沟通的要领是什么？

　　2.同事间交往沟通需要注意哪些事项？

模块二　与上级沟通技巧

【目标与要求】会与上级沟通
掌握与上级沟通的要领
提高与上级沟通的能力

【学习任务】与上级沟通训练
设计一次与上级的沟通，写出体会

【与上级沟通能力测试】

下属与上级沟通时要讲究方法，并合理运用沟通技巧，以保持良好的上下级关系。请通过下列问题对自己的该项能力进行差距测评。

1.当你面对工作中的难题时，你是如何解决的？

A.与上级沟通，寻求支持　　　　　B.与同事沟通，寻求支持

C.自己想办法

2.你一般采取什么方式和上级沟通？

A.面对面沟通　　　　　　　　　　B.电话或电子邮件沟通

C.定期书面沟通

3.当你和上级的意见不一样时，你会采取怎样的方式表达自己的意见？

A.面对面沟通　　　　　　　　　　B.书面报告给上级

C.通过其他方式

4.面对不同性格和处事风格的上级，你如何同他们沟通？

A.从沟通对象的角度考虑　　　　　B.注意沟通技巧

C.对事不对人

5.面对比较强势的上级，你如何同他沟通？

A.思路清晰，逻辑缜密　　　　　　B.先赞同，然后提意见

C.书面或电话沟通

6.面对效率型的上级，你如何同他沟通？

A.简单明了，直指问题　　　　　　B.尽量采用封闭式问题

C.加强时间观念

7.面对权威型的上级，你如何同他沟通？

A.表示出足够的尊重　　　　　　　B.采用请教的方式

C.采用书面建议的方式

8.面对指导型的上级，你如何同他沟通？

A.采用请求汇报的方式　　　　　　　B.采用书面建议的方式

C.采用询问的方式

9.你如何使用电子邮件与上级沟通？

A.尽量简单，直指结果　　　　　　　B.直接陈述观点

C.非常注意措辞

10.你是否在与上级沟通的过程中经常与其发生冲突？

A.从来未发生过冲突　　　　　　　　B.很少有这种情况

C.偶尔会因为观点不同而有冲突

选 A 得 3 分，选 B 得 2 分，选 C 得 1 分。

24分以上，说明你与上级沟通的能力很强，请继续保持和提升。

15～24分，说明你与上级沟通的能力一般，请努力提升。

15分以下，说明你与上级沟通的能力很差，急需提升。

故事汇

爷爷要把孩子生下来

上级犯了错误，你该怎么办？下面这个故事给你一点启发。

中国历史上有一名叫甘罗的孩子，12岁就做了秦国宰相。他与秦始皇有过一场关于"公鸡下蛋"的辩论。

秦始皇养了一些妖言惑众的方士。方士说，吃公鸡下的蛋可以长生不老。秦始皇信了，便命令甘罗的爷爷前去寻找。

"爷爷，您有什么心事？"甘罗看到愁眉不展的爷爷在房间里走来走去，便问道。

"唉，皇上听信了方士的话，要吃公鸡的蛋以求长生，现在命令我去找，要是2天之内找不到，就得受罚。"

甘罗一听，也着急起来。突然，他灵机一动，有了主意。"爷爷，你不用为此事操心，3天后我替您上朝去，自有办法应付皇上。"

3天后，甘罗不慌不忙地随着大臣们走进宫殿。

秦始皇生气地问："你来干什么？是不是你爷爷找不到鸡蛋不敢来了？"

"启禀陛下，我爷爷来不了啦，"甘罗冷静地说，"他在家生孩子呢，所以我替他来上朝了。"

秦始皇说："你这孩子真是胡说八道，男人怎么会生孩子呢？"

"既然公鸡能下蛋，为什么男人就不能生孩子呢？"甘罗反问道。

秦始皇一听便知道自己错了。他看甘罗小小年纪这么聪明，便破格录用，拜他为秦国宰相。

故事启发　　让上级自己认识到错误，是指正上级错误的有效沟通艺术。要想让上级意识到自己的错误，必须让他看到相同的错误。

训练营

【训练任务 4-2】

模拟与上级沟通。

【任务目标】

通过模拟沟通，了解与上级沟通的技巧。

【任务内容与要求】

向领导汇报投资项目计划，同一份计划书，由于沟通方式不同，汇报结果也不同，由此启发学生深入思考。

【任务组织】（见表 4-3）

表 4-3　　　　　　　　　　　　　模拟与上级沟通任务组织表

任务项目	具体实施	时间	备注
模拟与上级沟通	（1）将学生分成 5 人一组，每组选出 1 位领导者 （2）4 名下属迅速筹划一个投资项目，撰写简要的计划书草案 （3）4 名下属依次面见领导，按照自己的沟通方式说服领导通过项目计划方案，要求领导在不同的心情状况下接受下属的提案 （4）每组派代表总结活动体会 ①哪些沟通方式领导易于接受并能取得良好的沟通效果 ②说服领导时需要运用哪些沟通技巧	20 分钟	教室内 提前准备资料

【任务评价】（见表 4-4）

表 4-4　　　　　　　　　　　　　模拟与上级沟通任务评价表

评价指标	评价标准	分值（分）	评估成绩（分）	所占比例
上下级沟通 团队配合 讨论发言	1. 能恰当运用语言进行沟通	20		70%
	2. 体现出了上下级沟通的技巧	20		
	3. 能够正确解决上下级沟通的问题	20		
	4. 讨论中积极发言，体会深刻	10		
	5. 团队配合默契	10		
	6. 效果明显	10		
	7. 活动评估	10		
教学过程	出勤、态度和热情	100		30%
综合得分				

知识库

一、与上级有效沟通的6个要素

（一）适当的时机

与上级沟通最好选择在上午10点左右进行，此时领导可能刚刚处理完上午的工作，下属适时提出问题和建议，比较容易引起领导的关注。另外，无论什么时间，如果领导心情不好，最好不要打扰他，除非你有办法帮助领导改善心情。

（二）适合的地点

最适合谈工作的地点是领导的办公室。领导经过你的座位，或者刚好同乘电梯，或在走廊遇见，要就某个问题与你探讨，这些地方也不失为沟通的好场所。

（三）灵活运用事实数据

推出提议或提出建议一定要有足够的说服力，切忌夸夸其谈，言之无物。用事实和数据说话，说服力强，易被领导接受。

（四）预测质疑，准备答案

领导可能会对下属提出的建议和意见提出种种质疑，如果下属毫无准备，则成功概率会大大降低，还会给上司留下逻辑性差、思维不够缜密的印象。最好事前对上级可能提出的质疑进行充分的准备，真正做到胸有成竹。

（五）突出重点，简明扼要

先弄清楚上司最关心的问题，再想清楚自己最想解决的问题。在与上级交谈时，一定要先说重点、简明扼要，因为上级的时间难以把握，很可能下一分钟就有一个电话打进来或者有一件重要的事情需要处理，打断你们的谈话。

（六）尊重领导的决定

无论你的建议多么完美，也只是站在自己的角度考虑的。因此，阐述完你的建议后应该给领导留下一段思考的时间，即使他否定了你的建议，你也应该感谢领导倾听了你的建议和意见。

二、与上级沟通方式

（1）举止大方，谈吐得当，时刻表达出对上级的尊重。

（2）能有效倾听并准确把握上级的想法和意图。

（3）做好多种任务方案，带着方案去见上级。

（4）定期向上级汇报工作。

（5）尽量不要把问题留给上级，超出自己能力范围的事除外。

（6）对于自己干不了的事情，一定要主动向上级汇报。

（7）回答上级提问时要做到客观全面，就事论事。

（8）在上级面前，尽量不要抱怨，千万不要搬弄他人是非。

三、与上级有效沟通的4种态度

(一) 尊重而不吹捧

作为下属，一定要充分尊重领导，在各方面尊重领导的权威，支持领导的工作，为领导排忧解难。

(二) 请示而不依赖

作为下属，在自己的职权范围内应主动开展工作，勇于创新。不可事事请示，遇事没有主见；否则，容易给领导留下"办事不力，能力一般"的印象。

(三) 主动而不越权

工作要积极主动；敢于直言和提出自己的意见。不唯唯诺诺，领导让做什么就做什么，自己不承担责任。更不能对领导的工作思路不研究、不落实，甚至阳奉阴违。当然，下属的积极主动、大胆负责应以有利于维护领导的权威、维护团队内部团结为前提，在某些工作上不能越权或越级上报。

(四) 自信而不自负

在与人交谈时，一个人的语言和肢体语言所传达的信息各占50%。作为下属，若是对自己的计划和建议充满信心，那么他无论面对谁，都应表情自然、大方自信。作为下属，应学会用自信去感染领导、征服领导。

【案例4-3】

墨子怒责耕柱

春秋战国时期，耕柱是一代宗师墨子的得意门生，不过，他老是被墨子责骂。有一次，墨子又责备了耕柱，耕柱觉得自己非常委屈，因为在诸多门生中，大家都公认耕柱是最优秀的人，但耕柱又偏偏常遭到墨子指责，这让他很没面子。一天，耕柱愤愤不平地问墨子："老师，难道在这么多学生中，我竟如此差劲，以至于要时常遭您老人家责骂吗？"墨子听后，毫不动肝火："假设我现在要上太行山，依你看，我应该要用良马来拉车，还是用老牛来拖车？"耕柱回答说："再笨的人也知道要用良马来拉车。"墨子又问："那么，为什么不用老牛呢？"耕柱回答说："理由非常简单，因为良马足以担负重任，值得驱遣。"墨子说："你答得一点也没有错，我之所以时常责骂你，也是因为你能够担负重任，值得我一再地教导你。"

【案例启示】

墨子与耕柱的故事让我们知道：员工应该主动与管理者沟通，了解领导对自己的期望；管理者应该积极和下属沟通，不是挑毛病和布置任务，而应在双向沟通中消除误会。虽然这只是一个很简单的故事，但这个故事可以给企业的沟通管理一些有益的启示，但愿每个人都能够从这个故事中获益。

四、与不同风格领导沟通的技巧

由于个人的素质和经历不同，因此不同的领导会有不同的风格。仔细分析每一位领导的风格，在与他们的交往中，针对不同的风格运用不同的沟通技巧，会获得更好的沟通效果。

（一）控制型领导的特征及与其沟通的技巧

1.性格特征

强硬的态度，充满竞争心态，要求下属立即服从，讲究实际，求胜欲望强，对琐事不感兴趣。

2.行为倾向

直接下命令，不允许部下违背自己的意志，关注工作的结果而不是过程。

3.沟通技巧

对这一类型的领导而言，与他们相处，重在简明扼要、干脆利索、不拖泥带水、不拐弯抹角。面对这一类型的领导时，无关紧要的话要少说，直截了当、开门见山地谈即可。

此外，他们很重视自己的权威性，不喜欢部下违抗自己的命令，所以应该更加尊重他们的权威，认真对待他们的命令，在称赞他们时，也应该称赞他们的成就，而不是他们的个性或人品。

（二）互动型领导的特征及与其沟通的技巧

1.性格特征

善于交际，喜欢与他人互动交流，喜欢享受他人的赞美，凡事喜欢参与。

2.行为倾向

亲切友善地与部下相处，愿意聆听部下的困难和要求，努力营造融洽的工作氛围。

3.沟通技巧

面对这一类型的领导，切记要公开赞美，而且赞美的话语一定要发自真心、言之有物，虚情假意的赞美会被他们认为是阿谀奉承，从而影响他们对你个人能力的整体看法。

要亲近这一类型的领导，应该友善，不要忘记留意自己的肢体语言，因为他们对部下的一举一动十分敏感。另外，他们喜欢与部下当面沟通，喜欢部下与自己开诚布公地谈问题，即使对他有意见，也希望能够摆在桌面上交谈，厌恶在私下里发泄不满情绪的部下。

（三）实事求是型领导的特征及与其沟通的技巧

1.性格特征

讲究逻辑而不喜欢感情用事，为人处世自有一套标准，喜欢弄清楚事情的来龙去脉，理性思考而缺乏想象力，是方法论的最佳实践者。

2.行为倾向

按照自己的行事标准要求部下，注重问题的细节，善于理性思考。

3.沟通技巧

与这一类型的领导沟通时，可以省掉话家常的时间，直接谈他们感兴趣而且具有实质性的问题。他们喜欢直截了当的方式，对他们提出的问题也最好直接回答，要言之有物，而且要务实。同时，在进行工作汇报时，多就一些关键性的细节加以说明。

训练营

【训练任务4-3】

与不同类型领导的沟通。

【任务目标】

通过与不同类型领导的沟通，提高沟通能力。

【任务内容与要求】

扮演不同类型的领导，进行模拟沟通，总结沟通情况。

【任务组织】（见表4-5）

表4-5　　　　　　　　　　与不同类型领导的沟通任务组织表

任务项目	具体实施	时间	备注
与不同类型的领导沟通	（1）提前找3位同学扮演3种不同类型的领导，按照要求做好准备 （2）找3位同学扮演员工，就同一项工作、用同样的沟通方式分别找领导请示 （3）再找3位同学扮演员工，就上述工作用不同的沟通方式与领导沟通 （4）组织学生讨论 ①对不同类型的领导，用同样的沟通方式，结果是否一致 ②通过活动，你有何体会	20分钟	教室内 提前准备资料

【任务评价】（见表4-6）

表4-6　　　　　　　　　　与不同类型领导的沟通任务评价表

评价指标	评价标准	分值（分）	评估成绩（分）	所占比例
上下级沟通表演点评与讨论	1.理解沟通的含义	15		70%
	2.对与不同类型领导沟通的理解深刻	30		
	3.扮演领导和员工真实	15		
	4.小组点评准确认真	10		
	5.讨论深入、热烈，有独特见解	10		
	6.效果明显	10		
	7.活动评估	10		
教学过程	出勤、态度和热情	100		30%
综合得分				

【训练任务4-4】

勇于承认错误。

【任务目的】

使学生认识到勇于承认错误对团队的沟通协作是非常有意义的。

【任务要求】

敢于大声承认错误。

【任务组织】（见表4-7）

表4-7　　　　　　　　　　　　勇于承认错误任务组织表

任务项目	具体实施	时间	备注
勇于承认错误	（1）学生在比较空的场地围成一圈 （2）听教师的口令：喊一时，举左手；喊二时，举右手；喊三时，抬左脚；喊四时，抬右脚；喊五时，不动 （3）当有人出错时，出错的人要走出来站到大家面前先鞠一躬，举起右手高声说："对不起，我错了！" （4）游戏重新开始，循环往复，适可而止 （5）组织学生讨论 ①为什么勇于承担错误比较难 ②通过这项活动，对自己有何启发 （6）体会启发：在团队的沟通协作过程中，难免出错，如不能及时改正，将会影响整个团队目标的实现。我们每个人都会犯错误，然而在面对错误时，大多数情况是没人承认自己犯了错误；少数情况是有人认为自己错了，但没有勇气承认错误，因为很难克服心理障碍；极少数情况是有人站出来承认自己错了。而这个游戏从一种简单的认错行为中，让学生感受到勇于承认错误的重要性	20分钟	教室内提前准备资料

【任务评价】（见表4-8）

表4-8　　　　　　　　　　　　勇于承认错误任务评价表

评价指标	评价标准	分值（分）	评估成绩（分）	所占比例
是否敢于承认错误纠正错误讨论体会	1.是否敢于承认错误	20		70%
	2.是否勇于纠正错误	25		
	3.能够克服心理障碍	15		
	4.讨论深入、热烈	10		
	5.体会深刻	10		
	6.效果明显	10		
	7.活动评估	10		
教学过程	出勤、态度和热情	100		30%
综合得分				

【训练任务4-5】

换扑克牌。

【任务目的】

培养学生的团队沟通技巧，提高学生与上下级沟通的能力。

【任务要求】

要求学生以领导者、下属和同事3种不同的身份参与活动，注意体会不同身份的感受。

【任务组织】（见表4-9）

表4-9　　　　　　　　　　　　　　换扑克牌任务组织表

任务项目	具体实施	时间	备注
换扑克牌	（1）让同学坐成三排，第一排为A，第二排为B、C，第三排为D、E、F、G，每排同学只能看到前排的人，不能看到后排的人 （2）将信封发给每个同学，给同学5分钟时间看任务单 （3）5分钟后，开始游戏 （4）游戏结束后，主持人组织同学进行问题讨论 ①作为A，你是否最终带领大家完成了游戏任务 ②大家在游戏过程中有没有失误 ③如果有，原因是什么 通过这个游戏，大家得到了什么启发	20分钟	每人1个信封，信封里有任务单（见表4-10）和4张扑克牌

表4-10　　　　　　　　　　　　　　　　任务单

A的任务单	你现在属于一个团队（组织结构如表4-9所述），你是团队领导者，B、C、D、E、F、G都是你的下属，其中B、C是你的直接下属 你的任务是：按照游戏规则，将你所有下属手中的扑克牌置换成同一花色或同一数字 你应遵循的游戏规则如下：（1）不能讲话，若有不明白的地方，请询问主持人；（2）不能让其他人看到你手中的扑克牌；（3）可以同直接下属B、C进行书面沟通（通过写纸条的方式）；（4）可以同直接下属B、C换牌，但每次只能换1张，而且你手中的牌在任何时候都应该是4张（换牌的时候除外）；（5）不能越级换牌和交流（即不得同D、E、F、G换牌和交流）
B、C的任务单	你现在属于一个团队（组织结构如表4-9所述），A是你的上级，C（或B）是你的平级，D、E（或F、G）是你的直接下属 你应该遵循的游戏规则如下：（1）不能讲话，若有不明白的地方，请询问主持人；（2）不能让其他人看到你手中的扑克牌；（3）可以同上级A和直接下属D、E（或F、G）进行书面沟通（通过写纸条的方式）；（4）可以同上级A和直接下属D、E（或F、G）换牌，但每次只能换1张，而且你手中的牌在任何时候都应该是4张（换牌的时候除外）；（5）不能与平级及平级的下属换牌和交流

D、E的任务单	你现在属于一个团队（组织结构如表4-9所述），B是你的直接上级，E（或D）是你的平级 你应该遵循的游戏规则如下：（1）不能讲话，若有不明白的地方，请询问主持人；（2）不能让其他人看到你手中的扑克牌；（3）可以同直接上级B进行书面沟通（通过写纸条的方式）；（4）可以同直接上级B换牌，但每次只能换1张，而且你手中的牌在任何时候都应该是4张（换牌的时候除外）；（5）不能与直接上级以外的其他人换牌和交流
F、G的任务单	你现在属于一个团队（组织结构如表4-9所述），C是你的直接上级，G（或F）是你的平级 你应该遵循的游戏规则如下：（1）不能讲话，若有不明白的地方，请询问主持人；（2）不能让其他人看到你手中的扑克牌；（3）可以同直接上级C进行书面沟通（通过写纸条的方式）；（4）可以同直接上级C换牌，但每次只能换1张，而且你手中的牌在任何时候都应该是4张（换牌的时候除外）；（5）不能与直接上级以外的其他人换牌和交流

【任务评价】（见表4-11）

表4-11　　　　　　　　　　换扑克牌任务评价表

评价指标	评价标准	分值（分）	评估成绩（分）	所占比例
上下级沟通讨论与体会	1.遵守规则	10		70%
	2.同上级沟通顺畅	30		
	3.同下级沟通顺畅	20		
	4.讨论深入、热烈	10		
	5.失误较少	10		
	6.体会深刻，效果明显	10		
	7.活动评估	10		
教学过程	出勤、态度和热情	100		30%
综合得分				

金钥匙

■ 弄清和掌握领导的意图，是和领导沟通的关键。

■ 有时候，沟通越简单，越有效。

■ 在与领导沟通的过程中，要维护上级的权威和自尊，否则将会给自己带来一些不利的影响。

超链接4-2　与领导沟通新要领

必须高度重视沟通技巧。如果我们在表达上有缺陷，过于冗长或艰涩，或易于产生误会，就很难引起领导者对我们的兴趣；相反，还很可能引起领导者的反感。

选择重要的主题，并做好充分的准备，这是成功实现与领导接触的基本条件。

建设性、启发性的谈话，能让领导者有所收获；坦率直言的态度能赢得领导者的信任。

即使是创意十足的领导者，也喜欢别人为其提供解决问题的方案，这样我们就可以和领导者共同寻找绝妙的点子和构想。

要了解领导者最喜欢的沟通方式，如交谈、书面沟通、举证、引经据典等，如此才能善用每一次接触机会。

成功地接触领导者，不仅意味着对领导者的关心和支持，还意味着获得领导者对我们的支持，这样我们就能够获得施展抱负的机会。

课后思考：

1.请你判断你的班级干部以及系部领导，他们都是具有何种领导风格的人？思考一下如何与他们更好地沟通？

2.对于领导的指示，要认真执行。那么，怎样说服领导，让领导理解自己的主张、同意自己的看法呢？请查找资料完成。

模块三　团队沟通技巧

【目标与要求】 增强团队沟通意识
提高团队沟通能力

【学习任务】 团队沟通训练
为班级团队沟通提出意见和建议

● 故事汇

团队与沟通

有一个博士被分到一家研究所，成为学历最高的人。

有一天，他到单位后面的小池塘去钓鱼，正好正副所长在他的一左一右，也在钓鱼。他只是微微点了点头，和这两个本科生，有啥好聊的呢？不一会儿，正所长放下钓竿，伸伸懒腰，从水面上飞一般地走到池塘对面的厕所。博士眼睛瞪得都快掉下来了。水上漂？不会吧？这可是一个池塘啊！正所长上完厕所回来的时候，同样从水上"漂"了回来。怎么回事？博士又不好去问，自己是博士呀！

过了一会儿，副所长也站起来，同样从水面上飞一般地走到池塘对面的厕所。这下子博士更是差点昏倒：不会吧，到了一个江湖高手集中的地方？博士也内急了。这个池塘两边有围墙，要到对面上厕所得绕10分钟的路，而回单位上厕所又太远，怎么办？博士也不愿意去问两位所长，憋了半天后，也起身往水里跨：我就不信本科生能过的水面，我博士不能过。只听咚的一声，博士栽到了水里。两位所长将他拉了出来，问他为什么要下水，他问："为什么你们可以走过去呢？"

同学们，你知道为什么吗？

故事启发 学历代表过去，只有学习力才能代表将来。只有尊重有经验的人，才能少走弯路。一个好的团队，应该是学习型的团队。

知识库

一、团队沟通的概念

所谓团队沟通，是指为了一定的目的，由两个或两个以上的团队成员，通过磋商、交换和适应相互的思想观点和思维模式，最终达到意见一致的过程。团队成员之间形成的特殊关系有利于团队任务的完成，而他们之间的沟通则有利于关系的建立和维持。

二、良好的团队沟通对个人的好处

良好的团队沟通对个人的好处是：

（1）能获得更好、更多的合作。

（2）能减少误解。

（3）能使人更愿意回答。

（4）能使自己的工作更加井井有条。

（5）能提高自己有效思考的能力。

（6）能使自己的话更有说服力。

（7）能使自己有信心，可以有效把握所做的事。

三、团队沟通的特征

除了沟通的内容，团队沟通的方式也会对团队建设造成深刻的影响。麻省理工学院曾经就"团队的沟通方式"展开过专项调查，调查结果显示，伟大的团队的沟通方式通常有以下几个特征：

（1）频繁沟通。在一个典型的项目团队中，每个工作小时沟通12次是最理想的，每个工作小时沟通多于12次或者少于12次的团队在绩效上都会有所下降。

（2）说与听同样重要，团队中的每个人都是如此。低绩效的团队常常存在着专权者、小团体、只听不说和只说不听的人。

（3）加入频繁的非正式沟通。最好的团队会花费一半的时间在正式会议和团队会议以外进行沟通，增加非正式沟通的时间会提高团队的绩效。

（4）拓展团队以外的观点和信息。好的团队会定期与一些外在的、不同的信息源进行沟通，并把学到的东西带回团队。

四、团队沟通失败的原因

团队沟通失败的原因包括：

（1）缺少信息或知识，进而缺乏自信。

（2）对于重点强调不足或条理不清楚。

（3）只注重表达，却忽视了倾听。

（4）判断错误或没有完全理解对方的意图。

（5）由于记忆力有限，忘记了某些数据。

（6）产生了偏见，或有不良情绪。

（7）没有及时反馈。

（8）只遵循自己的想法，而忽视别人的要求。

（9）职位、文化等因素的差异。

（10）准备不足，没有慎重思考就发表意见。

（11）失去耐心，造成争执。

（12）语言不通，听不懂对方的话。

五、团队沟通的技巧

（一）积极的心态

"心态决定一切"，只有积极的心态，才能使我们最大限度地发挥个人潜力，最终实现梦想。前中国国家足球队总教练米卢是唯一一个连续四次带领不同国家的足球队进入世界杯16强的主教练，米卢用他的"心态决定一切"带领中国队实现了44年的梦想。

（二）建立共同的愿景与文化

团队的带头人要能够给每个团队成员描绘一个可以看到的且可以实现的共同愿景与目标，激发团队中每一个人的能动性，并让每个团队成员看到实现目标后可以拥有的一切，以确保团队保持激情。

【案例4-4】

马云在创业初期，团队成员都很迷茫。1999年在创业动员大会上，马云讲道：第一，将来要做持续80年的公司；第二，成为全球十大网络公司；第三，只要有商人，一定要用到阿里巴巴。这就是马云给大家制定的共同愿景与目标，正是有了这样的愿景目标，阿里巴巴才有了今天的成功。

【案例启示】

"上下同欲者胜"，就是说只有目标一致、齐心协力的团队，才会赢得最后的胜利。

（三）团队领袖的个人魅力

创业团队的带头人必须被团队中每一个成员信任并愿意为其付出一切，才能最终实现成功创业的梦想。牛根生的成功就是如此，在其个人魅力的影响下，牛根生得到了他以前旧部的信任，他的旧部愿意拿出全部家产交给他创业，这一点作为蒙牛第二任总裁的杨文俊先生深有感触。

（四）规范的管理制度和完善的利润分配制度

一个成功的创业团队必须要有规范的管理制度，这样团队中的每一位成员才会心无疑虑地投入到创业中去。只有纪律严明、赏罚分明的战斗团队才能勇往直前，赢得胜利。创业的最终目的之一就是利益，所以在创业之初，就要以法律文书的形式形成明确的利润分配方案，把每一个成员的职责与权利划分清楚，明确将来与创业团队成员利益相关的事宜。

（五）广阔的个人潜力发展空间

创业的另一个目的就是实现团队成员自身的价值。团队中的每一个成员都有自己的特长，最大限度地帮助他们发挥个人特长，集中每一个人的优势，这样整个团队的优势才是最大的。同时，要让不适合团队的人尽早离开，不能让不合适的人影响大家而使团队失去凝聚力。

（六）上下畅通的沟通机制

健全上下畅通的沟通机制，让大家无论遇到任何事情都要以公司利益为重，应以公司的目标为中心进行沟通。从目的上讲，团队沟通就是通过磋商而取得共识，即队员们必须交换和适应相互的思维模式，直到每个人都能对所讨论的问题有一个共同的意见。简单地说，就是让他人懂得自己的本意，自己明白他人的意思。沟通的技巧对团队的成功非常重要。

（七）坦诚的语言沟通

坦诚是指沟通应具有开放性，要了解自己，关注他人，关注你的需求或明确要他人知道的事情。一个坦诚的陈述通常很直接，但它同时谦恭有礼，顾及他人的感情，而不是攻击他人。坦诚是为自己的沟通负责，不让别人来操纵你的反应。当别人承认你的想法和感受、真正倾听你并做出回应时，你会有被认可的感觉。而当你被肯定时，就更容易坦诚、容易获得高效率、容易为团队做出贡献。同时，你及时肯定他人，也会取得同样的效果。

（八）掌握倾听和提问的技巧

1.学会倾听和提问

语言沟通和非语言沟通都是传递信息，只有倾听和提问才能提供一些必要的、及时的反馈，使人理解传达的信息。倾听和提问可以为个人及团队进行成功的沟通引发对话、创造氛围，并促进互相合作。毫无疑问，团队成员的倾听和提问能力是保持团队有效沟通和旺盛生命力的必要条件。

2.形成有效倾听的团队规范

有效的倾听在团队中特别难以实现。在一对一的对话中，你可能有一半的时间在倾听；而在团队中，你倾听的时间可能会达到65%～90%。如此多的人在交流，倾听就会变得较为困难，这就是为什么团队需要形成一些清楚的沟通惯例，以便让团队成员在交流时遵循。这些惯例包括：轮流发言、倾听；提出一些题目以帮助他人理清想法和信息；以支持的态度提出问题等。遵循这些惯例，就可以创造一个适宜沟通的氛围。

3.排除倾听障碍

很多因素会妨碍有效的沟通和提问。要求你做一个听众，这本身就是一个困难。信息超载和需要理清多个头绪会妨碍你整理、加工和保存你所听的内容；为某事、某个信息或生活中的其他事情担忧也会影响你的倾听。

4.把握倾听的艺术

学会倾听并非很难，只要克服心中的障碍，从小处做起，肯定能够成功。

训练营

【训练任务 4-6】

"坦克大战"。

【任务目标】

通过团队沟通与合作训练，提高团队沟通与协作能力。

【任务内容与要求】

5人组成团队，在队长的带领下，通过"坦克大战"实现团队的协调与沟通。

【任务组织】（见表 4-12）

表 4-12　　　　　　　　　　　　"坦克大战"任务组织表

任务项目	具体实施	时间	备注
坦克大战	（1）学生5个人一组。选出其中1个人为队长，其余4人蒙上眼睛作为"坦克" （2）每人携带10个纸团作为炮弹，在边长为5米的正方形范围内，由队长指挥"坦克"进行战斗，被击中则离开 （3）坚持到最后者获胜	20分钟	情景资料 活动场地 纸团

【任务评价】（见表 4-13）

表 4-13　　　　　　　　　　　　"坦克大战"任务评价表

评价指标	评价标准	分值（分）	评估成绩（分）	所占比例
团队配合	1.团队目标明确	15		70%
	2.成员分工明确	15		
	3.团队成员配合协调	20		
	4.遵守规则	15		
	5.指挥与队员沟通顺畅	10		
	6.活动控制措施可行	15		
	7.效果评估	10		
教学过程	出勤、态度和热情	100		30%
综合得分				

金钥匙 🔑

团队沟通要点

■ 团队成员之间沟通时，要坦白地讲出你内心的感受、想法和期望，但绝对不能批评、责备、抱怨、攻击。批评、责备、抱怨、攻击，这些都是团队沟通的刽子手，只会使事情恶化。

■ 互相尊重。只有给予对方尊重，才有沟通；若对方不尊重你，你也要适当地请求对方的尊重，否则很难沟通。

■ 绝不口出恶言。恶言伤人，就是所谓的"祸从口出"。

■ 不说不该说的话。如果说了不该说的话，往往要花费极大的代价来弥补，正所谓"一言既出，驷马难追""病从口入，祸从口出"，甚至还可能造成不可弥补的终生遗憾！所以，沟通不能够信口雌黄、口无遮拦，但是完全不说话，有时候会变得更恶劣。

■ 情绪冲动时不要沟通，尤其是不要做决定。带着情绪的沟通常常没好话，既理不清，也讲不明，还很容易冲动而失去理性，如吵得不可开交的夫妻、反目成仇的父母子女、对峙已久的上司下属。尤其是不能做出情绪性、冲动性的"决定"，这很容易让事情不可挽回，令人后悔！

■ 要理性沟通，不理性不要沟通。不理性只有争执的份儿，不会有结果，更不可能有好结果，所以这种沟通无济于事。

■ 觉知。不只是沟通需要觉知，一切都需要。如果自己说错了话、做错了事，或者造成了不可弥补的伤害时，最好的办法是什么？"我错了"，这就是一种觉知。

■ 承认"我错了"。承认"我错了"是沟通的消毒剂，可消除、改善与转化沟通的障碍。一句"我错了"，勾销了多少人的新仇旧恨，解开了多少年打不开的死结，让人豁然开朗。

■ 说"对不起"。说"对不起"，不代表真的犯了什么天大的错误或做了伤天害理的事，这是一种软化剂，使事情终有"转圈"的余地，甚至还可以创造"天堂"。其实有时候你也真的是大错特错，因为死不认错就是一件大错特错的事。

■ 让奇迹发生。愿意互相认错，就是在替自己与家人创造天堂与奇迹，化不可能为可能。

超链接4-3　团队沟通的艺术

有一个古老的哲学问题："森林中一棵树倒了下来，那儿不会有人听到，那么能说它发出声响了吗？"关于沟通，我们也可以问类似的问题:如果你说话时没人听，那么能说你进行沟通了吗？

　　有人说:"沟通就是,我说的便是我所想的,怎么想便怎么说,如果团队同伴不喜欢,也没办法!"从目的上讲,沟通是共同磋商的意思,即同伴们必须交换和适应对方的思维模式,直到每个人都能对所讨论的意见有一个共同的认识。说简单点,就是让他人懂得自己的本意,自己明白他人的意思。我们认为,只有达成了共识,才可以被认为是有效的沟通。团队中,团队成员越多样化,就越会有差异,也就越需要进行有效的沟通。

课后思考:

　　1.具备团队沟通能力很重要,你有何体会?
　　2.你认为在团队沟通中,个体会起到什么作用?

项目五

谈判准备

【目标与要求】
- 熟悉商务谈判的概念、实质、要素和特点
- 熟悉情报信息与资料的收集和整理方法
- 能用掌握的信息选择谈判对象与把握谈判契机
- 能制订谈判计划

【学习任务】
- 收集谈判对象的情报
- 调查了解对方的性格、兴趣以及谈判风格和习惯
- 恰当地选择谈判对象，把握谈判契机
- 制订谈判计划

模块一 商务谈判概述

【目标与要求】 理解商务谈判的概念
理解商务谈判的实质
熟悉商务谈判的要素
了解商务谈判的特点

【学习任务】 通过辩论会总结、理解沟通、协商、妥协、合作在
谈判中的作用
服务交易训练，理解谈判的特征和要素

故事汇

琼文和苏卡的一天

微课11

为什么说商务
谈判是艺术

　　琼文和苏卡是一对年轻的夫妻。一大早，他们就起来了。他们家热水器的制热效果差，昨天已经修过了，换了2个零件，共花去413美元，但热水器的制热效果还是不理想。琼文看过零件后，知道上当了，还好苏卡没有让2个维修人员拿走换下的2个零件，并约定明日来取。于是，琼文拿着零件去鉴定，零件自然是好的。琼文心里明白，要讨回413美元，可能需要一场艰难的谈判，必要时还可能需要采取一些谈判策略。

　　琼文是一个小型电子马达制造厂机械设计组的负责人，在琼文驾车去工作的途中，他仍在考虑关于修理热水器的谈判。他可以寻求法律的保护，但他没有这么多的时间耗费在这上面，也不一定会有结果，这是他不愿意面对的情况。因此，琼文倾向于私下里谈判解决。琼文认为自己处于主动的地位，对方现在是做贼心虚，只要切中要害，也许会使对方妥协。想到这里，琼文决定先探探虚实，于是拿起手机，给这家公司打了个电话，落实了公司的地址和负责人。这家公司是一个正规公司的下属企业，琼文判断，这2个人的行为一定是个人行为，他们的心理防线比较脆弱。

　　琼文到达公司停车场时，遇到了公司的采购部经理艾笛。艾笛提醒琼文，必须解决一个问题：在琼文主管的部门中，工程师们没有通过采购部而直接与供应商进行了联系。琼文知道，采购部希望所有与卖主的接触都通过他们进行，但他也知道，他的工程师们为了进行设计非常需要技术信息，而等着从采购部反馈信息将大大延长设计进程。

艾笛清楚琼文在这个问题上的看法。琼文也认为，如果他们想真正着手解决这个问题的话，解决办法是可能被找到的。琼文和艾笛都意识到，上司希望他们部门经理之间不存在分歧。如果这个问题被提交到总经理那里，那么对他们双方来说都不好。看来，琼文得准备和艾笛进行一次内部谈判，以解决艾笛提出的问题。

　　到办公室后不久，琼文接到了一个汽车销售商打来的电话，琼文正在和这个销售商商谈购买一辆新车的事宜。这位商人向琼文询问他和苏卡对这辆车的感觉，以及苏卡是否想试一试车。琼文想购买一辆好车，但他能够预见到，苏卡对他这样花很多钱会很不满。琼文对销售商最新的出价很满意，但他认为他能够让销售商在价格上再优惠一些，因此他把苏卡的忧虑告诉了销售商，从而给销售商增加压力，以压低车价。

　　琼文下午的大部分时间被一个年度预算会议所占用。在会上，财务部门将各部门的预算都削减了30%，接着所有的部门经理都不得不进行无休止的争论，以努力恢复他们在一些新项目上的预算。琼文自认为是一个通情达理的人，懂得怎样和自己不喜欢的人相处，但这些财务部门的人太傲慢。由于这些人的处事方式不好，因此他不想做哪怕一丁点的让步。他已经确定了所能退让的限度（即谈判的底线），而且决定一旦这个限度被超过，他就要进行抗争。

　　傍晚时，苏卡和琼文去逛商店。某摊贩的货摊上挂着一件新潮大衣，不少人都被它吸引过来，但一看标价590美元，无不咋舌而去。苏卡反复看了这件大衣后，对摊主说："能不能便宜点？"摊主说："那你给个价吧。"苏卡想了一下，说："500美元怎么样？"摊主二话没说，取下大衣往顾客手里一送："衣服归你了，付钱吧。"苏卡犹豫了，她想走。摊主发火了："你给的价怎能不要，你今天一定得要。"苏卡又要有一场艰难的谈判了。

故事启发　　（1）每个人每天都会遇到和处理各种谈判活动，但无论从个人的角度还是从外交或公司的角度来说，谈判在结构和程序上都是基本相同的。

　　（2）在不同的环境中，每个人针对大量的事情都在进行着谈判，所以谈判的技巧对非专业人士而言也是非常重要的。

　　（3）我们有可能因为没能意识到我们正面临讨价还价而在谈判中失败，也可能因为选择了错误的方法而没有把问题处理得更好，还有可能虽然认识到了讨价还价的必要性，但由于错误地理解了它，并且不了解谈判的方式，因此导致了谈判的失败。

训练营

【训练任务5-1】
辩论会。
【任务要求】
通过小组间的辩论，理解沟通、协商、妥协、合作的重要性。

【任务内容】

双方就"相关利益的当事者为了实现各自的利益目标，是否必须运用各种互动手段而进行自愿、平等的协商"来展开辩论。

【任务组织】（见表5-1）

表5-1 辩论会任务组织表

任务项目	具体实施	时间	备注
辩论会	（1）将班级同学分为两组：一组为正方；另一组为反方 （2）正方认为：相关利益的当事者，为了实现各自的利益目标，必须运用谈判手段进行自愿、平等的协商 （3）反方认为：不需要运用谈判手段进行自愿、平等的协商	30分钟	教室内 提前准备资料

【任务评价】（见表5-2）

表5-2 辩论会任务评价表

评价指标	评价标准	分值（分）	评估成绩（分）	所占比例
对谈判的认识 辩论效果 表达情况 团队合作	1.对谈判的普遍性和重要性有深刻的认识	20		70%
	2.通过辩论，提升了对谈判的重视程度	20		
	3.团队成员配合协调	20		
	4.辩论表达准确，逻辑性强	10		
	5.正反方负责人能与队员配合默契	10		
	6.辩论激烈但不失风度	10		
	7.总体效果	10		
教学过程	出勤、态度和热情	100		30%
综合得分				

知识库

一、谈判的定义与特征

（一）谈判的定义

微课12

认识商务谈判

谈判的定义有广义与狭义之分。

广义的谈判：一切磋商、合作、交涉、洽谈等，都可以看作谈判。

狭义的谈判：仅指正常场合下的谈判。

所谓谈判，是指有关组织或个人为协调关系或化解冲突，满足各自的利益需求，通过沟通协商，争取达成一致的行为过程。

谈判之所以能够进行，并能够最终达成协议，主要取决于以下几个因素：

（1）双方各有尚未满足的需求。

（2）双方有共同的利益，也有分歧之处。

（3）双方都有解决问题和分歧的愿望。

（4）双方能彼此信任到某一程度，愿意采取行动达成协议。

（5）最终结果能使双方互利互惠。

（二）谈判的特征

谈判具有以下几个特征：

1.谈判是一种目的性很强的活动

谈判是双方或多方为实现各自的目的所进行的反复磋商的过程。商务谈判以经济利益为目的，一般都是以价格问题作为谈判的核心。

2.谈判是一种双向交流与沟通的过程

这个过程既是双方或多方共同参与的过程，也是一个说服与被说服的过程。

3.谈判是"施"与"受"兼而有之的一种互动过程

这就是说，单方面的施舍或单方面的承受都不能算是一种谈判。因为谈判涉及的必须是"双方"，寻求的是双方互惠互利的结果。互惠互利，不是那种"我赢你输"或"我输你赢"的单利性结果，而是"我赢你赢"的双双获利结果。唯有双方互惠互利，才能实现确认成交的良性结果。

4.谈判同时含有"合作"与"冲突"两种成分

任何一方的谈判者都想达成一个满足自己利益的协议，这是要进行谈判的原因。为了达成协议，参与谈判的各方均要具备一定程度的合作性。缺乏合作性，双方就谈不到一起来。但是，为了使自身的需要能获得最大的满足，参与谈判的各方势必会处于利害冲突的对抗状态，否则，谈判就没有必要。因此，任何一种谈判均含有一定程度的合作与一定程度的冲突。

5.谈判是"互惠"的，且非均等

"互惠"是谈判的前提，没有这一条，则谈判将无法进行。"非均等"是谈判的结果，导致这种谈判结果的主要原因在于：谈判各方拥有的实力与投入、产出的目标基础不同，双方的策略技巧也不相同。

在商务谈判中，必须深入审视对方的利益界限，任何一方无视他人的最低利益需要，都可能导致谈判破裂。

因此，商务谈判不是瓜分剩余利益，更不是为了打倒对方，而是一种合作。必须追求共同利益，才能使双方都获利。

二、谈判的构成要素

一场完整的谈判作为一个整体，它的构成要素是多方面的，包括谈判主体、谈判客体、谈判目的、谈判时间、谈判地点，以及其他物质条件等。其中，最基本的构成要素是谈判主体、谈判客体和谈判目的3项，见图5-1。

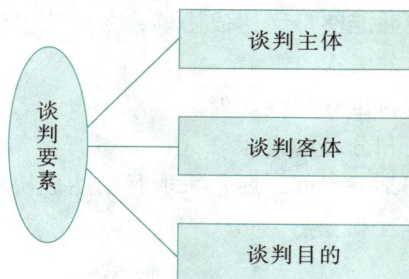

图 5-1　谈判要素

（一）谈判主体

谈判主体是指参与谈判的双方（或多方）当事人。谈判主体是构成谈判的基本要素，具体又分为两种：一种是关系主体，即能以自己的名义参与谈判，又能独立承担谈判后果的法人或自然人；另一种是行为主体，即有权参与谈判并且能通过自己的行为完成谈判任务的谈判代表。在谈判中，主体资格问题十分重要，如果谈判的一方或双方不具备合法有效的主体资格，则谈判的结果是无效的。如果谈判对方为一个组织，则要注意审查对方是否具有独立的法人资格，派出的谈判代表是否得到了充分的授权。只有主体资格合法，谈判的结果才会受到法律保护。

（二）谈判客体

谈判客体是指谈判的议题，即谈判的标的。谈判的议题是谈判各方共同关心并希望解决的问题。它往往与当事人有切身的利害关系，如商品的品质、数量、价格、装运、保证条款和仲裁方式等。议题是谈判的核心。在商务谈判中，可谈判的议题几乎没有界限，凡是可以买卖、转让的有形和无形产品或权利，都可以成为谈判的议题。议题是谈判双方权利和义务的指向，一般通过合同或协议的形式表现出来。

（三）谈判目的

谈判目的是指参与谈判的各方都通过与对方打交道或真实洽谈，促使对方采取某种行动或做出某种承诺来达到自己的目的。应该指出，一场谈判如果只有谈判主体和客体，而没有谈判目的，那么这个谈判是没有意义的。

三、谈判的主要分类和层次

（一）谈判的主要分类

谈判主要分为一般性谈判、专门性谈判、外交性谈判 3 类，见图 5-2。

图 5-2　谈判的分类

（二）谈判的主要层次

谈判主要有竞争型谈判、合作型谈判、双赢型谈判 3 个层次，见图 5-3。

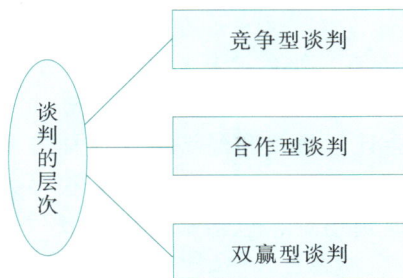

图 5-3　谈判的层次

四、谈判应避免的思维模式

　　谈判的定义与特征告诉我们，要建立正确的谈判思维。不正确的谈判思维会把谈判者带入常见的认知陷阱——不理性地扩大投入。这种思维会使出价者在多种多样的谈判场景中，容易不理性地扩大对既定行动方案的投入。下面几种思维模式都背离了谈判的特征，使谈判者进入误区而不能自拔，见图 5-4。

微课 13

谈判思维

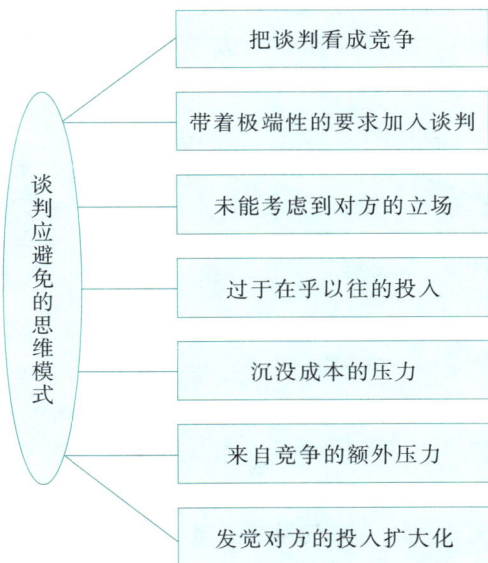

图 5-4　谈判应避免的思维模式

　　1.把谈判看成竞争

　　不惜代价"取胜"的欲望，会使谈判者迷失自己的真正目标，使他们不能得到自己真正想要的东西。

　　2.带着极端性的要求加入谈判

　　研究显示，如果谈判者受制于自己当初的公开言论，就会拒绝考虑让步。

3. 未能考虑到对方的立场

如果谈判者忽视其他各方的立场，他们就会对自己的成功机会过分乐观。

4. 过于在乎以往的投入

谈判者太在意以前所做的事，就会对未来做出不明智的决定。

5. 沉没成本的压力

"别考虑沉没成本。"会计学教授和经济学家这样告诫我们。他们说，以往投入的金钱和努力，跟未来的投资无关。沉没成本成为很多人的负担，并诱使他们跌进投入扩大化的陷阱。许多谈判场景，包括薪资争议及与长期客户的合同谈判，均是如此。

6. 来自竞争的额外压力

当谈判者认为自己"投入太多而无法抽身"时，就会变得顽固不化。如果每个人都坚持己见，妥协就变得几乎不可能。

7. 发觉对方的投入扩大化

有时候，防止自己不理性加大投入的最好办法是预料到对手的行为。当你提交某个提议的时候，对方会同意妥协，还是会拒绝？

常识告诉我们，当某人为现有状况投入太多，无法抽身而退的时候，往往会继续坚持，以求翻本还利。要避免刺激对手发表冒失、坚定的言论，否则你的对手过后会发觉自己陷入无路可退的境地。这种局面对双方都有害无益。下面的案例，说明了这个道理。

【案例 5-1】

有 A 和 B 两家公司，它们都是行业领袖。C 公司属于第二梯队，它是一家价值 10 亿美元的独资企业，已经对外宣称如果价格合意，自己有兴趣被人收购。A 公司和 B 公司是显而易见的投标者，因为谁收购了 C 公司，谁就能成为该行业的主导企业。

A 公司和 B 公司都断定，对它们来说，C 公司的价值是 12 亿美元。如果谁能以低于 12 亿美元的价格收购到 C 公司，谁就将成交一桩赚钱的收购。

收购金额一旦超过 12 亿美元，就会带来亏损，并造成收购方股票价格下跌。A 公司和 B 公司还知道，哪家公司收购 C 公司失败，哪家公司就会陷入灾难性的市场劣势，并将损失 5 亿美元。

最后，还请注意：无论是 A 公司还是 B 公司，只要对 C 公司出价，另一家公司都会知悉。

在 20 世纪末的兼并狂热中，收购方往往无法从数十亿美元的交易中获益。无论建立什么样的收购方案，通常都是出售方得利。

不能预料到竞争对手行动的企业，很可能会掉入扩大化陷阱。没错，继续出价可能促使对方退却。但是，如果竞价双方都坚持这种想法，扩大投入直至无利可图，最终是不可避免的。

因此，并不是非得参与才能获胜。

A、B、C三家公司的问题并不像看上去那样只是泛泛而论，故事原型是涉及美洲航空、联合航空和美国航空三家公司的一个航空业困境。下面的故事提供了有用的模式，可帮助谈判者尽力避免各种扩大化的局面。

1995年，当时美国第五大航空公司——美国航空对外宣布，将以合适的价格出售。新闻媒体很快猜想，联合航空和美洲航空这两家行业领袖将为收购美国航空展开竞价战。这种分析认定，对联合航空和美洲航空来说，收购美国航空比让其独立经营要更有价值。

被人忽视的事实是，联合航空和美洲航空都会被激发起斗志，避免自己在竞价战中失败。美国航空若出售给美洲航空，对联合航空来说就是重大挫折；美国航空若出售给联合航空，对美洲航空来说也是具有破坏力的打击。

当时美洲航空的董事长兼首席执行官罗伯特·克兰德尔十分清楚：不理性地扩大投入，是最易诱人上当、代价最高昂的谈判错误之一。谈判者的任务就是不等扩大化陷阱出现就将其避免。因此，罗伯特·克兰德尔理智地与联合航空商量终止竞争，成功地避免了一场灾难性的竞价战。

【案例启示】

以下几个策略可以帮助你避开导致谈判失败的争斗：

1.考虑对方的立场

在一头扎入谈判之前，要花时间细致考虑对方决策者的动因。在上述拍卖中，如果竞争双方能认识到拍卖不仅对他们自己有吸引力，而且对谈判双方之外的人也有吸引力，就能够准确地预见将会出现什么情形。

2.别管沉没成本

你是有适当的理由参加竞争性谈判，还是仅仅希望证明先前投入的正当性？你在会计课程中听到过这条原理，值得在此重复——你过去付出的金钱、时间和精力，极少影响未来的投入。

3.寻求外部帮助

对于你来说最重要的决策，要向明智的、跟你决策没有既得利益的顾问寻求指导。最要紧的是，能够坦诚地听取逆耳忠言，并对此坚持到底。

4.打消他人的扩大化念头

正如克兰德尔认识到的那样，有时候，避免自己不理性扩大投入的最佳途径是让对方先这样做。

5.置身游戏之外

避免扩大化的关键，往往是在谈判开始之前就认清它是否是陷阱。在外人看来，拍卖和竞价战似乎很有趣，潜在收益丰厚，但最聪明的方案也许是干脆抽身离开。

完全避免谈判，听起来可能不像是最令人满意的选择。但是，认识到竞争陷阱的谈判者往往能够转变局面，减少竞争，增加合作，最终在财务上和心理上让每个参与者都获益更多。

资料来源 BAZERMAN M H.谈判时你知道何时罢手吗 [J]. 经理人，2005 (1)：68-70.

训练营

【训练任务5-2】

服务交易。

【任务目标】

理解谈判的特征和要素。

【任务内容】

客户代表提出自己期望得到的服务，服务方提供不同的解决方案，最后在商讨中达成协议。

【任务组织】（见表5-3）

表5-3　　　　　　　　　　　　　服务交易任务组织表

任务项目	具体实施	时间	备注
服务交易	（1）将班级分成6个组，每组5人。3个组代表客户，3个组代表服务方一一对应模拟谈判 （2）第一组客户提出的期望对方几乎难以满足；第二组客户提出的期望对方难以全部满足；第三组客户提出的期望对方基本能满足 （3）对比3个组的谈判结果 （4）组织同学讨论，交流体会	30分钟	谈判室或教室提前分组，确定每组任务

【任务评价】（见表5-4）

表5-4　　　　　　　　　　　　　服务交易任务评价表

评价指标	评价标准	分值（分）	评估成绩（分）	所占比例
谈判概念的掌握 交易服务 谈判情况	1.准确掌握谈判的概念及特点	20		70%
	2.能将谈判的概念理解运用到谈判中	20		
	3.对谈判结果认识深刻	20		
	4.根据分工积极发言	10		
	5.队员配合默契	10		
	6.表达能力较强	10		
	7.总体效果	10		
教学过程	参与、态度和热情	100		30%
综合得分				

五、谈判的原则

谈判的原则作为谈判内在的、固有的规范，所有谈判者在谈判中都必须遵守，见图5-5。

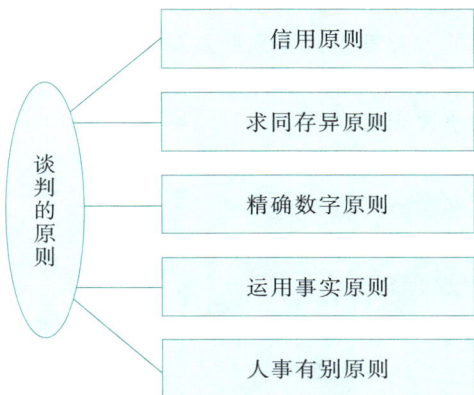

图5-5　谈判的原则

（一）信用原则

诚实可信、言而有信、信誉至上是谈判中非常重要的原则。在曲折复杂的谈判过程中，参与者必须恪守说话前后一致、严守信用的准则。因为良好的信用将给谈判对手以信任感，消除疑虑和分歧，尽快地达成一致。如果没有信用，彼此之间相互猜疑，无疑将破坏谈判中的合作气氛，使谈判陷入困境，最终可能导致谈判破裂。

当然，谈判者有时也可以改变自己的立场，但这是有条件的。修改自己的意见必须寻找充分的理由，要么是初始意见的条件发生了变化，要么是对方做出了让步，或者对方的论点比自己的更有说服力。

【案例5-2】

一天，陈女士到一家刚开业不久的百货大楼购物。在一排做工精致、用料考究的女式风衣前，陈女士发现一件成衣的标签上赫然印着"60元"。这是明显的标价错误，因为这排风衣的统一标价是160元。售货员小姐非常友好地向陈女士致歉，并告之小标签上的"60元"前面的"1"字是由于电脑输入错误而没有标清楚。但陈女士认为，既然小标签上印着"60元"，这就是商家对顾客的一种承诺，因此她坚持要以60元的价格买走该风衣。售货员小姐不敢做主，她让陈女士留下联系地址，并告之次日将给她一个满意的答复。百货大楼的负责人连夜经过紧急磋商，最后决定以60元的售价将该风衣卖给陈女士。这件商业纠纷引起了新闻媒体的关注，当地各大报刊纷纷报道了这则消息，并展开了一场讨论：陈女士该不该以60元的价钱买走这件风衣？大部分人都支持百货大楼，纷纷谴责陈女士的行为是出于一种"占便宜"的动机。

【案例启示】

这家刚开业不久的百货大楼由于严守信用、言出必行而赢得了非常好的口碑，从而提高了知名度。

（二）求同存异原则

谈判既然是为了谋求一致而进行的协商，它本身必然蕴含着各方在利益上的"同"与"异"。因此，为了实现成功的谈判，谈判者就应当遵循求大同存小异的原则。

求大同是指谈判各方在总体上、原则上必须一致，必须摒弃细枝末节的分歧和不同的意见，从而使参与谈判的各方都感到满意，这是谈判成功的基础。没有这一基础，谈判必然归于失败。存小异就是谈判各方必须做出适当的让步，允许与自己利益要求不一致的"小异"存在于谈判协议中。

【案例5-3】

让我们来看美国政治家和科学家富兰克林的一个故事：

那年，富兰克林在费城的选举中获胜，担任了公职。在竞选过程中，富兰克林与一位著名人士结下了不解之缘。

富兰克林与那位先生在某些问题上的观点相异，而富兰克林又非常需要那位先生的支持。后来，富兰克林得知那位先生酷爱藏书，常引以为荣，还特别珍藏了一套书，其中有一册是非常珍贵的善本。于是，富兰克林写了一封信给那位先生，请求他将那册善本借给自己。那位先生接到信后，马上就派人把书送了过来。一个星期以后，富兰克林将书送还，并附了一封热情洋溢的感谢信，向他深表谢意。结果，下一次两人碰面时，那位先生第一次主动与富兰克林交谈，并表示愿意竭尽全力与富兰克林合作，支持富兰克林竞选。

【案例启示】

富兰克林运用求同存异原则赢得了那位先生的友谊。谈判只有求大同、存小异，才能实现双赢。

（三）精确数字原则

在商务谈判中，对时间、价格、质量、数量都要做到精确化、细节化、具体化，只有这样才能不被对手找到破绽，在谈判中赢得主动权，同时也赢得对手的尊重；否则整个谈判就显得空洞，不切实际，既没有什么指导纲领可以依循，也找不到对付对手的方法和依据，更想不出什么好的战术。

【案例5-4】

日本一家药店老板向太阳银行申请贷款91万元。银行经理立刻注意到1万元的尾数，就问："为什么不借100万元整，而只借91万？"老板说："经过计算，目前只需要91万元，90万不够，100万多了点，多借了也用不着，银行不会不方便吧？"银行经理相信这位老板是一个精打细算、经营有道的人，于是批准了这笔贷款。

【案例启示】

做任何事都要讲究精确、精细、精准，谈判也是这样。

（四）运用事实原则

事实是不以人的意志为转移而客观存在的，它具有客观性、直观性，有时候比数据、资料更具有说服力。在谈判过程中只空洞地说"我们公司的产品远销美国、东南亚"，或者"我们的产品是最好的，人见人爱"，会让人觉得是"王婆卖瓜，自卖自夸",而且会对你的诚信表示怀疑,只有介绍真实可信时才会事半功倍。

【案例5-5】

在一次出口产品交易会上,某国的一位商人想向我国的某拖拉机厂订购一批农用拖拉机,但他不太相信该拖拉机厂的产品质量和销路。拖拉机厂的代表并没有单纯地用一些枯燥的技术指标来说服他,而是拉家常式地问道:"贵国的××经理您熟悉吗?"客商说:"熟悉,当然熟悉。我们都是做农用机械生意的,还合作过呢。"拖拉机厂代表说:"噢,那你为什么不向他了解一下情况呢?去年他从我们厂买了一大批拖拉机,可是大赚了一笔啊。"客商回到住处后,立即通过国际长途电话验证了这些情况,第二天就高兴地与拖拉机厂签订了订购合同。

【案例启示】

事实胜于雄辩,谈判也是如此。只有拿出真实可信的事实,才能掌握谈判的主动权。

(五)人事有别原则

一个有战略眼光的谈判专家不仅要有兼容并蓄的胸怀,更要具备高瞻远瞩的睿智,应该着眼于长远合作,而不仅仅把目光局限在一锤子买卖上。因此,在谈判中,应注重建立和维护双方的友好关系,把争论和冲突的焦点放在"事"上,所攻击的是"问题"本身,而不是"人"。在谈判中,可以通过站在对方的角度思考,尽量多陈述客观情况而避免责备对方,将人与事分开。

【案例5-6】

在一家由美国人投资经营的日本工厂中,因为劳资纠纷,工人举行了罢工。据美方经理介绍:工人早在六周前就向资方提出了警告,举行罢工的当天,双方经过协商达成了一致的意见。罢工结束后,工人们主动打扫了示威场地,清理了满地的烟头、咖啡杯,恢复了原来清洁的面貌。第二天,工人们又自发地加班,完成了因罢工而拖欠的生产任务。美方经理对此种做法非常不解,就询问其中一位罢工工人,这位工人是这样回答他的:"我们对资方有些意见,想让您知道我们对此事是极其严肃的,唯一的办法就是举行罢工。但这也是我们的公司,我们不愿让您认为我们对公司是不忠诚的。"

【案例启示】

这位工人的回答给我们的谈判问题拓展了一条新的思路,那就是:在谈判中,基于我们对对方提出的某一条款有意见,我们不得不言辞犀利,那是因为我们希望对手知道我们对此事的重视程度和严肃性,但我们并不想搞僵双方的关系,我们进行谈判的目的在于谋求一种互利、共赢的结局。

金钥匙

■ "天下熙熙,皆为利来;天下攘攘,皆为利往。"司马迁早在2 000多年前,就精辟地描述了人们对利益的追求。但现实是,并非所有人都能实现他们追逐利益的愿望。谈判是实现利益的关键步骤,商务谈判可以帮助您实现谈判目标。

超链接 5-1 商务谈判的程序模式

谈判是一个连续不断的过程，一般每次谈判都要经过评估、制订计划、建立关系、达成协议和维持关系五个环节，谈判不仅涉及本次要解决的问题，而且要致力于使本次交易的成功成为今后交易的基础。这就是当前国际上流行的 APRAM（Appraisal，Plan，Relationship，Agreement，Maintenance）模式。

（一）进行科学的项目评估（Appraisal）

开始阶段主要针对谈判项目的需求、范围和可行性进行分析，制订项目的总体安排计划，主要包括以下内容：对企业的整体需求和期望做出分析和评估，并据此明确谈判项目成果的期望和目标；根据谈判项目成果的期望和目标以及预计项目的实施范围，明确需要为配合项目而采取的措施和投入的资源；对项目的时间、进度、人员等做出总体安排，制订谈判项目的总体计划；企业与谈判人员明确双方职责，并由企业根据项目的需要对谈判人员进行谈判的授权；根据企业的具体需求，谈判人员向企业的管理层和相关业务部门进行有针对性的谈判预演。

（二）制订正确的谈判计划（Plan）

确定在和对方谈判时自己要达到什么样的目标，这就需要一个完整的谈判计划。在明白了自己的目标并做出归纳之后，尽力去理解对手的目标。不要忘记，和你一样，对手也希望通过交易达到自己的目标。在确定了两者的目标之后，谈判人员就要将两者的目标加以比较，找出与对方一致的地方及不一致的地方，积极寻找使双方都满意的方法来加以解决。

（三）建立谈判双方的信任关系（Relationship）

要努力使对方信任自己。为了表明自己的诚意，可以在某些非正式的场合向对方列举一些在过去的同类交易中自己以诚待人的例子，也可以在谈判开始之前特意安排一些有利于建立双方信任感的活动，使对方感受到自己的诚意。要记住，最终使对方信任自己的是行动，而不仅仅是语言。如果还没有与对方建立起足够好的信任关系，就不应匆忙进入实质性的谈判，勉强行事只会影响谈判效果。

（四）达成使双方都能接受的协议（Agreement）

核实对方的目标，确定双方意见的一致点。为了协调不一致的地方，要提出双赢式的解决方案并加以归纳整理，以共同解决问题。需要强调的是：达成令双方满意的协议并不是谈判的最终目标。谈判的最终目标应该是协议的内容得到圆满的贯彻执行，完成合作的事项，使双方的利益得到实现。

（五）协议的履行与关系的维持（Maintenance）

为了促使对方履行协议，要认真做好两件事，首先自己要信守协议，同时对对方信守协议的行为给予情感反应。当对方信守协议时，及时给予肯定和感谢，其信守协议的做法就会保持下去。当然，情感反应的形式很多，可以通过写信、打电话来表达，也可以亲自拜访表示感谢。谈判者出于未来进行交易和往来的考虑，对在眼前的谈判过程中建立起来的相互关系，应该努力保持和维护，避免以后与对方进行交易时，再花力气从头开始建立关系。

课后思考：

1.谈谈你对商务谈判的认识。

2.你理解商务谈判的原则吗？请用自己的语言进行描述。

模块二　谈判的信息收集

【目标与要求】 | 理解有关信息和资料分析对谈判的作用
熟悉情报的收集和运用方法

【学习任务】 | 收集谈判的相关信息资料
运用收集的相关资料分析谈判形势

故事汇

知彼操胜券

2018 年，我国某冶金公司要向美国购买一套先进的组合炉，委派一位高级工程师与美商谈判，为了不负使命，这位高级工程师作了充分地准备工作，他查找了大量有关冶炼组合炉的资料，花了很大的精力对国际市场上组合炉的行情及美国这家公司的历史和现状、经营情况等了解的一清二楚。

谈判开始，美商一开口要价 230 万美元，经过讨价还价压到 130 万美元，中方仍然不同意，坚持出价 100 万美元。美商表示不愿继续谈下去了，把合同往中方工程师面前一扔，说："我们已经作了这么大的让步，贵公司仍不能合作，看来你们没有诚意，这笔生意就算了，明天我们就回国了"，中方工程师闻言轻轻一笑，把手一伸，做了一个优雅的请的动作。美商真的走了，冶金公司的其他人有些着急，甚至埋怨工程师不该抠得这么紧。工程师说："放心吧，他们会回来的。同样的设备，去年他们卖给法国只有95 万美元，国际市场上这种设备 100 万美元是正常的。"果然不出所料，一个星期后美方又回来继续谈判了。工程师向美商点明了他们与法国的成交价格，美商又愣住了，没有想到眼前这位中国商人如此精明，于是不敢再报虚价，只得说："现在物价上涨的厉害，比不了去年。"工程师说："每年物价上涨指数都没有超过 6% 的。一年时间，你们算算，该涨多少？"美商被问得哑口无言，在事实面前，不得不让步，最终以 101 万美元达成了这笔交易。

故事启发　　美方在收集、整理对方信息上做得不好，没有做到准确、详尽、全面。在掌握大量信息的对方面前谈判陷入被动，丧失了整个谈判的主动权。

从中方来看，胜利的最关键在于对对方信息充分的收集整理，用大量客观的数据给对方施加压力。从收集的内容可看出，中方代表不仅查出了美方与他国的谈判价格（援引先例），也设想到了对方可能会反驳的内容并运用相关数据加以反击（援引惯例，如6%），对客观标准作了恰到好处的运用。真可谓做到了中国古语所说，"知己知彼，百战不殆"。

训练营

【训练任务5-3】
收集谈判对象的环境信息。
【任务要求】
通过对谈判对象的环境信息的收集，了解谈判环境信息收集的方法。
【任务内容】
（1）通过模拟公司向东北地区销售粉笔活动，收集相关信息。
（2）各组分别汇报信息收集情况。
（3）各组选代表进行交流。
【任务组织】（见表5-5）

表5-5　　　　　　　　　　收集谈判对象的环境信息任务组织表

活动项目	具体实施	时间	备注
信息收集	（1）将学生分成8组，4组代表4家粉笔经销公司，另4组代表4家东北地区经销商 （2）拟向东北地区推销粉笔，请相互收集有关信息，每组选出代表讲解收集信息的结果	20分钟	提前准备 提供基本资料

【任务评价】（见表5-6）

表5-6　　　　　　　　　　收集谈判对象的环境信息任务评价表

评价指标	评价标准	分值（分）	评估成绩（分）	所占比例
信息收集情况	1.对东北地区的环境信息收集准确	25		70%
	2.对粉笔推销的具体环境信息收集全面	25		
	3.信息收集的方法正确	20		
	4.团队成员配合协调	10		
	5.体会分享真实深刻	10		
	6.活动评估	10		
教学过程	出勤、态度和热情	100		30%
综合得分				

知识库

一、谈判信息的作用

微课 14

谈判准备（一）

为什么各个国家都要派间谍到别的国家去？为什么职业足球队要经常研究对手的打法？一个很重要的原因就在于，当双方相互较量时，占有信息多的一方经常能够获得优势，谈判也是这个道理。

不同的商务谈判信息对谈判的影响作用是不同的，有的起着直接作用，有的起着间接作用。谈判信息在商务谈判中的作用主要表现在以下几个方面，见图5-6。

谈判信息的作用
- 制订谈判计划和战略的依据
- 谈判双方相互沟通的纽带
- 控制谈判过程的手段

图5-6　谈判信息的作用

（一）谈判信息是制订谈判计划和战略的依据

谈判战略是为了实现谈判的战略目标而预先制定的一套纲领性总体设想。谈判战略正确与否，在很大程度上决定着谈判的得失成败。一个好的谈判方案应当是战略目标正确可行、适应性强、灵敏度高的。这就必须有可靠的大量信息作为依据。在商务谈判中，谁在谈判信息上拥有优势，掌握对方的真正需要和他们的谈判利益界限，谁就有可能制定正确的谈判战略，在谈判中掌握谈判的主动权。

（二）谈判信息是谈判双方相互沟通的纽带

在商务谈判中，尽管各种谈判的内容和方式各不相同，但有一点是共同的，即都是一个相互沟通和磋商的过程。没有谈判信息作为双方之间沟通的中介，谈判就无法排除许多不确定因素和疑虑，也就无法进一步协商、调整和平衡双方的利益。掌握了一定的谈判信息，就能够从中发现机会和风险，捕捉住达成协议的契机，使谈判活动从无序到有序，消除不利于双方的因素，促使双方达成协议。

（三）谈判信息是控制谈判过程的手段

为了使谈判过程始终指向谈判目标，使谈判在合理规定的限度内正常进行，必须有谈判信息作为准则和尺度，否则，任何谈判过程都无法有效地加以控制和协调。因此，在实际谈判中通过对方的言行获取信息，及时反馈，谈判活动才能得到及时调节、控制，按照预定的谈判目标顺利进行。

【案例5-7】

　　对初涉谈判领域的人来说，申明价值、创造价值、克服障碍是谈判的"三部曲"，它为人们掌握商务谈判进程提供了可以遵循的基本框架。申明价值可以使我们了解谈判双方各自的需求；创造价值可以使我们达到双赢的目的；克服障碍可以使我们顺利达成协议。而谈判"三部曲"的实现，主要依靠谈判者对信息的掌握程度，很多谈判人员还不能真正理解其内涵。下面这个在谈判界广为流传的经典小故事会给我们一定的启发。

　　有一个妈妈把一个橙子给了邻居的两个孩子，这两个孩子便开始讨论如何分这个橙子。两个人吵来吵去，最终达成了一致意见，由一个孩子负责切橙子，而另一个孩子选橙子。结果，这两个孩子按照商定的办法各自取得了一半橙子，高高兴兴地拿回家去了。

　　一个孩子把半个橙子拿到家，把皮剥掉扔进了垃圾桶，把果肉放到果汁机里打果汁喝。另一个孩子回到家把果肉挖掉扔进了垃圾桶，把橙子皮留下来磨碎了，混在面粉里烤蛋糕吃。

　　从上面的情形我们可以看出，虽然两个孩子各自拿到了看似公平的一半，然而，他们各自得到的东西却未能物尽其用。这说明，他们在事先并未做好沟通，也就是两个孩子并没有申明各自利益所在。没有事先申明价值导致了双方盲目追求形式上和立场上的公平，结果，双方各自的利益并未在谈判中达到最大化。

　　我们试想，如果两个孩子充分交流各自所需，或许会有多个方案和情况出现。一种可能的情况就是遵循上述情形，两个孩子想办法将皮和果肉分开，一个拿到果肉去喝果汁，另一个拿皮去烤蛋糕。当然，也可能经过沟通后是另外的情况，恰恰有一个孩子既想要皮做蛋糕，又想喝橙子汁。这时，如何能创造价值就非常重要了。

　　结果，想要整个橙子的孩子提议，可以将其他问题拿出来一块谈。他说："如果把这个橙子全给我，你上次欠我的棒棒糖就不用还了。"其实，他的牙齿已被蛀得一塌糊涂，父母上个星期就不让他吃糖了。

　　另一个孩子想了想，很快就答应了。他刚刚从父母那儿要了五块钱，准备买糖还债。这次他可以用这五块钱去打游戏，他才不在乎这酸溜溜的橙子汁呢。

　　【案例启示】

　　两个孩子的谈判过程实际上就是不断沟通信息、创造价值的过程。双方都通过信息的沟通而获得了自己的最大利益，并满足了对方的最大利益。

　　商务谈判的过程实际上也是一样。好的谈判者并不是一味固守立场，追求寸步不让，而是要与对方进行充分的信息交流，了解到对方的期望，也就是对方的真实需要，从双方的最大利益出发，制订各种解决方案，用相对较小的让步来换得最大的利益，而对方也是遵循相同的原则来取得交换条件。在满足双方最大利益的基础上，如果还存在达成协议的障碍，那么不妨站在对方的立场上，替对方着想，帮助对方扫清达成协议的一切障碍。这样，才能达成协议，实现双赢。

二、谈判信息的分类

谈判信息可分为4类，见图5-7。

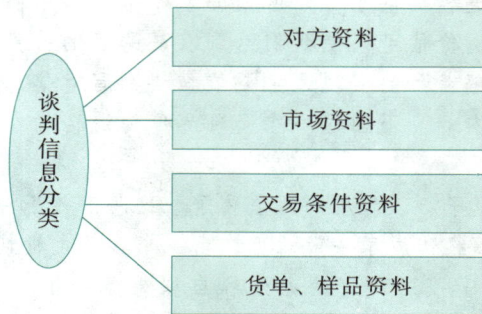

图 5-7 谈判信息分类

（一）对方资料

谈判对手的信息资料是商务谈判信息中最有价值的资料。对谈判对手应重点掌握下列资料：

1.对方的营运状况与资信情况

在尽可能掌握对方企业的性质、对方的资金状况及注册资金等有关资料情况后，还应侧重了解两个问题：一是对方的营运状况。因为即使对方是一个注册资本很大的公司，但如果营运状况不好，也会负债累累，而公司一旦破产，己方很可能收不回全部债权。二是对方的资信情况。应对交易对象在资格信誉等方面进行深入细致的了解，避免客户不能履约，防止货款两空，造成严重的经济损失。

【特别提示5-1】

应坚持在不掌握对方信用情况，不熟知对手底细或有关问题未搞清前，不举行任何形式的商务谈判。

在掌握对方运营状况和资信情况下，才能确定交易的可能规模及与对方建立交易往来时间的长短，也才能做出正确的谈判决策并给予对方恰当的优惠程度。

2.对方的真正需求

应尽可能摸清对方本次谈判的目的，对方谈判要达到的目标以及对我方的特殊需求，当前面临的问题或困难，对方可能接受的最低界限等方面。

摸清对方的真正需求，必须透过表面现象去发现对方本质需求。只有认真了解对方的需求，才能有针对性地激发其成交的欲望。在商务谈判中，越是有针对性地围绕需求谈判，交易就越有可能取得成功。

3.对方参加谈判人员权限

应尽可能多地掌握对方谈判人员的身份、分工。如果是代理商，必须弄清代理商的权限范围及对方公司的经营范围。绝大多数国家规定，如果代理人越权或未经本人授权而代本人行事，代理人的行为就对本人无约束力，除非本人事后追认，否则本人不负任何责任。同样，如果代理人订立的合同超出了公司章程中所规定的目标或经营范围，即属于越权行为。对属于越权行为的合同，除非事后公司追认，否则公司将不负任何责任。

在谈判中，同一个没有任何决定权的人谈判是浪费时间的，甚至会错过最佳交易时机，弄清代理商的代理权限范围和对方公司的经营范围，才能避免日后发生纠纷和损失。

4.对方谈判的最后期限

任何谈判都有一定的期限，必须设法了解对方的谈判期限。最后期限的压力常常迫使人们不得不采取快速行动，立即做出决定。

了解对方的谈判期限，以便针对对方的期限，控制谈判的进程，并针对对方的最后期限施加压力，促使对方接受有利于己方的交易条件。

5.对方的谈判作风和个人情况

谈判作风指的是在反复、多次谈判中所表现出来的一贯风格。了解对手的谈判作风可以使己方更好地采取相应的对策，以适应对方的谈判风格，尽力促使谈判成功。

另外，还要尽可能了解谈判对手的个人情况，包括品格、业务能力、经验、情绪等方面。

【案例5-8】

有位著名的律师曾代表一家公司参加一次贸易谈判，对方公司的总经理任主谈。在谈判前，律师从自己的信息库里找到了一些关于那位总经理的材料，其中有这样一则笑话：总经理有一个毛病，每天一到下午4点—5点时就会心烦意乱，坐立不安，并戏称这种"病"为"黄昏症"。这则笑话使律师灵感顿生，他利用总经理的"黄昏症"，制定了谈判的策略，把每天所要谈判的关键内容拖至下午4点—5点。此举果真使谈判获得了成功。

【案例启示】

如果把谈判当成打牌的话，那么你自己的底细就是你手里的牌，对方的底细就是对方手里的牌。你要想赢牌，就不能让对方偷看你的牌，否则他们一定会根据你的牌来决定相应的对策，这样即使你的牌再好，也很难在之后的较量中取胜。如果你看到了对方的牌，那么你会在之后的较量中占据主动，胜券在握。谈判也是如此。

（二）市场资料

市场资料是商务谈判可行性研究的重要内容。市场情况瞬息万变、构成复杂、竞争激烈，对此必须进行多角度、全方位、及时地了解和研究。

与谈判有关的市场资料主要有：

（1）交易商品市场需求量、供给量及发展前景。

（2）交易商品的流通渠道和习惯性销售渠道。

（3）交易商品市场分布的地理位置、运输条件、政治和经济条件等。

（4）交易商品的交易价格、优惠措施及效果等方面。

市场情况会对企业的商务谈判活动产生重大影响，谈判者要密切注视市场的变化，根据市场的供求运动规律，选择有利的市场，并在谈判中注意对方的要价及采取的措施。

（三）交易条件资料

交易条件资料是商务谈判准备的必要内容。交易条件资料一般包括商品名称、品质、数量、包装、装运、保险、检验、价格、支付等方面的资料。

1. 商品名称的资料

（1）交易品在国际上的通称和在各地的别称。了解这一点可避免因名称叫法不一而导致失去交易机会或发生误会。

（2）品名在运费、关税及进出口限制方面的有关规定。

（3）世界各地消费者对商品名称的喜好与忌讳。

2. 商品品质的资料

（1）商品在品质衡量方法上的通用做法和特殊做法。

（2）世界各地对交易品品质标准的最新规定。了解这点，以便在合同中能明确规定欲交易的商品品质以什么地方、何时颁布的何种版本中的规定为依据，以避免日后发生误解或造成不必要的损失。

3. 商品数量的资料

（1）世界各地对同一计量单位所表示的数量差异与习惯做法。把这些情况了解清楚，才能在合同中明确规定，避免日后发生纠纷。

（2）世界各地在计量概念上的不同解释。了解这点，以避免因实际交货量和原订货量有差异而发生争议。

4. 商品包装的资料

（1）国际市场上同类商品在包装的种类、性质、材料、规格、费用及运输标志等方面的规定和通用做法。

（2）交易品包装的发展趋势。了解商品包装在所用材料、装潢设计上出现的新趋势，改进包装，适应市场，增强己方商品的竞争能力。

（3）世界各地对商品包装的喜好与忌讳。了解各个国家和地区的消费者对包装在式样、构图、文字、数字、线条、符号、色彩的设计上的不同心理联想与要求，改进包装以迎合其喜好，避免其忌讳，增强竞争力。

5. 商品装运的资料

（1）世界各主要运输线路营运情况和有关规定，以便选择合理的运输方式和避免违反法规。

（2）世界各种运输方式的最新运费率、附加费用及运费支付方式，以便确定己方的报价及划清双方费用的界限。

（3）世界各地关于商品装运时间和交货时间的规定及有关因素，以便在不影响成交的前提下，确定切实可行的装运时间和交货时间，避免纠纷和影响信誉。

6. 商品保险的资料

（1）国际上同类商品在保险的险别、投保方式、投保金额等方面的通用做法。

（2）世界各地对交易商品在保险方面的特殊规定及世界各主要保险公司的有关

规定。

（3）世界各地对保险业务用语在叫法上的差异和不同的解释，以便在谈判中争取有利条件，避免损失。

7.商品检验的资料

（1）世界各国主要检验机构的权限、信誉、检验设施等情况。事先了解清楚检验机构的有关情况，才能在谈判中选择较有利的交易商品的检验机构。

（2）同类商品在检验内容、检验标准、检验方法、检验时间和地点等方面的做法和规定。以便事先掌握交易商品顺利通过检验的各种因素，防患于未然。

8.商品价格和支付的资料

（1）世界各主要市场同类商品的成交价和影响因素及价格变动情况，以便制定己方的价格策略。

（2）国际上对与价格术语有关问题的规定和不同解释，以避免日后发生误解和纠纷。

（3）世界各地商人在报价还价上的习惯和技巧，特别是交易对方在报价中的水分量，以便己方有针对性地采取讨价还价技巧。

（4）商品交易的主要方式和信用等情况，以便谈判中确定货款支付方式及支付货币等事项，避免造成损失。

（四）货单、样品资料

这主要包括货单、样品，双方交换过的函电抄本、附件，谈判用的价格目录、商品目录、说明书等资料。货单必须做到具体、正确，每个谈判人员对此必须心中有数。谈判样品必须准备齐全，特别要注意样品必须与今后交货相符。

【案例5-9】

广州地铁一号线利用外资共5.4128亿美元，占投资总概算的1/3。从1993年9月至1994年12月，围绕设备引进技术和价格，广州地铁总公司与以西门子公司为代表的德国"企业兵团"进行了几十轮艰苦的谈判。由于我方坚持原则，并且有翔实可靠的调查数据作支持，德方最终接受了我方的价格条件。谈判结果，德方的总报价被砍掉7 500万马克（按当时汇价，相当于人民币4亿元），其中西门子公司的报价被砍掉17.6%。

【案例启示】

此案例充分说明谈判前情报的收集有多么重要。

三、谈判的环境信息

谈判的环境信息可分为一般环境信息和具体环境信息。

（一）谈判的一般环境信息

谈判的一般环境信息主要包括经济因素、政治因素、法律因素、社会文化因素、商业习惯等，见图5-8。

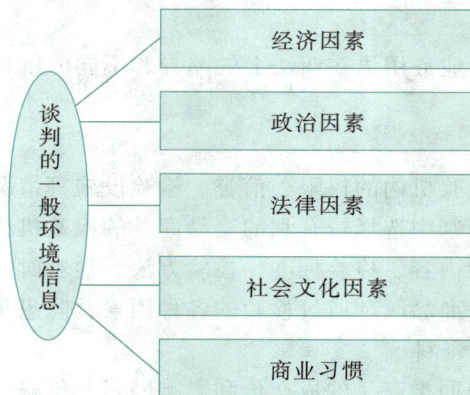

图 5-8 谈判的一般环境信息

1.经济因素

这是指商务谈判活动所面临的外部社会经济条件，如经济体制、经济运行机制、经济发展阶段、经济增长率等。

2.政治因素

这是指商务谈判活动外部的政治形势和状况给商务谈判活动带来的或可能带来的影响，如政治制度、方针、政策、路线等。在国际商务谈判中，还要特别注意两国间的政治关系是否和谐、对方国家的政局是否稳定等因素。

3.法律因素

商务谈判是一项经济活动，最后达成的谈判协议是一个经济合同，是对谈判各方权利与义务的界定，具有法律约束力，违约则要受到相应的处罚。在商务谈判过程中，了解法律、熟悉法律环境，既有利于保证自身依法办事，又有利于在谈判过程中运用法律手段来保护自身的利益，约束对方的行为。

4.社会文化因素

商务谈判活动是双方沟通与交流的过程，是一个协调的过程，是一种人际关系的特殊表现。沟通、交流的效果受到人们的交流方式、思维习惯和语言艺术等因素的影响，而这些因素都是以特定的文化背景为基础的。在商务谈判的过程中，谈判人员应该了解不同国家、不同地区、不同民族间的文化差异。

5.商业习惯

不同国家和地区由于历史、文化、地理环境的差异，在长期的商业活动中形成了具有不同特点的商业习惯。合格的、优秀的谈判人员在谈判之前应了解、掌握这些区别和差异。

【案例5-10】

中国海洋石油有限公司（以下简称中海油）宣布拟收购美国优尼科石油公司，中海油的报价超出雪佛龙公司约10亿美元，结果导致美国出现了前所未有的政治上的反对声音，甚至要取消或更改美国外国投资委员会多年来行之有效的程序。因为美国政府担心石油价格达到每桶60美元，能源储备日益升值，这项交易会给美国石油和天然气市场带来不利影响。美国监管当局出面干预了这项交易。这种政治环境使中海油很难准确评估交易成功的概率，对中海油完成交易造成了很高的不确定性和无法接受的风险。尽管中海油不情愿，但不得不撤回其报价。

你认为主要是什么原因导致该结果的发生？

（二）谈判的具体环境信息

谈判的具体环境信息包括商务谈判主体、商务谈判标的、商务谈判潜在的和现实的竞争对手，见图5-9。

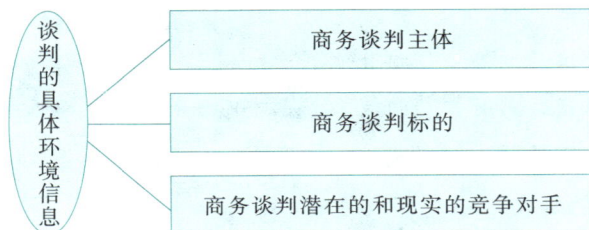

图5-9 谈判的具体环境信息

1.商务谈判主体

商务谈判主体是指商务谈判的当事人，主要是指参与谈判的各方，即己方和谈判对手。对己方的分析，主要从自己产品的规格、性能、品种、质量、数量、供应能力及经营手段等方面着手。可以运用SWOT分析法，分析哪些是己方的优势和劣势，又存在哪些机会和威胁，从而做出正确的决策。

2.商务谈判标的

商务谈判标的是指谈判各方权利与义务共同指向的客观事物，既可能是有形的商品，如机械设备，也可能是无形的劳务等。在商务谈判过程中，应充分掌握谈判标的的相关信息，如该标的的市场价格、需求状况、竞争状况等。

3.商务谈判潜在的和现实的竞争对手

竞争对手的资料是双方力量对比中的一个重要砝码，会影响谈判天平的倾斜度。竞争对手的资料主要包括：

（1）现有竞争对手的产品因素，如数量、品种、质量、性能、包装等方面的优缺点。

（2）现有竞争对手的定价因素，如价格策略、让价策略、分期付款等。

（3）现有竞争对手的销售渠道因素，如有关分销、储运的实力对比等。

（4）现有竞争对手的信用状况，如企业的成长史、履约情况、企业素质等。

（5）现有竞争对手的促销因素，如推销力量、广告宣传、营业推广、服务项目等。

了解竞争者是较困难的，如果是卖方，至少应该知道一个销售价格高于自己，而质量比自己差的竞争对手的详细情况；作为买方则应掌握其他买方的类似情报。

通过对以上情况的了解分析，找出主要竞争对手及其对本企业商品交易的影响，认清本企业在竞争中所处的地位，并制定相应的竞争策略，掌握谈判的主动权。

【案例5-11】

我国某厂与美国某公司谈判设备购买生意时，美商报价218万美元，我方不同意，美方降至 128 万美元，我方仍不同意。美方大怒，扬言再降 10 万美元，118 万美元不成交就回国。我方谈判代表因为掌握了美商交易的历史情报，所以不为美方的威胁所动，坚持再降。

第二天，美商果真回国，我方毫不吃惊。果然，几天后美方代表又回到中国继续谈判。我方代表亮出了在国外获取的情报——美方在 2 年前以 98 万美元将同样的设备卖给一个匈牙利客商。我方出示情报后，美方以物价上涨等理由狡辩了一番后，将价格降至合理水平。

【案例启示】

掌握环境情报，以静制动，静观其变。在谈判中，不仅要注重己方的环境情报，还要重视对手的环境情报，只有知己知彼知势，才能获得胜利。

四、信息的收集与整理

（一）信息准备的要求

准备谈判信息，要求准确、全面、适用、及时，见图 5-10。

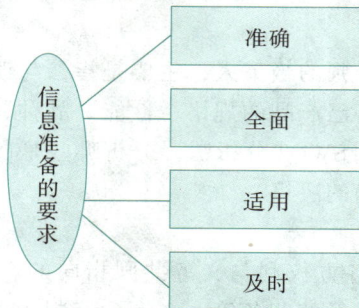

图 5-10　信息准备的要求

（1）准确。准确指信息资料的真实性。真实是信息的生命，不真实的信息会把谈判决策引向歧途。为保证信息的真实性，首先，资料来源要真实可靠。其次，在信息资料加工时，要注意鉴别，去伪存真，剔除不真实的信息资料。最后，要弄清模糊度较大的资料，不明确的资料要暂时搁置起来。

（2）全面。全面指信息资料的完整性、系统性和连续性。残缺不全的资料常常会导致谈判中的判断失误，因此，要求搜集的信息资料必须是与谈判有关的全方位的信息资料。搜集时要尽可能详细，广泛搜集，防止遗漏重要的信息资料。同时，要保持系统性，要能反映有关政治、经济等活动的动态变化状况与转化过程及其特征。

（3）适用。适用指所准备的信息资料要适合谈判工作的实际需要。切实适合谈判决策或能解决问题的信息就具有适用性。因此，要求资料搜集必须有明确的目的，按专题进行。同时，要求在资料整理分析时，善于选择与谈判行动有关的重要信息资料，送交决策者作为谈判决策时的参考。

（4）及时。及时指信息资料的时效性，信息资料应尽可能灵敏地反映最新动态。信息有很强的时效性，适时的信息便是财富。信息时效性，一方面要求及时地搜集发展变化着的有关情况；另一方面，要求信息资料的整理、分析、传递的速度要快。

（二）信息收集的方法

谈判信息收集主要有3种方法，见图5-11。

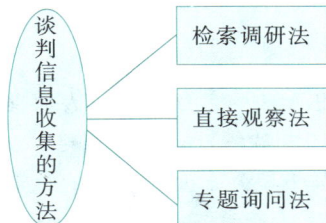

```
谈判信息收集的方法 ──┬── 检索调研法
                    ├── 直接观察法
                    └── 专题询问法
```

图5-11　谈判信息收集的方法

（1）检索调研法。检索调研法是根据现有的资料和数据进行调查、分类、比较、研究的信息资料准备方法。检索调研法的资料搜集途径很广，主要有以下几个方面：

①统计资料。主要包括我国、对方国家及国际组织的各类统计月刊或统计年鉴，以及各国有关地方政策的各类月刊或年鉴。

②报纸杂志、专业书籍。如我国的《国际商务研究》《国际经贸消息》《外贸调研》等杂志都刊登有与贸易谈判活动有关的资料。

③各专门机构的资料。如政府机关、金融机构、市场信息咨询中心、对外贸易机构等提供的资料。

④谈判对方公司的资料。如经审计的财务报表、经营项目、报价单、公司预算、财务计划、公司出版物和报告、新闻发布稿、商品目录与商品说明书、证券交易委员会或政府机关的报告书、官员的公开谈话与公开声明等。

（2）直接观察法。直接观察法是调查者在调查现场对被调查事物及被调查者的行为与特点进行观察测度的一种信息资料准备方法。直接观察法的形式主要有以下几种：

①参观对方生产的经营场地。如参观对方的公司、工厂等，以了解对方实情。

②安排非正式的初步洽谈。通过各种预备性的接触，创造机会，当面了解对方的态度，观察对方的意图。

③搜集对方关于设计、生产、计划、销售等方面资料。

（3）专题询问法。专题询问法是以某一项专题向被调查者征询意见，以搜集资料的一种信息准备方法。专题询问法运用灵活，其途径主要有：

①向对方企业内部知情人了解。如对方现在或过去的雇员、对方领导部门的工作人员、对方内部受排挤人员等。

②向与对方有过贸易往来的人了解。如对方的客户、对方的供货商。

③向对方的有关人员了解。如在会议或社交场合通过与对方的重要助手或顾问的交往探取情报，通过银行账户了解对方的财政状况等。

（三）信息资料的加工整理

信息资料加工整理一般分为下面几个阶段：

（1）筛选阶段。筛选就是检查资料的适用性，这是一个去粗取精的过程。

（2）审查阶段。审查就是识别资料的真实性、合理性，这是一个去伪存真的过程。

（3）分类阶段。分类就是按一定的标志对资料进行分类，使之条理化。

（4）评价阶段。评价就是对资料做比较、分析、判断，得出结论，供谈判活动参考。

【案例5-12】

灵活地收集信息并有效运用可以给企业带来较大的商业利润。例如，1959年9月26日，中国在黑龙江省松嫩平原打出第一口油井，取名"大庆油田"。然而，由于当时国际环境复杂多变，中国并没有向外界公布大庆油田的地理位置和产量。

20世纪70年代，日本深知中国开发石油需要大量的石油设备，却又苦于信息不足，善于收集资料的日本人广泛地收集了中国的有关报纸、杂志进行了一系列的分析研究。他们从刊登在《人民画报》封面上的"大庆创业者王铁人"的照片分析，依据"王铁人"身穿的大棉袄和漫天大雪的背景，判断大庆油田必定在中国东北地区；从《王进喜到了马家窑》的报道推断大庆油田所在的大致方位；从《创业》电影分析大庆油田附近有铁路且道路泥泞；根据《人民日报》刊登的一张钻井机的照片推算出油井直径的大小；根据中国政府工作报告计算出了油田的大致产量；又将王进喜的照片放大至与本人1∶1的比例（通过王进喜与毛泽东、周恩来等国家领导人的合影）判断其身高，然后对照片中王进喜身后的井架进行分析，推断出井架的高度、井架间的密度，据此进一步推测中国对石油设备的需求。

当我国突然向外界宣布在国际上征求石油设备设计方案时，日本公司有备而来，一举中标，果真使谈判获得成功，从而给日本有关公司创造了丰厚的利润。

【案例启示】

不同的商务谈判信息对谈判的影响作用是不同的，有的起着直接作用，有的起着间接作用，有的起着决定性的作用。本案例也充分说明了谈判中，往往是占有信息多的一方能够占据主动权。

五、信息的传递与保密

谈判信息资料的搜集整理与谈判信息资料的传递与保密是紧密相连的，谈判者在做好信息资料搜集整理的基础上，还需要十分注意谈判信息资料的传递与保密工作。

（一）信息的传递

商务谈判信息资料的传递是指谈判人员同己方企业的联系。在外地谈判的情况下，为了保持联系，进行有效的控制调节，上下级间应有信息资料的传递。例如，有国外的谈判小组因为需要听取有关专家意见或请示总部决策，就有必要同国内取得联系，而国内的管理部门因为需要及时了解国外谈判进程，必须同在国外的谈判小组联系。为此，应事先规定好联络方式和制度，并明确联络程序、责任人，以便迅速顺利地汇报谈判情况，请示下一步行动，避免推诿以致丢失商机。

（二）信息的保密

对谈判所涉及内容、文件及双方各自有关重要观点等资料应做好保密工作。如果不严格保密，将造成不应有的损失。例如，国外在重要的生意谈判中，有的公司不惜花重金聘请"商业间谍"摸对方的底。因此，应加强谈判信息资料的保密工作。

谈判信息资料保密的一般措施有：

（1）不要给对方窃密机会，如文件调阅、保管、复印、打字等。

（2）不要随便托人代发电报、电信等。

（3）不要随意乱放文件。

（4）不要在公共场所，如餐厅、机舱、车厢、过道等地方谈论有关谈判业务问题。

（5）不要过分信任临时代理人或服务人员。

（6）最后的底牌只能让关键人物知道。

（7）在谈判达成协议前，不应对外公布。

（8）必要时使用暗语。

训练营

【训练任务5-4】

找旅馆。

【任务目标】

（1）通过训练，提高学生获取相关信息及与对方打交道的能力。

（2）锻炼团队成员之间的配合。

【任务内容与要求】

（1）"十一"假期，班级6人去黄山旅游。下午4点多钟，爬到一半，如果继续前进，爬到山顶就要半夜了，因此不得不在中途住宿。

（2）半山腰处有很多提供餐饮和住宿的地点，但价格和服务也良莠不齐。为了能找到一处合适的住处，学生们开始了这次谈判，目标就是在此处找到既便宜又满意的住处。

（3）面临的问题是：一是不清楚山上住宿的标准，也就是对住宿的花费没有一个大概的了解；二是上山时信誓旦旦，以为一天就可以到达山顶，所以随身带的钱很有限，如果价格过高的话，就没有办法住宿了。

【任务组织】（见表5-7）

表5-7　　　　　　　　　　　　　　找旅馆任务组织表

任务项目	具体实施	时间	备注
找旅馆	（1）将全班分成5个组，每组6个人，扮演旅游的学生 （2）其余学生平均分成5个组，2人一组，分别扮演5家旅馆的工作人员 （3）还有一些学生扮演山民 （4）每组准备5分钟 （5）组织学生讨论，每个小组选出代表发言	30分钟	教室内 5张桌子，上有旅馆名称

【任务评价】（见表5-8）

表5-8　　　　　　　　　　　找旅馆任务评价表

评价指标	评价标准	分值（分）	评估成绩（分）	所占比例
信息收集沟通谈判团队配合	1.信息收集全面、准确	15		70%
	2.能利用收集的信息为谈判提供依据	30		
	3.能与陌生人沟通	15		
	4.团队配合默契	10		
	5.表演真实，进入角色	10		
	6.收获明显，讨论深入	10		
	7.活动评估	10		
教学过程	参与度、态度和热情	100		30%
综合得分				

金钥匙

■ 占有信息多的一方经常能够主宰谈判的另一方。

■ 掌握信息的目的就是利用信息占据主动。

■ 得不到的消息，即是最好的消息

——唐·勒普顿

■ 谈判就像打牌，不能让对方窥视到自己手里的牌，而要力争掌握对方手中的牌。

超链接5-2　识人与谈判

英国著名哲学家弗朗西斯·培根在《谈判论》一文中提到："与人谋事，则须知其习性，以引导之；明其目的，以劝诱之；谙其弱点，以威吓之；察其优势，以钳制之。与奸猾之人谋事，惟一刻不忘其所图，方能知其所言；说话宜少，且须出其最不当意之际。于一切艰难的谈判之中，不可存一蹴而就之想，惟徐而图之，以待瓜熟蒂落。"

课后思考：

1.如何理解"谈判的胜利在很大程度上是信息的胜利"？

2.收集与就业有关的信息。

模块三 谈判对象的选择与契机的挖掘

【目标与要求】 熟悉谈判对象的选择方法
熟悉谈判对象调查分析的内容
能对谈判对象的优劣势进行分析
能把握谈判时机
能通过身体语言发掘谈判契机

【学习任务】 调查分析谈判对象
运用谈判时机
会使用身体语言进行谈判

故事汇

由卖阿司匹林到卖钓鱼船

下班的时候，商场经理问其中一个营业员接待了几位客户，当得知这个营业员一天只接待了一位客户时，经理很生气，因为其他营业员都接待了好几位客户。之后经理继续问，你的营业额是多少，营业员说卖了58 000美元。经理觉得很奇怪，询问这位营业员究竟是怎么回事。

这个营业员说客户买了一辆汽车，又买了一艘钓鱼船，还买了不少其他东西，一共花了58 000美元。刚开始这位客户是来买阿司匹林的，他说他的太太头疼，需要安静地休息。营业员在卖给客户药的同时与客户聊天，得知客户一直很喜欢钓鱼，营业员就不失时机地给他推荐了鱼竿。接下来营业员问客户喜欢在哪儿钓鱼，客户说他家附近的河流、池塘鱼太少，他喜欢到大概开车需要3个多小时的海边去钓鱼。营业员又问客户是喜欢在浅海钓鱼还是喜欢在深海钓鱼，客户说他希望在深海钓鱼。营业员又问客户怎么去深海钓鱼，之后建议客户买艘钓鱼船，并向他推荐了商场里卖的钓鱼船。客户买了船后，营业员又问客户，去海边需要3个小时的路程，船怎么运过去，他现在的车是否能够把船拉过去。客户后来一想，他现在的车拉不了这艘船，需要一辆大车，聪明的营业员又不失时机地给客户推荐了一辆大卡车，建议客户用这辆大卡车把刚买的钓鱼船拉过去。就这样，客户前前后后在这个营业员手里买了58 000美元的东西。当然，这个营业员也得到了经理的赏识。

从这个例子可以看出，营业员实际上已经拥有了一个成功的谈判者的核心技能，凭借对客户的详细了解，唤起了客户的购买潜能。

故事启发　在谈判正式开始前，了解对方参加谈判人员的所有信息非常重要。了解谈判对象的信息越多，把握谈判契机的能力就越强，有些重要的信息往往就是在无意的聊天中获得的。因此，有时候在正式谈判前，通过聊天了解谈判对象的有关信息，效果很好，而这些信息又为交易的深入进行提供了契机。正所谓谈判的高明之处不在谈判本身，一切尽在自然中，这才是谈判追求的最高境界。

知识库

一、谈判对象调查的内容

（一）谈判对象的需要

谈判对象的真实需要，包括根本性需要和一般性需要。

1.根本性需要

根本性需要即谈判者的根本利益。对这种根本性需要，对方是愿意付出较大的代价去争取的。所以，要善于抓住对方的根本性需要，在满足对方根本性需要的同时，使自己的利益得到最大的满足。

2.一般性需要

一般性需要是指谈判者非主要的利益满足，是谈判容易争取到的利益。

（二）谈判对象的合法性

这主要考察谈判对象是否有合法资格。对法人资格的审查重点看：第一，有自己的组织机构、名称与固定的营业场所；第二，有自己的财产，这是物质基础和保证；第三，必须具有权利能力和行为能力。因此，在洽谈签约之前，一定要对方出示相关文件，如授权书、法人委托书，以证明确实是合法的代表人。

【特别提示5-2】

从法律的角度来看，只有公司的法人代表才能代表公司对外签约，其他人员越权或根本没有得到授权就对外签约，公司是不负任何责任的。

（三）谈判对象的企业组织与资金情况

1.企业组织情况

企业组织的基本情况指标有：公司人员规模、类型、主要产品、供销渠道、组织状况、领导者、企业业绩、面临的问题和发展前景等。

2.企业资金情况

这主要是通过谈判对象公布的资产负债表、利润表等公开信息进行判断，了解谈判对象的资产与负债情况、盈利或亏损情况、资产规模、资金运转状况、经营风格和信誉、市场占有份额等，也可以去看会计师事务所出示的审计报告，或金融机构出示的证明。

【特别提示5-3】

与没有资信的对象进行谈判，必须要有稳健的方法与约束，否则后果不堪设想。

（四）参与谈判人员的情况

（1）要调查分析谈判者是由哪些人组成的，各自的身份地位、性格爱好、谈判经验如何；谁是首席代表，其能力、权限、以往成败的经历、特长和弱点，以及对谈判的态度、倾向性意见如何；谈判代表是否有权做出决定等。对谈判对象了解得越具体、越深入，估量越准确、越充分，就越有利于掌握谈判的主动权。

（2）谈判对象的知名度与美誉度。这主要是了解谈判对象在社会上是否具有较高的知名度、是否具有良好的商业信誉和社会信誉及其信用等级等情况，谈判对象的知名度越高、美誉度越好，谈判的风险越小。

（五）谈判对象的期限与诚意

通过收集相关信息，了解谈判对象此次谈判的时间安排、最后期限，以及对取得谈判成功的期望程度的高低，并据此制定相应的谈判策略。谈判对象安排的时间越短，取得谈判成功的期望值越高，在谈判过程中做出让步的可能性就越大，谈判活动对我方就越有利。

【案例5-13】

肯尼迪在前往维也纳与苏联部长会议主席赫鲁晓夫谈判之前，就通过各种渠道收集了赫鲁晓夫的全部演说和公开声明，他还收集了可以获得的这位部长会议主席的其他资料，如个人经历、业余爱好，甚至早餐嗜好、音乐欣赏趣味等，并精心进行了研究，从而对赫鲁晓夫的心理状态、思维特点均有所了解。所以，尽管还未见面，肯尼迪一旦说起赫鲁晓夫，就能像对待老朋友那样，如数家珍地说上一大通，以至于两人谈判时，肯尼迪总是胸有成竹，仿佛对赫鲁晓夫下一句要说什么都了如指掌一般。

【案例启示】

这次谈判的结果虽然没有公布于世，但不少观察家分析，在古巴导弹危机中，肯尼迪之所以敢做出如此强硬的姿态，不仅是因为他已经摸透了赫鲁晓夫的脾气，还有就是在那次谈判中，赫鲁晓夫败在肯尼迪的手下并对肯尼迪惧怕三分。

对谈判对象了解得越具体、越深入，估量就越准确、越充分，就越有利于掌握谈判的主动权。

二、掌握竞争者情况

如果己方是买方，己方的竞争者就是与自己买同样产品的人，对方的竞争者就是同类产品的生产者或提供者。如果己方是卖方，己方的竞争者就是同类产品的生产者或提供者，对方的竞争者就是同样产品的购买者。

谈判中的大忌是没有充分估计竞争者的实力，在双方讨价还价之际，被竞争者乘虚而入，坐收渔翁之利。

通过对竞争对手资料的了解分析，找出主要竞争对手的优劣势，认清本企业在竞争中所处的地位，并制定相应的竞争策略，以掌握谈判的主动权。

三、谈判对象的优劣势分析

（一）影响谈判实力的因素

1.各方的准备情况

在商务谈判中，准备工作做得越充分，收集的信息越全面，在谈判中的主动性就越高，灵活性越好，其实力相对就越强。

2.各方对取得谈判成功期望值的高低

在商务谈判中，对取得谈判成功的期望值越高，越可能处于被动地位，做出让步的可能性越大，谈判实力则相对较弱。

3.各方谈判技巧与谈判策略的运用

商务谈判既是一项经济活动，也是一项艺术活动，需要使用大量的谈判技巧。谈判经验越丰富，掌握的谈判策略越多，谈判技巧的运用越娴熟，在谈判中的优势就越明显，谈判实力相对则较强。

（二）谈判对象优劣势分析的内容

1.分析谈判对象的优势

分析谈判对象的优势主要有以下几方面内容：

（1）己方有直接的竞争者。主动权在对方手中，对自己而言是劣势，对对方而言是优势。

（2）对方有规模和潜力。谈判对象的规模大、业务量大，这会给谈判人员造成压力，而这会成为对方掌握谈判主动权的一个原因。

（3）掌握充分的资源。假如对方掌握充分的市场资源，那么你必须清晰并全面地分析它的优势。市场资源包括市场占有率、市场渠道（中间商）、稳定的消费群体等。

（4）拥有区域内最好的潜在顾客、客户。如果是这样，那么意味着谈判对象有更多的选择。

2.分析谈判对象的劣势

分析谈判对象的劣势主要有以下几方面内容：

（1）时间限制。如果其时间仓促，你就可以实施拖延时间的策略，化被动为主动。

（2）内部已经做出决定或有倾向性。这有可能成为可利用的机会。

（3）竞争者的产品有难以改进的缺点和弱点。你必须了解这一点，尽管不一定能用上。当对方有选择其他竞争对手产品倾向的时候，你可以利用掌握的信息坚持己方观点，以免被动。

（4）对方同己方谈判失败可能导致其无法接受的损失和风险。市场关系是错综复杂的，如果谈判破裂，对方将在形象、信誉以及经济等方面遭受重大损失的话，对方再强大，也不能掌握谈判的主动权。

（三）谈判实力的判断方法

对参与谈判各方实力的评价，可以借助管理学的SWOT分析法进行判断，即通过对影响谈判实力的各种因素进行分析，确定各方的优势（Strength）、劣势（Weakness），确定各方可能存在的机会（Opportunity）和威胁（Threat），并通过对各方的优势、劣势、机会及威胁的比较与分析，确定各方的相对实力。

四、发掘谈判契机

（一）把握谈判时机

1.选择适宜的谈判时机

确定谈判时机并不是一件容易的事，因为每天都会遇到意想不到的谈判时机，谈判者必须敏感地对这些时机及时做出反应，学会利用时机。

（1）利用别人愉快的时机。延长、续订或重新签订合同时，千万不要在这份合同即将期满的时候去做，就如同要与对方达成对自己优惠的交易要趁对方高兴时一样，选择其愉快的时候去做。如对方得到某个好消息，即使和你无关，也会提供一个好机会，这时提要求容易得到满足，但不能是过分的要求。

（2）利用别人不顺利的时候。

（3）利用交易对象刚上任或快要下台的时候。

（4）充分考虑比较忙的人的注意力。比较忙的人注意力较散，所以你必须直截了当。你应当言简意赅，否则会导致对方烦躁和心不在焉。要分清事情的轻重缓急，如果讨论的问题不止一个，就要为重要的问题留出时间。

【特别提示5-4】

千万不要把自己置于不得不说"我能再占用几分钟时间吗"或"我的主要意见还没有提出来啊"的境地。

2.谈判不宜选择的时间

谈判作为一种双方的正式商谈，一般需要提前预约和准时到达。在预约谈判时间的时候要避免以下的不宜时间：

（1）会议前后、午餐前后、出差前后。

（2）星期一的早上、星期五的晚上、双休日和法定假日。

（3）搭乘火车和飞机前，否则等于忙中添乱，会适得其反。

如果不慎选择了以上不宜谈判的时间，则要道歉，说一句"对不起，不知您有这样的计划，如果太忙，我们改日再谈"，对方或许因此被打动，与你谈一会儿。

（二）通过肢体语言发掘谈判契机

与人的口头语言一样，人的体态、行为举止也有一定的语言表达功能。通过人的体态、行为举止表达出来的语言，叫肢体语言。例如，点头表示愿意或赞成，摇头表示不愿意；捶胸顿足表示悔恨，喜笑颜开表示高兴，双手抱头表示痛苦；打V字手势表示胜利，握手表示有礼；把笔套收好，整理衣服和发饰，表明做好结束会谈的准备。

据美国心理学家艾伯特·梅拉比安等人的研究，在你说话时，当你的语言与声调、表情不一致时，人们往往相信的是表情所代表的意思。在信息传递的过程中，谈话的内容只表达了真正信息的7%，其次是声调，表达的信息占38%，姿态、表情和动作等传递的信息则占全部内容的55%。

【特别提示5-5】

要注意学会从对方的肢体语言中发现谈判的契机，这是一个谈判者必须具备的素质。

五、依据优劣势确定谈判战略

（1）己方处于优势地位，而且对谈判的兴趣并不大。对于这种情况，应使谈判结果符合己方期望值的最高上限，否则不惜谈判破裂。

（2）己方所处的地位略高于对方，或者是"旗鼓相当"，对谈判的兴趣较大，但并不十分迫切。对于这种情况，谈判结果只要能接近己方期望值的中点线即可，必要时可适当做些让步。

（3）己方显然处于相对劣势地位，对谈判兴趣很浓，也很迫切。对于这种情况，谈判结果只要不低于（或略低于）己方期望值的最低下限即可，虽然不得不做较多的让步。

谈判是心理战，有时候尽管你处于劣势，但在谈判的时候也可以先发制人，态度强硬。比如在开局之初，抢先摊出己方的最高要求，而且暗示退让的余地很小，这样可以迫使谈判只能围绕己方的最高要求进行。此时，对方由于心理上处于相对劣势，担心谈判破裂，只好步步退让。但如果对方确实清晰地认识到了谈判的局势，这种策略就需要更加灵活，要适时做出策略上的让步。

训练营

【训练任务5-5】

找错误。

【任务要求】

分析谈判中存在的问题，能把握谈判时机，知道什么时候不宜谈判。

【任务内容】

通过谈判表演，寻找错误的谈判时机，训练学生把握谈判时机的能力。

【任务组织】（见表5-9）

表5-9　　　　　　　　　　　　　找错误任务组织表

任务项目	具体实施	时间	备注
找错误	（1）将班级分成6组卖方，每组4个人；6组买方，每组4个人 （2）买方和卖方一一对应 （3）每个组事前安排几处错误，体现在谈判中 （4）双方互找错误，找得最多、最准的获胜	20分钟	教室内模拟谈判情境

【任务评价】（见表5-10）

表5-10　　　　　　　　　　　　找错误任务评价表

评价指标	评价标准	分值（分）	评估成绩（分）	所占比例
发现错误 分析错误 团队配合 表演体会	1.表演真实	20		70%
	2.能准确发现错误	20		
	3.能准确分析错误的原因	20		
	4.团队成员配合协调	10		
	5.遵守规则	10		
	6.体会深刻	10		
	7.活动评价	10		
教学过程	出勤、态度和热情	100		30%
综合得分				

金钥匙

■ 谈判者的基本才能

在商务谈判中，应具备以下基本才能，见图5-12及表5-11。

图5-12　商务谈判中应具备的基本才能

表5-11　　　　　　　　　　商务谈判中应具备的基本才能

序号	项目	简述
1	魅力	让你的谈判对手对你既尊敬又畏惧。尊敬来源于你的专业水平很高，而且对人谦恭有礼。在重视自身利益最大化的同时，也要尊重对方应得的利益，切忌"我予取予求"

续表

序号	项目	简述
2	勇气	谈判的胆识就是勇气的内涵，在谈判中要胆色分明，表现果断
3	心理透视	通过对对方姿态、着装等的观察分析，了解对方的心理状态，达到"知己知彼"。再根据分析结果，制定、实施与对方谈判的策略，这样才能"百战不殆"。例如，你的谈判对象坐态轻松，说明他防备不严，你可以大胆地采取进攻战术，多提条件
4	机智	强调反应能力，能够根据情况的变化推进谈判。例如，当你向谈判对手发出第二个提问后，对方眼神闪烁且吞咽口水，这表示其信心不足、压力很大，这就是你乘胜追击的好时机
5	公关口才	强调三大使命——创造利润、生存发展和永续经营，运用适当的公关语言，围绕这三大使命进行谈判
6	交际能力	建立良好的人际关系是谈判制胜的一大要素。交际能力要与公关口才良好结合
7	审慎性	审慎性和守口如瓶共同强调了谈判的谨慎性，即不要随便透露谈判底线，要等到谈判的最后一分钟再下结论、做承诺，否则很难反悔
8	守口如瓶	对谈判的信息进行保密
9	知识	要保证自身知识的深度和广度
10	记忆力	要对合约中的内容清楚记忆，即使是对过去的谈判过程和结果，尤其是一些数字，也能做到清楚记忆
11	耐心	谈判过程总是纠缠不清、起起伏伏，因而必须要有很好的耐心
12	策略	策略是谈判制胜的关键因素之一，在不同的情况下应使用不同的策略

超链接5-3　谈判中5种类型的角色

1.首席代表。首席代表主要负责调动谈判资源，由具有专业水平的人员担任，但不一定是谈判小组中职位最高的人。首席代表的责任是指挥谈判，安排谈判小组中的其他人尽自己的职责，需要时召集相应人员加入谈判之中。

2.白脸。白脸实际上是老好人，在谈判双方意见分歧较大、陷入僵局、谈判进行不下去的时候，白脸可以发挥"和事佬"的作用。白脸一般由被对方大多数人认同的人担当。

3.红脸。红脸又叫黑脸，红脸的作用是让对手感到压力，在谈判较激烈或者对方来势较凶猛的时候使谈判中止或暂停，这样可以对抗对方提出的观点和论据，把对方的优势降低，红脸的另一个责任是胁迫对方尽量暴露出他们的弱点。

4.强硬派。强硬派的作用是在每件事情上都采取非常强硬的态度，把简单的问题复杂化，让其他组员服从他。强硬派的一个责任是采用延时战术阻挠整个谈判进程，允许他人撤回已经提出的报价；另一个责任是观察并记录谈判的全过程，使谈判小组的注意力集中在谈判的目标上，避免跑题。

5.清道夫。将所有的观点集中，作为综合体提出来。他的一个责任是设法使谈判走出僵局，如强硬派把谈判延迟，或者停止，此时就需要清道夫把谈判带出僵局。清道夫的另一个责任是防止讨论离题太远，这和强硬派有异曲同工之处。同时，指出对方论据中自相矛盾之处，削弱对方的优势，这也是清道夫的责任。

课后思考：

1.如何理解"知己知彼，百战不殆"？

2.在5个模拟公司中选择其一作为谈判对象，进行调查分析。

模块四　谈判方案的制订

【目标与要求】熟悉谈判方案制订的内容
能合理拟定谈判目标
能按规范安排谈判议程

【学习任务】查找资料，熟知谈判方案的制订要求
按要求拟订一份职业计划
编制一份谈判日程

故事汇

　　1962年，美国U-2飞机发现苏联有在古巴部署导弹的迹象。随后，美国的间谍卫星准确地掌握了苏联运抵古巴的42枚中程导弹和正在建造的十几个导弹基地，卫星照片中还发现苏联军队人员安装中程导弹竖立发射架的情景。苏联在美国"后院"的行动，引起了美国的不满，美国是不能够接受将华盛顿包括在射程内的苏联导弹的。由于美国的间谍卫星查实了苏联当时在国内部署的远程洲际弹道导弹为14枚，而不是原先估计的400枚，掌握了苏联核力量的确实情报，因此在苏联向古巴运送导弹期间，面对赫鲁晓夫的核讹诈，美国肯尼迪政府对苏联采取了强硬的措施。此外，肯尼迪在与赫鲁晓夫进行有关古巴危机的维也纳会谈前，还查阅了赫鲁晓夫的资料并加以研究，为谈判奠定了必要的基础。谈判后，赫鲁晓夫不但声明撤走刚刚部署在古巴的导弹，还接受了美国在海上对苏联船只进行检查的要求，当美国飞机飞过装着导弹的苏联船只时，苏联人只得掀起盖布让美国人检查。

故事启发　　凡事预则立，不预则废。谈判也不例外。方案不仅包括书面方案，也包括腹稿，如第一句说什么等。有的谈判标的非常复杂，如房产转移等，都需要制订周密的方案。

知识库

微课15

谈判准备（二）

一、商务谈判方案的概念

　　商务谈判方案是在谈判开始前对谈判目标、谈判议程、谈判策略预先所做的安排。谈判方案是指导谈判人员行动的纲领，在整个谈判过程中起

着非常重要的作用。

二、商务谈判方案制订的要求

由于商务谈判的规模、重要程度不同，商务谈判的内容也有所差别，但其要求都是一样的。一个好的谈判方案要做到以下几点：

（1）简明扼要。简明扼要就是尽量使谈判人员很容易记住其主要内容与基本原则，使他们能够根据方案的要求与对方周旋。

（2）明确、具体。谈判方案要简明扼要，必须与谈判的具体内容相结合，以谈判的具体内容为基础；否则，会使谈判方案显得空洞和含糊。因此，谈判方案的制订也要求明确、具体。

（3）富有弹性。在谈判过程中，各种情况都有可能发生突然变化，要使谈判人员在复杂多变的形势中取得比较理想的结果，就必须使谈判方案具有一定的弹性。谈判方案的弹性表现在：有几个可供选择的谈判目标；根据实际情况可选择某一种策略方案；指标有上下浮动的余地；还要把可能发生的情况考虑在计划中，如果情况变动大，原计划不合适，可以实施备选方案。

三、商务谈判方案的内容

商务谈判方案主要包括谈判目标、谈判策略、谈判议程，以及谈判人员的分工职责、谈判地点等内容。

（一）确定谈判目标

谈判目标是指谈判要达到的具体目标，它指明了谈判的方向和要求达到的目的、企业对本次谈判的期望水平。

商务谈判目标是谈判个体或组织奋力争取达到的未来结果。具体而言，商务谈判目标是根据企业的宗旨而提出的企业在一定时期内要达到的预期成果。在商务谈判的准备阶段，必须确定一个合理的、有弹性的谈判目标，如图5-13所示。

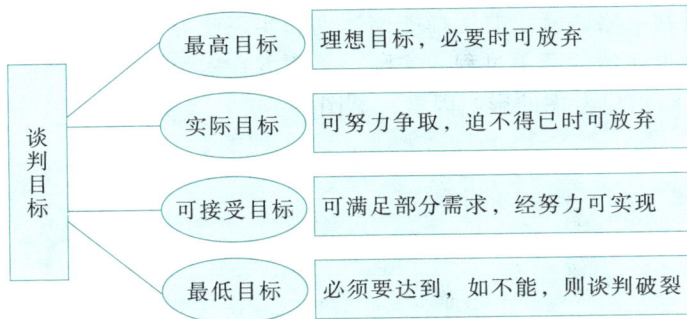

图5-13　谈判目标

1.最高目标

最高目标，也叫最优期望目标，是指对谈判一方最有利的理想目标，也往往是对方所能忍受的最大限度。在实践中，最高目标往往是可望而不可即的，实现的可能性较小。

2.实际目标

实际目标是谈判各方根据各种因素，经过科学论证和预测后，纳入谈判计划的谈判目标。它是谈判者通过各种手段，力求达到的目标，是谈判者坚守的防线。如果达不到这一目标，谈判很可能会陷入僵局。

3.可接受目标

可接受目标即可交易的目标，是经过综合权衡、满足谈判方部分需求的目标。可接受目标是通过谈判能够得到的、比较现实的且谈判各方易于满足的目标，通常处于实际目标与最低目标之间。

4.最低目标

最低目标就是通常所说的底线，是对谈判的最低要求，也是指谈判一方必须达到的目标。如果达不到最低目标，一般就会放弃。最低目标是谈判的机密，一定要严格保密。

在确定谈判目标的时候，一定要分清自己想要的和需要的内容，把它们罗列出来。例如，如果给街上的乞丐一张芭蕾舞的门票，他是不会要的，他最需要解决的是什么？温饱问题。芭蕾舞对他来说，肯定是不需要的东西，他需要一碗粥、一床棉被，这是他最需要的，当解决温饱问题之后，他才可能考虑其他需要。同样，对于买卖的双方，怎样才能达成共识呢？这需要双方沟通和交流，在沟通和交流之前，一定要确定谈判的目标。

【练一练】5-1

请以购买电脑为例进行谈判，参与者两两配对，搜寻谈判前需要掌握的卖方的有关资料，以及能够获得这些资料的途径，确定谈判目标，包括最高目标、实际目标、可接受目标和最低目标，最后评选出准备工作做得最好的那个组。

（二）制定商务谈判策略

制定商务谈判策略，就是要选择能够达到和实现己方谈判目标的基本途径和方法。谈判不是一个讨价还价的简单过程，实际上是双方在实力、能力、技巧等方面的较量。制定商务谈判策略前应考虑的影响因素，见图5-14。

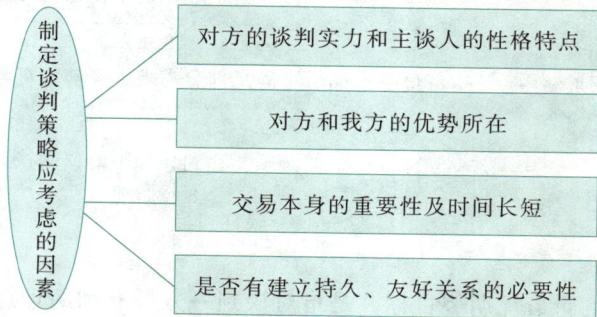

图5-14　制定谈判策略应考虑的因素

通过对谈判双方的实力及以上影响因素的细致而认真的研究分析，谈判者可以确定己方的谈判地位，即处于优势、劣势或者均势，由此确定谈判策略，如报价策略、还价策略、让步策略等。

（三）安排谈判议程

谈判议程需安排的内容，见图5-15。

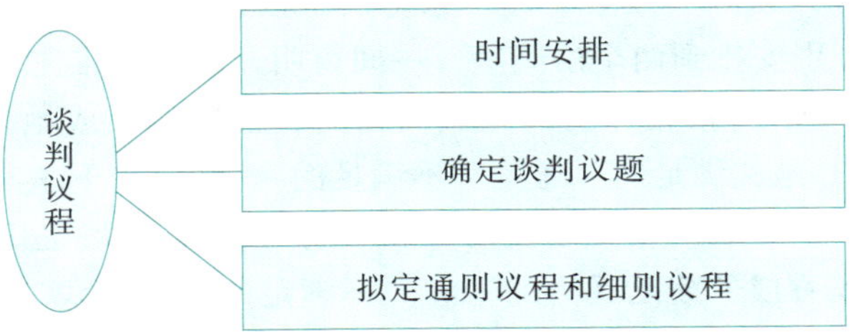

图5-15 谈判议程

1.时间安排

时间安排即确定什么时间举行谈判、谈判多长时间、各个阶段的时间如何分配等。谈判时间的安排是谈判议程中的重要环节。如果时间安排得很仓促，准备不充分，匆忙上阵，就很难沉着冷静地在谈判中实施各种策略；如果时间安排得很长，不仅会耗费大量的时间和精力，而且随着时间的推移，各种环境因素都会发生变化，还可能会错过一些重要的机遇。

【练一练】5-2

在一周之中，你认为谈判时间应该定在哪一天，为什么星期五最不适合谈判？请你列出不适合谈判的时间。

2.确定谈判议题

所谓谈判议题，就是谈判双方提出和讨论的各种问题。确定谈判议题首先应明确自己要提出哪些问题，要讨论哪些问题，要把所有问题全盘进行比较和分析；掌握这些问题之间是什么关系，在逻辑上有什么联系；还要预测对方会提出什么问题，哪些问题是己方必须认真对待、全力以赴去解决的，哪些问题可以根据情况做出让步，哪些问题可以不进行讨论。

3.拟定通则议程和细则议程

通则议程是谈判双方共同遵守使用的日程安排，一般要经过双方协商同意后，方能正式生效。通则议程通常包括以下内容：谈判总体时间及分段时间安排；双方谈判讨论的中心议题，讨论问题的顺序；谈判中各种人员的安排；谈判地点及招待事宜。

细则议程是对己方谈判策略的具体安排，只供己方人员使用，具有保密性。细则议程的内容主要包括以下几个方面：谈判中统一口径，如发言的观点、文件资料的说明等；对谈判过程中可能出现的各种情况的对策安排；己方的发言策略；谈判人员更换的预先安排；己方谈判时间的策略安排、谈判时间期限。

四、谈判环境的布置与礼仪

谈判环境的布置很重要。嘈杂的环境、极不舒适的座位、谈判房间的温度过高或过低、不时地有外人打扰、环境陌生，都会使人感到心力交瘁。这些环境因素会影响谈判者的注意力，从而导致谈判失败。心理学家明茨早在20世纪50年代就做过这样一个实验：他把实验对象分别安排到两个房间里，一间窗明几净、典雅庄重，而另一间凌乱不堪。他要求每人必须对10张相片上的人做出判断，说出他（或她）是"精力旺盛的"还是"疲乏无力的"，是"满足的"还是"不满足的"。结果在干净典雅房间里的实验对象倾向于把相片上的人看成"精力旺盛的"和"满足的"；在凌乱房间里的实验对象则倾向于把相片上的人看成"疲乏无力的"和"不满足的"。这个实验表明，环境会影响人的感知。所以，谈判者如果发现对方故意这样对付你，应暂时终止谈判。

【案例5-14】

在一次谈判中，谈判对方的首席代表是一个精益求精、对数字很敏感、做事情非常认真、要求非常高的人。针对谈判对手的这一特点，主场方在安排座位的时候，故意把对方的首席代表有可能坐的位子固定下来，然后在他对面的墙上挂张画，并且把画挂得稍微倾斜。当这位首席代表坐到该位置上时，他面对的是一张挂歪了的画，而他本人是一个追求完美的人，他的第一个冲动是站起来把那张画扶正。但是因为他们不是主场，所以他不可能非常不礼貌地去扶正，这使得他在谈判中受到了很大的影响，他变得焦虑、烦躁，最后整个谈判被主场方所控制。

【案例启示】

本案例主场方根据判对方的首席代表是一个精益求精、对数字很敏感、做事情非常认真、要求非常高的人的特点，故意将画挂歪，这个小小的环境因素的变化，干扰了对方的谈判情绪，导致对方谈判失误。

【特别提示5-6】

有时可以利用主场优势，达到谈判的某些目的。

（一）谈判环境的安排

1.温度和湿度

要有空调设备，温度在18～22℃，相对湿度在40%～60%为宜。

2.光线与色调

谈判房间应光线明亮，谈判者能看清材料、书写笔录，能清晰地感受对方的举止表情等行为语言。

3.装饰与陈设

谈判环境的装饰与陈设要高雅明快。房间里可适度陈设谈判桌椅、沙发、衣帽架，墙壁上可挂有艺术装饰品，桌上或茶几上可有相应的盆栽或插花点缀，备有待客的香烟、饮料、水果等。

4.宁静勿哗

谈判场所周围环境应肃静、幽雅，使人心情舒畅，避免嘈杂喧哗。

【特别提示5-7】

美国心理学家泰勒尔和他的助手兰尼做过一次有趣的实验，证明许多人在自己的客厅里谈话更能说服对方。因为人们有一种心理状况：在自己的所属领域内交谈，不需要分心去熟悉环境或适应环境；而在自己不熟悉的环境中交谈，往往容易变得无所适从，导致出现正常情况下不该有的错误。

（二）座位的安排

1.台桌和椅子的布置

（1）长方桌。双方人员面对而坐，显得正规、严肃，有时会产生对立的情绪。一般来讲，对于比较大型、重要的谈判，谈判桌可选择长方形的，双方代表各居一面，双方主谈者居中相对而坐。

（2）圆桌。双方人员团团而坐，给人以和谐一致的感觉，而且彼此交谈方便。谈判规模较小，或双方人员比较熟悉时，可以选择圆形谈判桌，以消除长桌那种正规、严肃的感觉。

2.座位安排的要求

（1）座位的安排应充分体现主、宾之别。若谈判长桌一端向着正门，则以正门的方向为准，右为客方，左为主方。座位号的安排是以主谈者（即首席代表）的右边为偶数2，左边为奇数3，即所谓"右边为大"。这种座位安排通常意味着正式、礼貌、尊重、平等。如果是多边谈判，则各方的主谈者应该围坐于圆桌相应的位子，圆桌通常较大，翻译人员及其他谈判工作人员一般围绕各自的主谈者分列两旁而坐，也可坐于主谈者的身后。一般说来，商务谈判时，双方应面对面而坐，各自的组员应坐在主谈者的两侧，以便互相交换意见，增强其团结的力量。

（2）座位安排的学问。例如，面谈的主动一方像考官一样，背对窗户与阳光，坐在一把大椅子上，面前摆着一张大写字台；而被动的一方则在远离那张大写字台的一张小椅子上。这种座位安排显然使被动的一方处于不利的地位。阳光直射他的眼睛，使他感到很不自在；大写字台不仅给被动的一方造成了心理压力，而且它是双方处境不同的标志；椅子的大小差异则强调了主动一方的权力。这种安排方式说明主动者一方丝毫不懂得交流的技巧，从一开始就使对方处于不快的状态之中。最好的办法是，撤掉写字台这个障碍物；使被动的一方避开刺眼的阳光；把被动者的位置安排在主动者的一侧，以增加亲近感。

有的人为了消除桌子所显示的"权力"，干脆撤掉所有桌子一类的东西；有的人把放文件或杯子的桌子摆在双方的身后或旁边。然而，较为保守的人对这种位置安排不以为然，他们认为面前没有桌子或类似的东西就会有一种失落感。为了不使他们感到困窘，可以在前面摆上桌子，两人时应尽量避免面对面地坐着。安排面谈不仅要摆放好桌椅，而且要适时、适量地提供一些茶点、冷饮等。另外，要尽量避免电话或来访者的干扰。

训练营

【训练任务5-6】

职业规划编制。

【任务要求】

根据方案的制订方法，编制一份职业规划。

【任务内容】

（1）用科学的方法全面了解自身情况。

（2）根据所学内容编制自己的职业规划。

【任务组织】（见表5-12）

表5-12　　　　　　　　　　职业规划编制任务组织表

任务项目	具体实施	时间	备注
编制职业规划	每个人根据自身情况，编制职业规划及实施步骤，并选出5个代表进行示范	20分钟	提前准备教室

【任务评价】（见表5-13）

表5-13　　　　　　　　　　职业规划编制任务评价表

评价指标	评价标准	分值（分）	评估成绩（分）	所占比例
方案规范性可操作性依据	1.方案制订规范	20		70%
	2.总目标明确	20		
	3.方案实施的时间、步骤合理	20		
	4.方案制订的理由充分	10		
	5.可实际操作	10		
	6.方案制订积极向上	10		
	7.方案评估	10		
教学过程	参与度、态度和热情	100		30%
综合得分				

金钥匙

■ 谈判时间的选择

在商务谈判中，除了准时到达、表示对谈判对方有礼貌、体现出交往的诚意外，还应该注意以下几点：

（1）避免在身心处于低潮时进行谈判，如经过长途跋涉后。

（2）避免在星期一早上进行谈判，因为在心理上未进入工作状态。

（3）避免在连续紧张工作后进行谈判，因为人的思绪比较零乱。

（4）避免在身体不适时进行谈判，因为很难使自己专心致力于谈判。

（5）避免在一天中最疲劳的时间进行谈判。傍晚16点至18点是人一天中在心理上、肉体上疲劳感都达顶峰的时候，容易焦躁不安，思考力减弱，工作最没有效率。

超链接5-4　主场谈判准备工作

主场谈判即在己方（主方）所在地进行谈判，为了确保谈判顺利进行，己方通常需要做一系列准备和接待工作。

（1）成立接待小组。一般是企业的行政办公室负责，涉外谈判还应备有翻译。

（2）了解客方的基本情况。可向客方索要谈判代表团成员的名单，了解其姓名、性别、职务、级别及一行人数，以此作为确定接待规格和食宿安排的依据；了解客方的食宿标准、参观访问、观光游览的愿望；掌握客方抵离的具体时间、地点、交通方式，以安排迎送的车辆和人员及预订、预购返程车船票或飞机票。

（3）拟订接待方案。根据客方的意图、情况和主方的实际情况，拟订出接待计划和日程安排表。还要将其他活动内容、项目及具体时间一一拟出，如迎送、会见、宴请、游览观光、娱乐等，以调节谈判的心态和气氛。

日程安排表拟出后，可传真给客方征询意见，待客方无异议后，即可打印。日程安排表可在客方抵达后交由客方副领队分发，亦可将其放在客方成员住房的桌上。在食宿安排中应充分注意到对方的文化、风俗和特殊习惯。

（4）迎送工作。如客方是远道而来，主方应在客方到达前15分钟赶到，接站时为方便双方确认，最好举个牌子，牌子上可以写"××公司欢迎你们"的字样。

对于客方身份特殊或尊贵的领导，还可以安排献花。献花必须用鲜花，可以扎成花束，编成花环，或送一两枝名贵的兰花、玫瑰花，但不能用黄色的菊花。

主方迎接人员可以按身份职位的高低顺序列队迎接，并由主方领导人先将前来迎接的人员介绍给客方人员，再由客方领导人介绍其随行人员，双方人员互相握手致意，问候寒暄。客方抵达或离开时，主方应有迎送人员陪同乘车，关照好客方的人员和行李的安全。主方陪同乘车，应该请客方主要领导坐在其右侧。

超链接5-5 《商务谈判方案》参考样式

一、商务谈判的目标

二、商务谈判的策略

（一）对方公司情况

（二）己方公司情况

（三）对方谈判人员的实力和主谈人员的特点

（四）双方谈判人员的优劣势

（五）交易本身对双方的重要程度

（六）谈判时间长短及策略

（七）是否有建立持久、友好关系的必要性

（八）拟定开局策略

三、谈判议程安排

（一）时间安排

什么时间举行、谈多长时间、各个阶段的时间如何分配等。

（二）谈判议题

双方要讨论的问题、自己要提出哪些问题、预测对方会提出哪些问题、哪些问题必须认真对待、哪些问题可以让步、哪些问题可以忽略。

（三）谈判地点

如果是主场谈判，要按照主场谈判的相关工作进行准备，如成立接待小组、了解客方的基本情况、拟订接待方案、安排迎送工作、布置谈判现场等。

四、谈判环境的布置和礼仪

（一）谈判环境的安排

1.空气和温度

2.光线与色调

3.装饰与陈设

4.宁静勿哗

（二）座位的安排

五、结束阶段

（一）成交的结束

1.整理谈判记录

2.确认交易条件

3.确定合同签订时间

4.商量合同签订事宜

（二）破裂的结束

1.双方互留联系方式

2.表达没有合作的遗憾

3.期待下次合作的意愿表达

课后思考：

1.为什么任何事情的目标定位都离不开三个层次？

2.结合职业生涯，制定职业目标并提供依据。

项目六
谈判的开局

【目标与要求】
- 熟练运用开局策略
- 熟悉营造良好开局气氛的方法

【学习任务】
- 营造良好的开局氛围
- 灵活运用开局策略

模块一　谈判开局气氛的营造

【目标与要求】　熟悉营造良好开局的方法
熟练处理开局阶段的"破冰期"
熟练预防保守和激进两种开局倾向

【学习任务】　用"六个不要"处理开局阶段的"破冰期"
用征询对方意见、诱导对方发言、使用激将法启发
对方发表意见
设计保守和激进两种方式进行开局，对比结果

故事汇

甲、乙双方在谈判刚开局时有以下一段简单的交谈：

甲方："坐了一天的车，很辛苦吧？"

乙方："还好，谢谢关心。"

甲方："是第一次来江南吗？"

乙方："是的，第一次来，这里的景色很美。"

甲方："如果您愿意，找时间我可以陪你们出去转转。"

乙方："求之不得，那就先谢谢了。"

甲方："不必客气。下面我们先彼此简单介绍一下各自的生产、经营、财务和商品的情况，您看如何？"

乙方："完全可以，如果时间、情况合适的话，我们可以先达成一笔交易，您会同意吧？"

甲方："完全同意。我们谈半天如何？"

乙方："估计介绍情况1个小时足够了，其他时间谈交易条件，如果进展顺利，时间差不多，行。"

甲方："那么，是贵方先谈，还是我先谈？"

乙方："随便，就请您先谈吧。"

故事启发　（1）开局谈判气氛对整体谈判气氛的形成和发展具有关键性作用。

（2）虽然洽谈之初建立的谈判气氛对谈判结果的影响不是唯一的或绝对的，但谈判

开局气氛具有重要作用，它奠定了整个谈判的基调。

（3）用谈判之外的话题做切入点，使双方在轻松的心态下和良好的谈判氛围中，逐步进入谈判正题，会起到意想不到的效果。

知识库

一、谈判开局概述

所谓开局，是指一场谈判开始时，谈判各方之间的寒暄和表态以及对谈判对手的底细进行探测，从而为影响、控制谈判进程奠定基础。

开局阶段的具体目标是建立轻松、真诚的气氛，并在此基础上，力争巩固和发展已经建立起来的和谐气氛，并在进入实质性谈判前，就谈判程序及态度、意图等取得一致或交换一下意见。此外，还要摸清对方的真正需要，尽快掌握对方有关谈判的经验、技巧、谈判作风方面的信息，以及使用的谈判谋略等，特别应注意摸清对方对要成交买卖的期望值的大致轮廓，以做到心中有数。

对整场谈判而言，谈判开局对整个谈判过程起着相当重要的作用。它不仅决定了双方在谈判中的力量对比，决定了双方在谈判中采取的态度和方式，也决定了双方对谈判局面的控制，进而决定了谈判的结果。所以，应该研究谈判的开局，把握和控制谈判的局势。

谈判的开局也被称为谈判的"破冰期"，谈判双方在此时开始接触，是谈判进入实质阶段的短暂过渡时期。谈判双方应在这段时间内相互熟悉，为下一步的正式会谈做准备。

二、谈判开局气氛的含义及作用

（一）谈判开局气氛的含义

谈判气氛是谈判对手之间的相互态度，它能够影响谈判人员的心理、情绪和感觉，从而引起相应的反应。因此，谈判气氛对整个谈判过程具有重要影响，其发展变化直接影响整个谈判的结果。

任何商务谈判都是在一定的气氛下进行的（见图6-1）。每一场谈判都有其独特的气氛：有的是冷淡、紧张的；有的是松弛、缓慢的；有的是积极、友好的；有的是平静、严肃的。不同的谈判气氛对谈判的影响不同，一种谈判气氛可在不知不觉中把谈判朝某种方向推进。例如，热烈、积极、合作的气氛会把谈判朝着达成一致协议的方向推进，而冷淡、对立、紧张的气氛会把谈判推向更为严峻的境地。因此，在谈判一开始，营造出一种合作、诚挚、轻松、认真和解决问题的气氛，对谈判可以起到十分积极的作用。

好的谈判气氛在谈判一开始就已经形成，但它必须在整个谈判过程中都得到保持，这就需要谈判人员的共同努力。谈判双方见面后的短暂接触，对谈判气氛的形成具有关

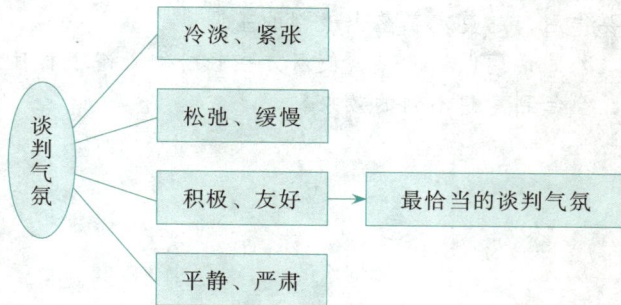

图 6-1　谈判气氛

键性的作用。谈判双方人员的目光、动作、姿态、表情、气质、谈话内容及语调、语速等不同，会形成不同的谈判气氛，谈判气氛的影响因素，见图 6-2。

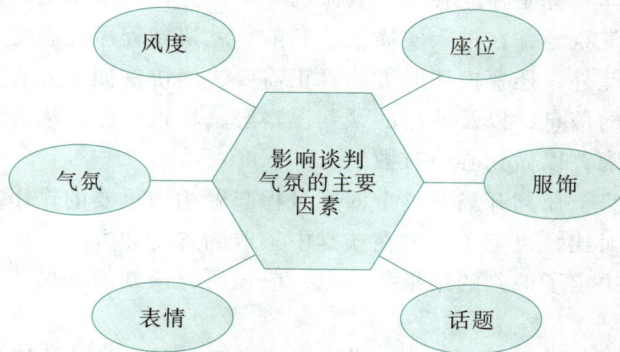

图 6-2　谈判气氛的影响因素

谈判开局气氛由参与谈判的所有谈判者的情绪、态度与行为共同营造，任何谈判个体的情绪、态度与行为都可能影响或改变谈判开局气氛；同时，任何谈判个体的情绪、思维都会受到谈判开局气氛的影响，并呈现出不同的状态。因此，营造一种有利的谈判开局气氛，从而控制谈判开局、控制谈判对手，对谈判者来说就显得非常重要。

（二）谈判开局气氛的作用

商务谈判一般是互惠式谈判，成熟的谈判人员会努力寻求使双方互利互惠的最佳结果，因为良好的气氛会产生众多的良好效应，见图 6-3。

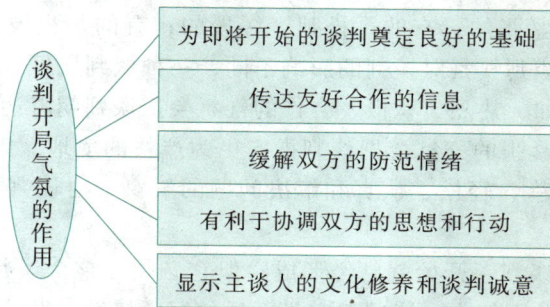

图 6-3　谈判开局气氛的作用

因此，在谈判之初建立一种和谐、融洽、合作的谈判气氛，无疑是非常重要的。如果谈判从一开始就形成了良好的气氛，那么双方就很容易沟通，也便于协商，谈判者都愿意在一个良好的气氛中进行谈判。如果谈判从一开始，双方就怒气冲天，见面时拒绝握手，甚至拒绝坐在一张谈判桌上，这无疑会使整个谈判蒙上一层阴影。

三、谈判开局气氛的营造方法

（一）谈判开局气氛营造的总体要求

谈判开局营造气氛有以下几点要求，见图6-4。

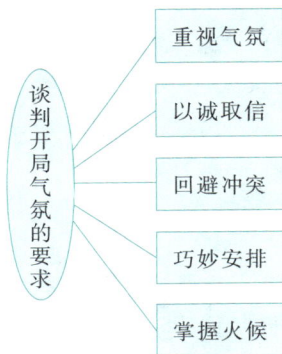

图6-4　谈判开局气氛的要求

1.重视气氛——谈判者要起主导作用

成功的谈判必须要有和谐的谈判气氛。任何谈判都是在一定气氛下进行的，谈判气氛的好与坏直接影响谈判的成与败。成功的谈判者都十分注重谈判气氛的营造，包括谈判者的言行、谈判空间、谈判时间和谈判地点等，都是影响谈判气氛的因素。谈判者应把消极因素转化为积极因素，使谈判气氛向友好、和谐、富有创造性的方向发展。

形成谈判气氛的关键因素是谈判者的主观态度，谈判者应在谈判中起主导作用，什么气氛对自己有利就创造什么气氛，不能被动地让对方的态度、情绪影响自己。

2.以诚取信——形成良好气氛的关键

谈判前，无论有什么成见和分歧，一旦坐到谈判桌前，就意味着双方共同选择了磋商与合作的方式解决问题。因此，在谈判之初就应心平气和、坦诚相见，这样才能使谈判在良好的气氛中开场。要抛弃偏见，全心全意地集中于谈判，切勿在谈判之初就从对抗的心理出发，这不利于谈判工作的顺利进行。

形象对谈判气氛有很大影响。这种形象体现在多个方面，如谈判者的姿势，到底是精力充沛还是疲惫不堪，是积极主动还是呆滞迟钝；又如人的眼神，人们常说"眼睛是心灵的窗口"，从眼神中就可以看出一个人的态度。诚实可靠、富有合作精神的谈判者总是受人欢迎的。谈判者应注重对自身形象的设计，以诚实可信的形象出现在对方面前，从而建立一个友好、相互信任的谈判气氛。

克莱斯兄弟公司的老板威尔逊先生是一个善于营造良好谈判气氛的高手。他对在谈判中形成良好的气氛有过精辟的论述，他说："谈判气氛最重要的因素是相互信任，有了相互信任就有了谈判基础；否则，留给大家做的事情就只有三个，争吵，争吵，再争吵。"对于如何才能创造一种相互信任的气氛，他认为"关键在于行动，对于新手来说，关键在于谈判人员素质的高低"。威尔逊给人们的启示是："信任他人，也就是信任自己。"

【案例6-1】

中国一家彩电生产企业准备从日本引进一条生产线，于是与日本一家公司进行了接触，双方分别派出了一个谈判小组就此问题进行谈判。谈判那天，双方谈判代表刚刚入座，中方的首席代表（副总经理）就站了起来，他对大家说："在谈判开始之前，我有一个好消息要与大家分享。我的太太在昨天夜里为我生了一个大胖儿子！"此话一出，中方职员纷纷站起来向他道贺。日方代表于是也纷纷站起来向他道贺。整个谈判会场的气氛顿时高涨起来，谈判进行得非常顺利。最终，中方企业以合理的价格顺利地引进了一条生产线。

【案例启示】

这位副总经理为什么要提自己太太生孩子的事呢？原来，这位副总经理在与日本企业的接触中发现，日本人很愿意板起面孔谈判，营造一种冰冷的谈判气氛，给对方造成一种心理压力，从而控制整个谈判，趁机抬高价码或提高条件。于是，他便想出了用自己的喜事来改变日本人的冰冷面孔，营造一种有利于己方的高调气氛。

3.回避冲突——在沟通中达成理解

谈判初期，通常被称为"破冰期"。互不相识的人坐在一起谈判，很容易出现停顿和冷场。所以，不要一开始就进入正题，应当留出一定的时间就一些非业务性的、轻松的话题，如气候、体育、文娱等进行交流，缓和一下气氛。双方进入谈判室后，应多花时间调整相互间的关系。当然，具体问题具体分析，沟通内容的多少、时间的长短并无统一的标准，谈判者应根据具体情况予以安排。

初次接触是双方相互了解的开始，也是相互沟通的最好时机。比如，一方委婉地问对方："您近来气色这么好，不知有什么养生秘诀啊？"对方很客气地应一句："哪里哪里，托您的福啊。"再如，一方说："今天天气真好，这可是个好兆头，我们的合作一定会很愉快的！"这些话表面上与谈判毫无关系，但对于拉近双方的距离、融洽双方的关系具有十分重要的作用。

4.巧妙安排——在场外培养感情

在正式开始谈判之前，双方可能有一些非正式的接触机会（即非正式会谈），如欢迎宴会、礼节性拜访等。积极地利用这些机会，也可以充分影响对方人员对谈判的态度，有助于在正式谈判中营造良好的气氛。

日本人最善于在谈判前进行非正式接触。他们往往在对方代表团一下飞机就开始着手这项准备。安排你下榻后，他们往往要与你共进晚餐，畅谈古今历史。这种方法常常很有效，能够使对方完全被这种"脉脉温情"所软化，从而在谈判桌上不自觉地做出许多让步。

谈判结果从本质上讲无输赢之分，但在谈判过程中，双方都会尽力争取更多的利益。这样冲突的产生就不可避免，谈判过程就可能出现顺利、比较顺利或不顺利等情况。正确运用各种沟通手段，可以在一定程度上影响双方谈判者的情绪，尽可能地创造比较良好的谈判气氛。

5.掌握火候——谨慎提出要求

刚一开始就提出要求，很容易使对方的态度发生变化，对方会立刻警觉甚至是强硬，谈判的气氛也会随之恶化，从而使谈判陷入僵局。所以，谈判气氛没达到，不可随意提出要求，否则不仅不利于培养良好的气氛，还会使谈判骤然降温。

（二）谈判开局气氛的营造方法

谈判开局气氛对整个谈判过程起着相当重要的影响和制约作用。可以说，控制了谈判开局气氛，在某种程度上就等于控制住了谈判对手。

根据谈判气氛的高低，可以把谈判开局气氛分为高调气氛、低调气氛和自然气氛，见图6-5。

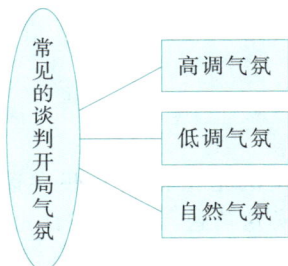

图6-5　常见的谈判开局气氛

1.营造高调气氛

高调气氛是指谈判气氛比较热烈，谈判双方情绪积极、态度主动，愉快因素成为主导因素的谈判开局气氛。通常在下述情况下，谈判一方应努力营造高调的谈判开局气氛：己方占有较大优势，价格等主要条款对自己极为有利，希望尽早达成协议，与对方签订合同。在高调气氛中，谈判对手往往只注意到对自己有利的方面，对谈判前景的看法也倾向于乐观，因此高调气氛可以促进协议的达成。

营造高调气氛通常有以下几种方法：

（1）感情攻击法。感情攻击法是指通过某一特殊事件来激发普遍存在于人们心中的感情因素，并使这种感情迸发出来，从而达到营造气氛的目的。

（2）称赞法。称赞法是指通过称赞对方来削弱对方的心理防线，从而激发出对方的谈判热情，调动对方的情绪，营造高调气氛。

采用称赞法时应该注意以下几点：

①选择恰当的称赞目标。选择称赞目标的基本原则是投其所好，即选择那些对方最引以为自豪的，并希望己方注意的目标。

【案例6-2】

东南亚某个国家的华人企业想要成为日本一家著名电子公司在当地的代理商，双方几次磋商均未达成协议。在最后一次谈判中，华人企业的谈判代表发现日方代表喝茶及取放茶杯的姿势十分特别，于是他说："从××君（日方的谈判代表）喝茶的姿势来看，您十分精通茶道，能否为我们介绍一下？"这句话正好点中了日方代表的兴趣所在，于是他滔滔不绝地讲述起来。结果，后面的谈判进行得异常顺利，华人企业终于拿到了地区代理权。

【案例启示】

华人企业的谈判代表通过称赞对方来削弱对方的心理防线，从而激发出对方的谈判热情，调动对方的情绪，营造了高调气氛，促使谈判顺利进行。

②选择恰当的称赞时机。如果时机选择得不好，称赞法往往会适得其反。

③选择恰当的称赞方式。称赞方式一定要自然，不要让对方认为你是在刻意奉承他，否则会引起反感。

（3）幽默法。幽默法是指用幽默的方式来消除谈判对手的戒备心理，使其积极参与到谈判中来，从而营造高调气氛。

采用幽默法时要注意以下几点：

①选择恰当的时机。

②采取适当的方式。

③收发有度。

（4）问题挑逗法。问题挑逗法是指提出一些尖锐问题，诱使对方与自己产生争议，通过争议使对方逐渐进入谈判角色。这种方法通常在对方谈判热情不高时采用，有些类似于"激将法"。但是，这种方法很难把握好火候，在使用时应慎重一些，要准备好退路。

2.营造低调气氛

低调气氛是指谈判气氛十分严肃、低落，谈判的一方情绪消极、态度冷淡，不快因素成为主导因素的谈判开局气氛。通常在以下情况下，谈判一方应该努力营造低调的谈判开局气氛：本方有讨价还价的砝码，但并不占有绝对优势，合同中的某些条款并未达到本方的要求，如果本方施加压力，对方会在某些问题上做出让步。低调气氛会给谈判双方造成较大的心理压力，在这种情况下，哪一方的心理承受力弱，哪一方往往会妥协让步。因此，在营造低调气氛时，本方一定要做好充分的心理准备，并要有较强的心理承受力。

营造低调气氛通常有以下几种方法：

（1）感情攻击法。这里的感情攻击法与营造高调气氛的感情攻击法性质相同，即都是以情感激发作为营造气氛的手段，但两者的作用方向相反。在营造高调气氛的感情攻击中，是激起对方积极的情感，使谈判开局充满热烈的气氛；而在营造低调气氛的感情攻击中，是要诱发对方消极的情感，使一种低沉、严肃的气氛笼罩在谈判开始阶段。

（2）沉默法。沉默法是以沉默的方式使谈判气氛降温，从而达到向对方施加心理压力的目的。这里所讲的沉默，并不是一言不发，而是指己方应尽量避免对谈判的实质问题发表意见。

采用沉默法要注意以下两点：

①要有恰当的沉默理由。通常人们采用的理由有：假装对某项技术问题不理解；假装不理解对方对某个问题的陈述；假装对对方的某个礼仪失误十分不满。

②要沉默有度，适时进行反击，迫使对方让步。

（3）疲劳战术。疲劳战术是指使对方对某一个问题或某几个问题反复进行陈述，从生理和心理上使对方疲劳，降低对方的热情，从而达到控制对方并迫使其让步的目的。

一般来讲，人在疲劳的状态下，思维的敏捷程度下降，容易出现错误，热情降低，工作情绪不高，比较容易屈从于别人的看法。采用疲劳战术应注意以下两点：

①多准备一些问题，而且问题要合理，每个问题都能起到让对方疲劳的作用。

②认真倾听对方的每一句话，抓住突破口，记录下来，作为迫使对方让步的砝码。

（4）指责法。指责法是指对对手的某项错误或礼仪失误严加指责，使其感到内疚，从而达到营造低调气氛，迫使谈判对手让步的目的。

【案例6-3】

中国某公司到美国采购一套大型设备。中方谈判小组人员因交通堵塞耽误了时间，当他们赶到谈判会场时，比预定时间晚了近半个小时。美方代表对此大为不满，花了很长时间来指责中方代表的这一错误，中方代表感到很难为情，频频向美方代表道歉。谈判开始以后，美方代表似乎还对中方代表的错误耿耿于怀，一时间弄得中方代表手足无措，无心与美方讨价还价。等到合同签订以后，中方代表才发现自己吃了一个大亏。

【案例启示】

美方代表抓住中方谈判小组人员谈判迟到这一错误严加指责，使其感到内疚，从而营造了低调谈判气氛，达到了迫使谈判对手让步的目的。

3.营造自然气氛

自然气氛是指谈判双方情绪平稳，谈判气氛既不热烈，也不消沉。自然气氛不需要刻意去营造，许多谈判都是在这种气氛中开始的。这种谈判开局气氛便于摸清对手的底牌，因为谈判双方在自然气氛中传达的信息往往比在高调气氛和低调气氛中传送的信息要准确、真实。当谈判一方对谈判对手的情况了解甚少、谈判态度不甚明朗时，谋求在平缓的气氛中开始对话是比较有利的。

营造自然气氛要做到以下几点：

（1）注意自己的行为、礼仪。

（2）多听、多记，不要与谈判对手就某一问题过早发生争议。

（3）准备几个问题，询问方式要自然。

（4）对对方的提问，能做正面回答的一定要正面回答；不能回答的，要采用恰当的方式进行回避。

谈判气氛并不是一成不变的。在谈判中，谈判人员可以根据需要来营造有利于自己的谈判气氛。但是，谈判气氛的形成并不完全是人为因素的结果，客观条件也会对谈判气氛有重要影响，如节假日、天气情况、突发事件等。因此，在营造谈判气氛时，一定要注意外界客观因素的影响。

（三）合理运用影响开局气氛的各种因素

谈判应是互惠的，一般情况下，双方都会谋求一致。为了达到这一目的，洽谈的气氛必须具有诚挚、合作、轻松和认真的特点。要想取得这样一种洽谈气氛，需要有一定的时间，不能在洽谈刚开始不久就进入实质性谈判。因此，要花足够的时间，利用各种因素，协调双方的思想或行动。

1.表情、眼神

人的表情可以表明谈判人员的心境，是信心十足还是满腹狐疑，是轻松愉快还是剑拔弩张，是精力充沛还是疲惫不堪。通过观察表情的变化，可以窥见谈判人员的心理状况。

要特别注意以下几点：

（1）面无表情，会使魅力与信用降低。

（2）脸上的表情，只有丰富和运用恰当，才可能产生有效交流。

（3）脸上的表情务必率真、自然。

（4）脸上表情的表达，关键在于眼睛的变化。当然除了眼睛之外，口唇的变化、脸部肌肉的变化，也会改变脸上的表情。

谈判人员眼神的交流十分重要。眼睛是心灵的窗户，谈判人员心理的微小变化都会通过眼神表现出来。双方可以通过对方眼神的变化，来窥测其心理情况。西方心理学家认为，谈判双方第一次眼神交流的意义最大，对手是诚实还是狡猾，是活泼还是严肃，一眼就可以看出来。

2.气质

一个人具备什么样的气质，对其精神面貌有很大影响。气质是指人们相当稳定的个性特征、风格和气度。良好的气质，是以人的文化素养、文明程度、思想品质和生活态度为基础的。文化水平对气质也有很大影响。气质看似无形，实为有形。它通过一个人的态度、个性、言语和行为等表现出来，举手投足、待人接物皆属此列。

3.风度

风度是气质、知识及素质的外在表现。风度美包括以下几个方面的内容：

（1）饱满的精神状态。一入场就神采奕奕、精力充沛、自信而富有活力，这样能激发对方的兴趣，活跃会场的气氛。

（2）诚恳的待人态度。不管是谁，一入场就应对所有的对手表现出诚恳而坦率的态度，应端庄而不冷漠，谦逊而不矫饰，热情而不轻佻。

（3）受欢迎的性格。性格是表现人的态度和行为方面较稳定的心理特征。性格是通过行为表现出来的，与风度密切相关。要使自己的风度得到别人的赞美，就应当加强自身性格的培养。要大方、自重、认真、活泼和直爽，尽量克服性格中的弱点，如轻佻、傲慢、幼稚等，千万不要因小失大。

（4）幽默文雅的谈吐。美的风度在语言上体现为：言之有据，言之有理，言之有物，言之有味。语言是风度的窗口，出言不逊，满口粗话，就一点风度也谈不上了。

（5）洒脱的仪表礼节。一个人仪表秀美整洁，俊逸潇洒，就能使人乐于亲近。这种魅力不仅在于长相和衣着方面，更在于人的气质和仪态，这是人的内在品格的自然流露。

4.服装

谈判人员的服装是决定其形象的重要因素，深刻反映了谈判人员的心理特征。

（1）服装配色的艺术。色调是构成服装美的重要因素之一。各种色调的协调固然重要，但这些又要与环境、穿着者的年龄以及职业相协调。对于服装的色调来说，协调就是美。

（2）款式。服装的新颖款式可以给人增添魅力，能使自然美和气质美更加突出，也能使原有的体型、气质上的不足得到弥补。但是，由于服装款式的变化层出不穷，而人的体型又千差万别，因此对于服装款式的选择并没有一定之规。

一般来说，谈判人员的服装应当美观、大方和整洁，但由于服装属于文化习俗的范围，因此不同的文化背景会有不同的要求。例如，在法国谈判或对方是法国人时，应穿整洁的深色服装；在丹麦、美国谈判或与丹麦人、美国人谈判时，衣着的问题就无足轻重了，只要干净整齐，穿便服或运动装也未尝不可。

5.个人卫生

谈判人员的个人卫生对谈判气氛也会有所影响，全身散发汗味或其他臭味的谈判人员是不受欢迎的。

6.动作

影响谈判气氛的因素还包括手势和触碰行为。比如握手，动作相当简单，但影响很大。在西方一些国家，如果用右手与人握手而把左手搭在对方肩上，就会引起对方的反感，被认为是过分轻狂、傲慢和自以为是。当然，由于各国文化习俗的差异，人们对各种动作的反应也不相同。仍以握手为例，在初次见面寒暄时，握手用些力气，有些外宾会认为这是相见恨晚的表现，心里油然而生亲近的感觉；也有些外宾则会觉得这是对方在炫耀力量，心里会有些不是滋味；更有甚者，有人认为这是故弄玄虚，是有意谄媚，从而产生厌恶之感。可见，我们必须了解谈判对手的背景和性格特点，区别不同情况，采取不同的做法。

7.中性话题

在谈判进入正式话题之前该谈些什么问题呢？一般来说，选择中性话题最合适，这些话题轻松而具有非业务性，容易引起双方共鸣，有利于创造和谐气氛。中性话题的内容通常有以下几种：第一，各自的旅途经历，如游览活动、旅游胜地及著名人士等；第二，文体新闻，如电影、球赛等；第三，私人爱好，如骑马、钓鱼等业余爱好；第四，对于有过交往的老客户，可以叙谈双方以往的合作经历和取得的成功。

8.传播媒介

利用传播媒介制造谈判舆论或气氛，是指谈判的主体通过传播媒介向对方传递意图，施加心理影响，制造有利于自己的谈判气氛或启动谈判的背景。在现代社会，许多谈判在没有正式开始以前，舆论的准备往往就已经开始了，并发挥了相当大的作用。

制造谈判舆论或气氛，通常涉及以下问题：

（1）主体，即由谁来从事这一工作，可以是谈判者，也可以是其他人。

（2）采用的工具，即采用哪种传播媒介。

（3）接受对象，即我们所制造的舆论或气氛要影响和感染哪些人。

（4）采用的方式，即结合己方谈判的目的及谈判对象的特点，确定以什么形式、什么内容来最有效地影响谈判对象，从而为谈判的正式开始做好铺垫。

在这四个要素中，前三者构成了制造谈判舆论或气氛的基本条件，后一个要素是必要条件，四者缺一不可。

四、正确处理开局阶段的"破冰期"

开局准备与谈判前准备是不同的。"破冰期"是走向正式谈判的桥梁。"破冰期"短了，双方都会感到生硬仓促，没有水到渠成的感觉，达不到创造良好开端的目的；"破冰期"长了，会降低谈判效率，增加投入成本，甚至会导致谈判乏味。至于"破冰期"多长时间合适，应具体情况具体对待，要根据双方的经验、直觉相互感应，该进入正题了，就是合适的时间。

掌握"破冰期"的"火候"，是谈判艺术的体现。

（一）开局阶段的"破冰期"应注意的问题

（1）不要语言生硬、举止失度。言谈举止要随意流畅，是感情的自然流露，否则不利于"破冰期"和谐气氛的营造。

（2）不要紧张。初次谈判者，会出现紧张情绪，手足无措，不知说什么好，必须要克服这种心理，避免自惭形秽、缩手缩脚。

（3）不要说话唠叨。唠叨、重复，在惜时如金的谈判桌上是最让人反感的。特别是在谈判开始时，会给对方留下不好的印象。所以，要注意语言的简洁、精练。

（4）不要急于进入正题。在创造了和谐气氛后再沟通，然后进入正题，否则欲速则不达。

（5）不要与对方较劲。"破冰期"的交谈是非正式的，不要对每一句话都字斟句酌，对出言不周、不慎等，不要立即回敬，否则会弄巧成拙，招致蔑视。

（6）不要举止轻狂。谈判是气质和姿态的展现，也是精神与文明的展示。举止是留给对方的第一印象，对谈判者态度的形成很关键。如果举止轻狂、锋芒毕露地显示自己，在老手面前就是初涉者，会被对方轻视。

（二）处理开局阶段的"破冰期"的技巧

在这一时期，主要是通过感觉来接受对方通过行为、语言传递来的信息，并对其进行分析综合，以判断对方的实力、风格、态度、经验和策略，以及各自所处的地位等，从而为调整己方的谈判方案与对策提供依据。

老练的谈判者一般都以静制动，用心观察对手的一举一动，即使发言也是诱导对方先说。缺乏经验的人会抢先发表自己的见解，这正是对方求之不得的。如果谈判者不想在谈判之初就过多暴露自己的弱点，那就不要急于发表意见，特别不要早下断语，否则会陷入被动。

【特别提示6-1】

处理开局阶段的"破冰期"的核心技巧是：探测对方情况，了解对方虚实。

1.启发对方先发表自己的观点

启发对方先谈看法，既灵活、巧妙地使对方说出自己的想法，又表示了对对方的尊重。

（1）征询对方意见。这是谈判之初最常见的一种启发对方发表观点的方法。比如，"贵方对此次合作的前景如何评价"，或者"贵方认为这批产品的质量如何"，或者"贵方是否有新的方案"等。

（2）诱导对方发言。这是开渠引水，启发对方发表观点的方法。比如，"贵方不是在传真中提到过新的构想吗"，或者"贵方对市场调查过，是吗"，或者"贵方价格变动的理由是……"等。

（3）使用激将法。激将法是诱导对方发言的一种特殊方式，如果运用不当，会影响谈判气氛，因此应慎重使用。比如，"贵方销售情况不太好吧"，或者"贵方是不是对我们的资金信誉有怀疑"，或者"贵方总没有建设性的意见提出来"等。

2.当对方在谈判开局发言时，应注意察言观色

注意对方每一句话的意思和表情，研究对方的心理、风格和意图，可以为己方所做的第一次正式发言提供尽可能多的信息。

3.要对具体问题具体探测

有时候，察言观色并不能解决问题，这就要进行有效的探测。

要探测对方的主体资格和阵容是否变化，可以问："××怎么没来？"

要探测对方出价的水分，可以问："这个价格变化了吧？"

要探测资金情况，可以问："如果C方要付我们现金呢？"

要探测谈判诚意，可以问："据说贵方有意寻找第三方？"

要探测是否有决定权，可以问："贵方认为这项改变可否确定？"

训练营

【训练任务6-1】

谈判开局。

【任务目标】

培养学生谈判开局的能力。

【任务内容】

通过模拟谈判，对保守和激进两种开局方式进行对比，掌握保守和激进两种开局方式的不利影响，避免在今后的谈判中出现此现象。

【任务组织】（见表6-1）

表6-1　　　　　　　　　　　　　　谈判开局任务组织表

活动项目	具体实施	时间	备注
开局训练	（1）将全班分成A、B两大组（见表6-2）。A组为5家牛仔裤经销商，即买方；B组为5家牛仔裤生产厂家，即卖方。A组与B组对应演练 （2）内容是就牛仔裤交易进行模拟谈判 （3）分别抽取写好开局方式的题签，按照题签要求设计开局方式 （4）各组总结两种开局方式的弊端，并对小组的应对办法进行评价 （5）注意事项：要把两种开局方式的特点表现清楚，应对办法要灵活可行 （6）准备时间为10分钟	30分钟	教室内 提前准备资料

表6-2　　　　　　　　　　　　　　谈判开局任务分组表

抽取开局方式		B组应对	
A组应对		抽取开局方式	
A组：买方	1组：4人	B组：卖方	1组：4人
	2组：4人		2组：4人
	3组：4人		3组：4人
	4组：4人		4组：4人
	5组：4人		5组：4人

【任务评价】（见表6-3）

表6-3　　　　　　　　　　　　　　谈判开局任务评价表

评价指标	评价标准	分值（分）	评估成绩（分）	所占比例
模拟谈判效果对两种开局方式的把握	1.模拟谈判真实、形象	20		70%
	2.把握了保守开局的特点	20		
	3.把握了激进开局的特点	20		
	4.遵守规定时间	10		
	5.小组成员配合默契	10		
	6.语言真实，表达清楚	10		
	7.活动评价	10		
教学过程	出勤、态度和热情	100		30%
综合得分				

金钥匙

■ 在谈判的"破冰期",不要忘了微笑和幽默。

■ 在谈判开局阶段,谈判者既要有一个高目标,又要防止不切合实际的漫天要价。在处理谈判开局的竞争与合作、索取与退让的关系时,应把要求的目标限定在一个科学、适度的范围内,科学地分析和预测彼此价值要求的起点、界点、争取点,从而找到谈判的协作区。

超链接6-1 注意防止两种开局倾向

1.切忌保守

保守的谈判者往往表现为谨慎小心,在开局阶段就表现出合作有余、竞争不足,唯恐失去合作伙伴和谈判机会。如果一味地迁就对方,不能大胆地坚持自己的观点,就会被对方牵着鼻子走。开局保守,会有两种情况:一是一拍即合,容易落入对方大有伸缩的利益范围,失去己方原本应该得到的利益;二是谈判一开局就忍让、迁就对方,使对方认为你的最低要求仍有水分,继续讨价还价,迫使你做出更多让步。

所以,开局阶段要敢于正视对方,放松紧张心理,力戒保守。

为了防止谈判保守导致上述局面发生,必须坚持谈判的高目标,这样就能避免出现不利情况,使谈判者在以后的谈判中获得合适的利益。

2.切忌激进

强调开局高目标,不是无限度地越高越好,更不能把高目标建立在损害对方利益的基础上。如果目标过高,损害了对方的利益,也会出现两种不利局面:一是对方会认为你没有诚意而破坏谈判的必要性。所以,在力戒保守的同时还要防止目标过高而破坏谈判气氛。二是对方为了抵制过高的要求,也会漫天要价,使谈判脱离现实而成了"空中楼阁",导致徒劳无功,浪费时间。

课后思考:

1.为什么说良好的开端是成功的一半?

2.请在各种会面场合,实践建立良好气氛的基本方法,体会行为效果,写出感受。

模块二　谈判开局策略

【目标与要求】　能恰当运用谈判开局策略
　　　　　　　　熟练操作一致式开局策略
　　　　　　　　熟练操作保留式开局策略
　　　　　　　　熟练操作坦诚式开局策略
　　　　　　　　熟练操作进攻式开局策略
　　　　　　　　熟练操作挑剔式开局策略

【学习任务】　用一致式开局策略模拟谈判
　　　　　　　用保留式开局策略模拟谈判
　　　　　　　用坦诚式开局策略模拟谈判
　　　　　　　用进攻式开局策略模拟谈判
　　　　　　　用挑剔式开局策略模拟谈判

故事汇

　　1972年2月，尼克松总统应邀访问中国，他在中国欢迎他的仪式上竟然听到了他十分喜爱的美国乡村音乐——《美丽的亚美利加》。他根本没有想到在中国能听到这支赞美他家乡的乐曲，他不禁为中国方面的热情友好所感动。中美的外交谈判也因此更增添了几分友好的气氛。

　　（注：播放乐曲《美丽的亚美利加》，老师朗诵一小段歌词）

故事启发　　通过尼克松喜爱的一首美国乡村音乐，备受世界瞩目的中美谈判在友好、轻松的气氛中拉开了帷幕。这就是一致式开局策略在谈判中作用的体现。

知识库

　　谈判的开局阶段是指谈判准备阶段之后，谈判双方进入面对面谈判的开始阶段。谈判的开局对整个谈判的进行具有举足轻重的作用。从这一阶段开始，双方正式进入面对面谈判，谈判者将获得对方的初次印象，透露出谈判者的基本信息（如性格、风格、态度、策略、期望等），形成谈判的基本气氛，明确双方的基本态度，确定谈判的基本方式和程序。无论选择什么样的最初议题和讨论方式，都会对以后的洽谈及解决方式产生直接影响，甚至会左右整个谈判的格局与前景，谈判开局策略的选择至关重要，见图6-6。

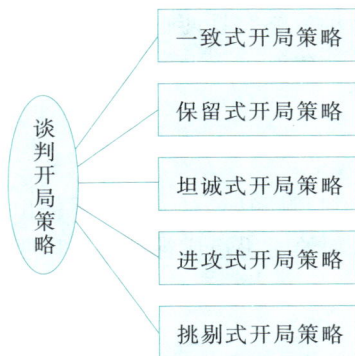

图 6-6 谈判开局策略

一、一致式开局策略

（一）一致式开局策略的含义

一致式开局策略是指在谈判开始时，为使对方对自己产生好感，以协商、肯定的方式，或以对方熟悉的、喜爱的事物为切入点，创造或建立起对谈判的"一致"的感觉，从而使谈判双方在友好、愉快的气氛中不断将谈判引向深入的一种开局策略。

（二）一致式开局策略的运用

现代心理学研究表明，人们通常会对那些与其想法一致的人产生好感，并愿意将自己的想法按照那些人的观点进行调整。这一研究结论正是一致式开局策略的心理学基础。

【案例6-4】

日本首相田中角荣在20世纪70年代为恢复中日邦交前往北京，他怀着等待中日间最高首脑会谈的紧张心情，在迎宾馆休息。迎宾馆内气温舒适，田中角荣的心情也十分舒畅，与随从的陪同人员谈笑风生。他的秘书仔细看了一下房间的温度计，是17.8℃。这个温度是田中角荣平时工作、生活的环境温度，这使田中角荣心情舒畅，也为以后谈判的顺利进行创造了良好的条件。

【案例启示】

17.8℃的房间温度和"故事汇"中的《美丽的亚美利加》乐曲，都是人们针对特定的谈判对手，为了更好地实现己方的谈判目标而对一致式开局策略的运用，它们构成了谈判策略的实际内容，并直接与谈判终局相联系，是承前启后、在谈判全过程中产生直接影响的重要一环，并成功地促进了谈判。

一致式开局策略的运用还有一种重要途径，就是在谈判开始时以问询方式或补充方式诱使谈判对手走入你的既定安排，从而在双方间达成一种一致和共识。所谓问询方式，是指将答案设计成问题来询问对方，如"你看我们把价格及付款方式问题放到后面讨论怎么样"。所谓补充方式，是指通过对对方意见的补充，使自己的意见变成对方的意见。

一致式开局策略可以在高调气氛和自然气氛中运用，但尽量不要在低调气氛中使用，因为在低调气氛中使用这种策略容易使自己陷入被动。如果一致式开局策略运用得好，可以将自然气氛转变为高调气氛。

二、保留式开局策略

（一）保留式开局策略的含义

保留式开局策略是指在谈判开局时，对谈判对手提出的关键性问题不进行彻底、确切的回答，而是有所保留，从而给对手造成神秘感，以吸引对手步入谈判环节的一种开局策略。

（二）保留式开局策略的运用

【案例6-5】

江西省余江工艺雕刻厂原是一家濒临破产的小厂，经过几年努力，发展成为年产值200多万元的大厂，产品打入日本，战胜了在日本经营多年的8家其他国家的厂商，被誉为"天下第一雕刻"。有一年，日本3家株式会社的老板同一天来访，到该厂订货。其中一家资本雄厚的大商社，要原价包销该厂的佛坛产品。这应该说是一个好消息。但该厂想到，这几家原来都是经销韩国、中国台湾产品的商社，为什么不约而同、争先恐后地到本厂来订货？他们翻阅了日本市场的资料，得出的结论是，本厂的木材质量上乘、技艺高超是吸引外商订货的主要原因。于是，该厂采取了"待价而沽"和"欲擒故纵"的谈判谋略。先不理那家大商社，而是积极抓住另两家小客商求货急切的心理，把佛坛的梁、椽、柱，分别与其他国家和地区的产品做比较，不怕不识货，只怕货比货，该厂的产品确实技高一筹。在此基础上，该厂将产品当金条似地争价钱、论成色，使其价格达到理想的高度。随后，该厂与小客商拍板成交，使那家大商社产生将要失去货源的危机感，那家大商社不仅更急于订货，而且想垄断货源，于是大批订货，订货数量超过该厂现有生产能力的好几倍。

【案例启示】

在采用保留式开局策略时，不要违反商务谈判的道德原则，即以诚信为本，向对方传递的信息可以是模糊信息，但不能是虚假信息；否则，会使自己陷入非常难堪的局面之中。

保留式开局策略适用于低调气氛和自然气氛，而不适用于高调气氛。保留式开局策略还可以将其他谈判气氛转为低调气氛。

三、坦诚式开局策略

（一）坦诚式开局策略的含义

坦诚式开局策略是指以开诚布公的方式向谈判对象陈述自己的观点或意见，从而尽快打开谈判局面的一种开局策略。

（二）坦诚式开局策略的运用

坦诚式开局策略比较适合于有长期业务合作关系的双方，双方对以往的合作都比较满意，双方之间相互了解，不用太多的客套，从而减少了很多外交辞令，节省了时间。

直接坦率地提出己方的观点、要求，反而更能使对方对己方产生信任感。

采用这种开局策略时，要综合考虑多种因素，如自己的身份、与对方的关系、当时的谈判形势等。

坦诚式开局策略有时也可用于谈判实力弱势一方的谈判者。当本方的谈判实力明显不如对方，并为双方所共知时，坦率地表明己方的弱点，让对方加以考虑，更表明了己方对谈判的真诚，同时也表明了己方对谈判的信心和能力。

【案例6-6】

北京市门头沟区的一位党委书记在同外商谈判时，发现对方对自己的身份持有强烈的戒备心理，这种状态妨碍了谈判的进行。于是，这位党委书记当机立断，站起来向对方说道："我是党委书记，但也懂经济、搞经济，并且拥有决策权。我们摊子小，实力不大，但人实在，愿真诚与贵方合作。咱们谈得成也好，谈不成也好，至少您这个外来的'洋'先生可以交一个我这样的中国的'土'朋友。"寥寥几句肺腑之言，一下子就打消了对方的疑虑，使谈判顺利地进行。

【案例启示】

坦诚式开局策略可以在各种谈判气氛中运用。这种开局方式通常可以把低调气氛和自然气氛引向高调气氛。

四、进攻式开局策略

（一）进攻式开局策略的含义

进攻式开局策略是指通过语言和行为来表达己方强硬的姿态，从而获得谈判对象的尊重，并借以制造心理优势，促进谈判进展的一种开局策略。

（二）进攻式开局策略的运用

采用进攻式开局策略一定要谨慎，因为在谈判开局阶段就设法显示自己的实力，会使谈判在开局就处于剑拔弩张的气氛中，对谈判的进一步发展极为不利。

进攻式开局策略通常只在下面的情况下使用：发现谈判对手在刻意制造低调气氛，这种气氛对己方的讨价还价十分不利，如果不把这种气氛扭转过来，将损害己方的切实利益。

【案例6-7】

日本一家著名的汽车公司在美国刚刚上市时，急需找一个美国代理商来为其推销产品，以弥补他们不了解美国市场的缺陷。当日本公司准备同美国的一家公司就此问题进行谈判时，日本公司的谈判代表因路上塞车迟到了。美国公司的代表抓住这件事紧紧不放，想要以此为手段获取更多的优惠条件。日本公司的代表发现无路可退，于是站起来说："我们十分抱歉耽误了您的时间，但是这并非我们的本意，我们对美国的交通状况了解不足，所以导致了这个不愉快的结果，希望我们不要再因为这个无所谓的问题耽误宝贵的时间了。如果因为这件事怀疑我们合作的诚意，那么我们只好结束这次谈判。以我们所提出的优惠代理条件在美国是不会找不到合作伙伴的。"

日本代表的一席话说得美国代理哑口无言，美国人也不想失去一次赚钱的机会，于是谈判顺利地进行下去了。

【案例启示】

在这个案例中，日方谈判代表就是采取了进攻式开局策略，阻止了美方谋求营造低调气氛的企图。

进攻式开局策略可以扭转不利于己方的低调气氛，使之走向自然气氛或高调气氛。

五、挑剔式开局策略

（一）挑剔式开局策略的含义

挑剔式开局策略是指开局时，对于对手的某项错误或礼仪失误严加指责，使其感到内疚，从而达到营造低调气氛、迫使对手让步目的的一种开局策略。

（二）挑剔式开局策略的运用

挑剔式开局策略的关键是要抓住对方的弱点和失误，转移其目标视线，这是运用挑剔式开局策略的关键点。

【案例6-8】

巴西一家公司到美国去采购成套设备。巴西谈判小组成员因为上街购物耽误了时间。当他们到达谈判地点时，比预定时间晚了45分钟。美方代表对此极为不满，花了很长时间来指责巴西代表不遵守时间，没有信用，如果再这样下去，以后很多工作很难合作，浪费时间就是浪费资源、浪费金钱。对此巴西代表感到理亏，只好不停地向美方代表道歉。谈判开始以后美方代表似乎还对巴西代表来迟一事耿耿于怀，一时间弄得巴西代表手足无措，说话处处被动。无心与美方代表讨价还价，对美方提出的许多要求也没有静下心来认真考虑，匆匆忙忙就签订了合同。

等到合同签订以后，巴西代表平静下来，头脑不再发热时才发现自己吃了大亏，上了美方的当，但已经晚了。

【案例启示】

本案例中美国谈判代表成功地使用了挑剔式开局策略，迫使巴西谈判代表自觉理亏，在来不及认真思考的情况下，匆忙签下了对美方有利的合同。

挑剔式开局策略的使用也要谨慎，要把握住时机，用得恰到好处；否则，会导致对方的强烈反击，造成己方被动。

训练营

【训练任务6-2】

开局策略。

【任务目标】

（1）使学生掌握开局策略。

（2）培养学生运用开局策略的能力。

【任务内容与要求】

（1）通过牛仔裤交易活动，进行模拟谈判，训练运用开局策略。

（2）应对小组先要说明对方是什么开局策略，本组应如何应对。

（3）要把五种开局策略的特点表现清楚，应对办法要灵活可行，态度认真。

（4）各组选出代表交流体会。

（5）准备时间为10分钟。

【任务组织】（见表6-4）

表6-4　　　　　　　　　　　　　开局策略任务组织表

任务项目	具体实施	时间	备注
开局策略训练	（1）将全班分成A、B两大组（表6-5）。A组为5家牛仔裤经销商，即买方；B组为5家牛仔裤生产厂家，即卖方。A组与B组对应演练 （2）内容是就牛仔裤交易进行模拟谈判 （3）5组分别抽取写好开局策略的题签，按照题签要求设计开局策略 （4）各组总结开局策略应用的体会，并对小组的应对办法进行评价	30分钟	教室内提前准备资料

表6-5　　　　　　　　　　　　　开局策略任务分组表

每组在五种谈判开局策略中各抽取一个		B组应对	
A组应对		每组在五种谈判开局策略中各抽取一个	
A组：买方	1组：4人	B组：卖方	1组：4人
	2组：4人		2组：4人
	3组：4人		3组：4人
	4组：4人		4组：4人
	5组：4人		5组：4人

【任务评价】（见表6-6）

表6-6　　　　　　　　　　　　　开局策略任务评价表

评价指标	评价标准	分值（分）	评估成绩（分）	所占比例
开局策略运用对五种开局策略的把握	1.理解开局策略的含义	15		70%
	2.对所抽取的开局策略理解深刻	30		
	3.表演真实	15		
	4.遵守活动要求	10		
	5.开局设计合理	10		
	6.效果明显	10		
	7.活动评估	10		
教学过程	参与、态度和热情	100		30%
综合得分				

金钥匙 🔑

开局阶段要注意的事项

■ 要表述简洁。由于开局阶段时间比较短，因此提问和陈述都要尽量简洁，切忌滔滔不绝，要在最短的时间内表达出最主要的内容。

■ 要有合作精神。开局阶段要给对方足够的机会交流意见，认真倾听不同设想。只要有可能，就尽量提一些能使双方达成一致的意见，使谈判之初就体现出合作的精神。

■ 要愿意接受对方意见。在开局阶段，只要对方的建议是合理的、正当的，就应尽量对对方的建议表示赞同。通常来说，赞扬对方的观点比反对对方的观点效果要好得多。

超链接6-2　策划开局策略时应考虑的因素

1.关系因素

（1）如果双方有过业务往来，且关系很好，在这种情况下，开局阶段的气氛应是热烈、真诚、友好和轻松愉快的。开局时，我方谈判人员在语言上应是热情洋溢的；在内容上，可以畅谈双方过去的友好合作关系；在态度上，应该比较自由、放松、亲切。

（2）如果双方有过业务往来，但关系一般，那么开局的目标是要争取创造一个比较友好、和谐的气氛。但是，我方谈判人员在语言的热情程度上要有所控制；在内容上，可以简单聊一聊双方过去的业务往来及人员交往，亦可说一说双方谈判人员在日常生活中的兴趣和爱好；在姿态上，可以随和自然。

（3）如果双方有过一定的业务往来，但我方对对方的印象不好，那么开局阶段的谈判气氛应是严肃、凝重的。我方谈判人员在语言上应在注意礼貌的同时做到严谨，甚至可以带一点冷峻；在内容上，可以就过去双方的关系表示不满和遗憾，以及希望通过磋商来改变这种状况；在态度上，应该充满正气，与对方保持一定距离。

（4）如果过去双方人员并没有过业务往来，那么第一次交往应力争创造一个真诚、友好的气氛，以淡化和消除双方的陌生感以及由此造成的防备心理，从而为后面的实质性谈判奠定良好的基础。

2.实力因素

就双方的实力而言，不外乎有以下三种情况：

（1）双方谈判实力相当，为了防止从一开始就强化对手的戒备心理和激起对方的对立情绪，以致影响实质性谈判。在开局阶段，要力求创造一个友好、轻松、和谐的气氛。我方谈判人员在语言和姿态上要做到轻松而不失严谨，礼貌而不失自信，热情而不失沉稳。

（2）如果我方的谈判实力明显强于对方，为了使对方能够清醒地意识到这一点，并且在谈判中不抱过高的期望，产生威慑作用又不至于将对方吓跑。在开局阶段，我方在语言和姿态上，既要表现得礼貌友好，又要充分显示出自信和气势。

（3）如果我方的谈判实力弱于对方，为了不使对方在气势上占上风，从而影响后面的实质性谈判。在开局阶段，我方在语言和姿态上，既要表示出友好、积极合作的态度，又要充满自信、举止沉稳、谈吐大方，使对方不至于轻视我们。

课后思考：

1. 谈谈五种开局策略的特点和作用。
2. 查找资料，列举出其他开局策略的特点和作用。

项目七
报价、讨价和还价技巧

【目标与要求】
- 熟悉报价策略
- 了解讨价还价的含义
- 能运用报价技巧进行谈判
- 能运用讨价和还价技巧进行谈判

【学习任务】
- 用报价技巧模拟谈判
- 用讨价技巧模拟谈判
- 用还价技巧模拟谈判

模块一　报价技巧

【目标与要求】　了解报价的含义
　　　　　　　　熟悉价格战术原则
　　　　　　　　熟悉报价的方法

【学习任务】　买一次商品，留意对方报价的特点
　　　　　　　用价格战术原则模拟报价
　　　　　　　操作报价方法

故事汇

爱迪生的报价

爱迪生还在某公司做电气技师时，他的某项发明获得了专利权。一天，公司经理派人把爱迪生找来，表示愿意购买他的发明专利，并问爱迪生希望得到多少钱。

爱迪生巧妙地回答："我的发明对公司有怎样的价值，我并不清楚。请你说一说吧！"这样在无形中，把球踢给了对方，让经理先报价。

经理果然先报价了："40万美元，怎么样？"

爱迪生内心笑了……

谈判很快就结束了。

事后，爱迪生对别人说："我原来只想把专利卖5 000美元。因为其他实验还等着用钱，所以再便宜些我也肯卖的。"

故事启发　　爱迪生就是靠这位经理的先报价，才及时修改了自己的报价，得到了他意想不到的收获，也为他继续从事研究发明事业打下了经济基础。

知识库

一、什么是报价

报价是就某种商品价格及有关交易条件所做出的发盘行为。这里的报价，指包括价格在内的关于整个交易的各项条件，如商品的数量、质量、包装、装运、保险、支付、

商检、索赔和仲裁等。

报价是商务谈判的一个重要阶段，是谈判者利益要求的"亮相"，交易条件的确立是以报价为前提的。报价不仅表明了谈判者对有关交易条件的具体要求，也集中反映了谈判者的需要与利益。通过报价，谈判者可以进一步了解和分析彼此的意愿和目标，以便有效地引导谈判行为。在报价时要明白以下几点：

（1）报价的根本任务是正确表明己方的立场和利益。

（2）报价应以影响价格的各种因素为基础，在合理的范围内报出。

（3）报价时要考虑己方可能获得的利益和对方能否接受。

（4）对卖方而言，报价要高。

二、报价的原则

报价要通过反复比较和权衡，设法找出报价者所得利益与该报价被接受的成功率之间的最佳结合点，这就是报价最基本的原则。谈判实践告诉我们，报价需要遵循下述几项原则，如图7-1所示。

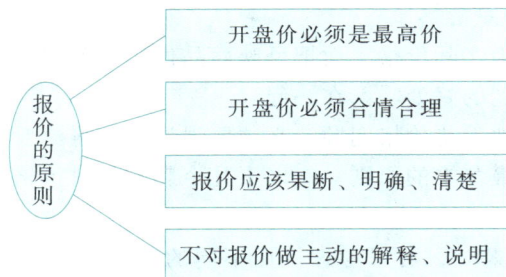

图 7-1　报价的原则

1.开盘价必须是最高价

对卖方而言，开盘价必须是最高的（相应地，对买方而言，开盘价必须是最低的），这是报价的首要原则。

2.开盘价必须合情合理

开盘价必须是最高的，但这并不意味着可以漫天要价。报价应该控制在合理的范围内。提出的开盘价，既要考虑己方的最高利益，又要兼顾对方能够接受的可能性。所以，在确定报价水平时，报价应该高到你再也找不到提高价格的理由为止。

3.报价应该果断、明确、清楚

报价要坚定而果断地提出，没有保留，毫不犹豫，这样才能给对方留下认真而诚实的印象。

4.不对报价做主动的解释、说明

开盘时，不需要对所报价格做解释、说明和辩解。在对方提出问题之前，如果己方主动进行解释，不仅无助于增加己方报价的可信度，反而会因此而使对方意识到己方最关心的问题是什么。如果对方提出问题，也只可以做简明的答复。过多的说明或辩解还容易使对方从中发现己方的破绽和弱点，让对方寻找到新的进攻点和突破口。

三、价格的构成

价格的构成，见图7-2。

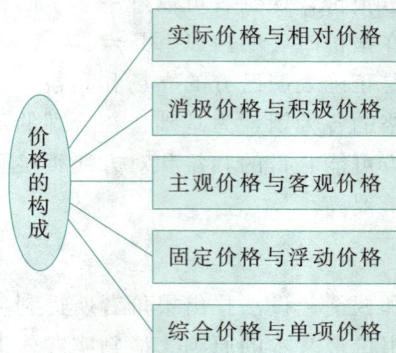

图7-2　价格的构成

（一）实际价格与相对价格

单纯的产品标价即为实际价格，而把反映商品使用价值的价格称为相对价格。相对价格完全与对方即将得到的好处联系在一起。

为了引导对方正确地看待价格问题，必须要强调产品将给对方带来的益处和经济上的好处，这是价格谈判最基本的原则。有以下几个影响相对价格的因素可以运用：

1.支付方式的选择

在使用相对价格因素时，可以考虑使用不同的支付方式，如优惠的付款条件、赊账、分期付款、非现金付款（支票、信用卡或用其他产品抵偿）、详细注明各种收费缘由的发票、在对方资金不紧张的时候支付等。

2.各方面的优惠以及周到的服务

在交易中给对方各种优惠，如提供一些不收费的小零件或样品，免费向对方提供一些廉价的备用件等，以增进友谊。在谈判中，给对方以周到的服务和相当的礼遇，并在交易活动的始终提供有益的帮助和建议，这样可以影响对方对价格的看法，对方会把任何一种额外的服务项目看成是某种形式的减价。

3.强调购销差价和产品的复杂性

在原材料和半成品的商务谈判中，谈判人员一定要设法搞清所销原材料或半成品的价格与成品售价间的比例。成本占其全部收入的比例越小，价格问题就越显得微不足道；反之，对方必然对价格问题斤斤计较。产品的复杂性和技术含量也是一个可以利用的价格因素。

4.提供对方急需的产品

对方对产品的需要越急切，对产品价格的敏感程度越低；反之，对产品的敏感程度就越高。

5.实际价值与价格对比

如果某产品经过使用其价值仍然不变，或者对方认为所谈项目是一项好的投资，那么对方对价格的敏感性就会减弱。一般来说，避免蒙受损失和获得某种形式的节省，两者的效果是一样的。如果一种产品经过一段时间的使用仍能转卖出去，那么购买这种产品的风险和所能带来的损失就极小了，对方对价格的承受能力也就大得多了。比如一部机器设备的价格是 10 000 元，使用两年后还可以卖 6 000 元，那么对方对价格就不会那样敏感。

6.企业信誉

众所周知，企业信誉越好，客户对企业的忠诚度越高，对价格的敏感程度越低。

7.安全感

向对方显示你的可靠性或向对方提供某种保证，让对方有安全感，可以降低价格在对方心目中的地位。

8.大宗交易

大宗交易中的数量对价格有一定影响，购买产品数量越多，价格越低。

9.心理价格

在人们的心目中，99 元和 100 元是不一样的，这 1 元之差，会给人一种"便宜"或"贵"的感觉。

10.产品的功能和优点

针对对方的实际需要，详细列出各种可以使价格显得比较便宜的因素，并在与对方的洽谈中不断加以运用，这样洽谈就会变得顺利一些。

（二）消极价格与积极价格

我们把能够使对方产生消极反应的价格叫消极价格，而把能够使对方产生积极反应的价格叫积极价格。其实，价格的高低，很难一概而论，同一价格，不同的人由于需求不同，会有不同的态度。

（三）主观价格与客观价格

在价格谈判中，人们往往追求"物美价廉"，总希望货物越优越好，而价格越低越好，这就是主观价格。但实际上，如果真的"物美"，势必"价高"；否则，卖者就会亏本。所以，在通常情况下，"物美价廉"是没有的，或者是少有的。客观价格是指针对产品本身所具有的各种功能和特点的市场相对价格。谈判者不应过分强调主观价格，忽视客观价格，而应遵循价值规律，这样才能实现公平交易和互惠互利。

（四）固定价格与浮动价格

商务谈判中的价格谈判，大多数是按照固定价格展开的，但不是所有的价格谈判都应当采用固定价格，尤其是大型项目的价格确定，应该采用固定价格与浮动价格相结合的方式。

（五）综合价格与单项价格

在商务谈判，特别是综合性交易的谈判中，当双方进行整体性讨价还价而出现互不相让的僵局时，可以改变一下谈判方式，将整个交易进行分解，对各单项交易逐一进行单项价格的磋商。这样，不仅可以通过对某些单项交易的调整，使综合交易更加符合实际需要，而且可以通过对单项价格的进一步磋商，使综合价格合理化。一个综合性的技术引进项目，通过单项价格谈判，不仅可以使综合项目得到优化，而且可以使综合价格大幅度降低。

四、报价策略的运用

交易谈判的报价是一个必不可少的阶段，只有在报价的基础上，双方才能进行讨价还价。报价之所以重要，就是因为报价对讨价还价乃至整个谈判结果会产生实质性影响。基于这一点，我们把报价作为策略来研究，见图7-3。

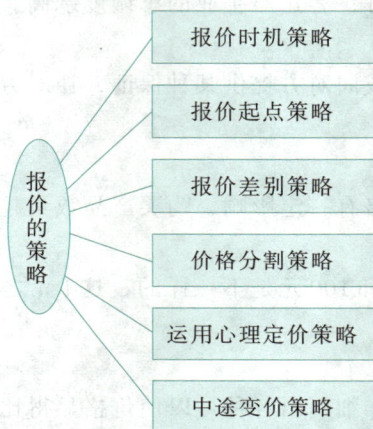

图 7-3 报价的策略

（一）报价时机策略

在价格谈判中，报价时机也是一个策略性很强的问题。有时，卖方的报价比较合理，但并没有使买方产生交易的欲望，原因往往是买主首先关心的是此商品能否给他带来价值，能带来多大的价值，其次才是带来的价值与价格的比较。所以，在价格谈判中，应当首先让对方充分了解商品的使用价值和能为对方带来多少收益，待对方对此产生兴趣后再谈价格问题。实践证明，提出报价的最佳时机，一般是对方询问价格时，因为这说明对方已对商品产生了购买欲望，此时报价往往水到渠成，比较自然。

有时，在谈判开始的时候对方就询问价格，这时最好的策略应当是听而不闻。因为此时对方对商品或项目尚缺乏真正的兴趣，过早报价会增加谈判的阻力。这时应当首先谈该商品或项目的功能、作用，能为交易者带来什么样的好处和利益，当对方对此商品或项目产生兴趣、交易欲望已被调动起来时，再报价比较合适。当然，若对方坚持即时报价，也不能故意拖延；否则，就会使对方感到不受尊重甚至反感，此时应采取建设性的态度，把价格同对方可获得的好处和利益联系起来一起介绍，效果较好。

总之，报价时机策略往往体现为价格谈判中相对价格原理的运用。

（二）报价起点策略

价格谈判的报价起点策略，通常是卖方报价起点要高，即"可能的最高价"；买方报价起点要低，即"可能的最低价"。这种做法已成为商务谈判中的惯例。同时，从心理学的角度看，谈判者都有一种要求得到比他们预期得到更多的心理倾向。实践证明，若卖方开价较高，则双方往往能在较高的价位成交；若买方出价较低，则双方可能在较低的价位成交。

对于卖方来讲，高报价的优势如下：第一，卖方的报价事实上给谈判的最后结果确立了一个终极上限。在谈判中，除非有极特殊、极充分的理由，否则报价之后再提价是要极力避免的，而且对方也不会接受你报价后的提价。第二，采取高报价为卖方让步留有较大的余地，有利于卖方在必要情况下做出让步，打破僵局。第三，报价高低影响对方对己方潜力的评价。报价越高，对方对报价的潜力评价越高；反之，对方对报价的潜力评价越低。第四，报价高低也直接反映了报价方的期望水平。一般来讲，期望水平高，报价也高，成功的可能性也大，获利也多。

买方采取低报价策略是因为：第一，买方的报价是向对方表明要求的标准，尽管双方都知道这个标准将有所调整，但报价低会给对方很大的心理压力。第二，买方报价的高低也反映了他的期望水平、自信与实力。第三，报价低为谈判中的价格调整与让步留出了较大的余地。

（三）报价差别策略

由于购买数量、付款方式、交货期限、交货地点、客户性质等方面的不同，同一商品的购销价格也不同。这种价格差别，体现了商品交易中的市场需求导向，在报价策略中应重视运用。例如，对老客户或大批量购买的客户，为了巩固良好的客户关系或建立起稳定的交易联系，可适当实行价格折扣；对新客户，有时为了开拓新市场，也可适当给予折扣；对某些需求弹性较小的商品，可适当实行高价策略等。

（四）价格分割策略

价格分割是一种心理策略。卖方报价时采用这种策略，能制造买方心理上的价格便宜感。价格分割包括两种形式：

（1）用较小的单位报价。例如，茶叶每千克200元报成每两10元；大米每吨2 000元报成每千克2元。国外某些厂商刊登的广告也采用这种技巧，如淋浴器广告——"淋浴一次仅需8便士"，油漆广告——"油漆1平方米只要5便士"，巴黎地铁公司的招商广告——"每天只需付30法郎，就有200万旅客能看到你的广告"。用小单位报价比用大单位报价会使人产生便宜的感觉，更容易使人接受。

（2）用较小商品的单位价格进行比较。例如，"每天少抽一支烟，就可以订一份××报纸"，或者"使用这种电冰箱平均每天需要0.5元电费，0.5元只够吃1根最便宜的冰棍"。用小商品的价格去类比大商品，会给人以亲近感，能拉近与消费者之间的距离。

（五）运用心理定价策略

人们在心理上一般认为9.9元比10元便宜，而且认为零头价格精确度高，能够给人以信任感，容易使人产生便宜的感觉。像这种在十进位以下的且在心理上被人们认为较小的价格称为心理价格。因此，市场营销中有奇数定价这一策略。例如，标价 79.00 元，而不标价 80 元；标价 19.90 元而不标价 20 元。这 1 分钱、1 角钱或者 1 元钱之差，能够给人"大大便宜"的感觉。心理价格定价策略在国内外都被广泛采用。

（六）中途变价策略

中途变价策略是指在报价的中途，改变原来的报价趋势，从而争取谈判成功的报价方法。所谓改变原来的报价趋势，是指买方在一路上涨的报价过程中，突然报出一个下降的价格，或者卖方在一路下降的报价过程中，突然报出一个上升的价格，从而改变了原来的报价趋势，促使对方考虑接受你的价格。

大量的谈判实践告诉我们，许多谈判者为了争取更好的谈判结果，往往以极大的耐心，没完没了地要求，再要求，争取，再争取。碰到这样的对手实在让人头痛，尽管已经满足了他的许多要求，使他一次又一次地受益，可他似乎还有无数的要求。这时对付他的有效方法就是中途变价策略，即改变原来的报价趋势，报出一个出乎对方意料的价格，从而遏制对方的无限要求，促使其尽早下决心进行交易。

五、报价策略的技巧

报价策略的实施有赖于各具特点的报价技巧的运用，这是选择和运用报价策略的基本要求，见图 7-4。

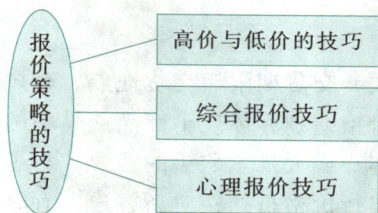

图 7-4　报价策略的技巧

（一）高价与低价的技巧

在报价欲得利益与买方可能接受的区间内，报高价还是报低价，最终取决于产品的特点，以及市场需求状况。报高价可以赚取较大的利润，在有可能的情况下，任何厂商都不会放过此良机，但所报价的产品必须具有"新、奇、稀、缺"等特点，且市场无有力竞争对手，产品供不应求，需求弹性小。报低价大多数是由于客观情况所迫（也有个别是主动的、故意的），即不具有报高价的条件，如竞争品或替代品多、产品进入成熟期、客户接受的可能性较小等。

（二）综合报价技巧

谈判中不存在孤立的价格问题。产品价格不仅本身有弹性，而且由于与其他交易条件有着密不可分的联系，更使报价具有广泛的回旋余地。尤其是经过数轮的讨价还价，各方的意见都已表达清楚，或者价格本身的谈判艰难，或者价格有可能已趋于一致，这时重新报价，可以充分运用带有附带条件的综合报价技巧。

1.附带数量条件的报价技巧

附带数量条件的报价技巧，即卖方为了鼓励买方大量或集中购买，而根据购买数量或金额来确定报价水平。如果购买量（或金额）小，则价格可适当报高一点或者是报一般价格；如果购买量（或金额）大，则价格可适当报低一些。购买量（金额）越大，价格折扣越大。比如，一箱水果的价格是40元，10箱可能就是380元，20箱只要740元。再如，制造商为了鼓励客户大量地购买成套设备，在优惠报价的同时，也会以免费赠送一些零件、易损件的方法促使交易达成。

2.附带支付条件的报价技巧

附带支付条件的报价技巧，即卖方视对方的支付方式与实际情况来确定报价水平，因为不同的支付方式包含的经济含义、风险不同。例如，在国际贸易中，信用证的收汇风险极小，相比之下，托收的风险就较大。报价时，前者肯定会低于后者。再如，即期付款、分期付款和延期付款不仅涉及风险问题，还涉及利息损失，所以在报价时，对它们各有不同的价格也是自然的。

3.附带供货时间的报价技巧

附带供货时间的报价技巧，即买卖双方根据供货期间的产品供求状况及季节性来确定报价水平。显然，供不应求、处于旺季的产品，价格要高一些；而供过于求、处于淡季或过季的产品，价格就要低一些。

4.附带成交时间的报价技巧

附带成交时间的报价技巧，即卖方为了鼓励买方立即或在规定的时间内按既定的报价成交，而提出一定比例的折让等优惠条件。这种技巧在商务谈判中经常被采用，而且对买方接受既定的报价或立即成交有较大的促进作用。

（三）心理报价技巧

我们不敢夸大心理报价技巧对一些经验丰富的谈判者有多么大的作用，但是可以肯定，根据客户心理因素，采用不同的报价技巧会有积极的效果。

1.尾数报价技巧

尾数报价技巧，即利用人们接受价格的某种心理因素及有特殊意义的尾数报价的技巧。利用尾数报价能够迎合客户或消费者的心理，理由主要有以下四个：

第一，在产品质量及其他条件一定的情况下，小于整数的带尾数的价格，总是使人感觉便宜，如2 980元要比3 000元使人感觉便宜很多。

第二，价格一般是按照实际成本加上适当的利润计算出来的，计算后的价格是整数的情况通常属于巧合，往往会给人一种价格不真实的感觉。

第三，带尾数的价格容易使人产生"去尾数""不凑整数""便于计算"等心理，有利于讨价还价，尽快成交。

第四，利用某些民族、地区以及商人对某些数字的偏好心理，有时也会使价格更容易被接受。例如，香港市民对6、8、9很喜欢，因为它是"禄""发""久"的谐音；日本人对4和5很忌讳，因为它是"死"与"苦"的谐音；有些商人还有自己的吉利数字。

2.整数报价技巧

整数报价技巧，即根据某些特殊商品和特殊消费的特点，利用人们"求高贵""求豪华""讲排场"等心理进行整数报价的技巧。例如，对于名贵的西服、豪华的轿车、高档的电器、个性化的服务等，整数报价可能会更迎合有特殊需要和较高消费层次的客户的心理需要，便于他们选购、消费。

3.声望报价技巧

声望报价技巧，即利用客户追求名牌、讲求优质、显示身价等心理，有意提高报价的技巧。因为著名企业、名牌产品、高科技产品会给客户带来更好的效益，给人以安全感。这样既可以增强报价者的信心，也可以使对方觉得产品质量可靠，刺激购买欲望。

4.习惯报价技巧

习惯报价技巧，即根据某些产品的通行价格和客户习惯准备支付的价格报价的技巧。例如，一些进入成熟期的日用品的价格一般是相对固定的，人们往往在心理上习惯于根据价格来判断卖者的诚意，衡量所卖产品的品质。如果价格高了，会影响销售；如果价格低了，会使客户认为产品质量存在问题。对于这种类型的产品，即使成本下降了，也不能轻易降价；若成本增加了，也不能轻易涨价，只能薄利多销。

5.招徕报价技巧

招徕报价技巧，即以各类特种促销方式，满足客户特种购买心理的报价技巧。为了吸引客户，使客户接受所报价格，可以用"特价"或"拍卖"等报价形式，或者为客户提供诸多周到舒适的服务，或者有意降低主产品价格，然后提高附件和零配件价格等形式，达到招徕客户的目的。

训练营

【训练任务7-1】

报价与探测价格底线。

【任务目标】

帮助学生提高探测临界价格的能力。

【任务内容】

（1）12家公司就牛仔裤交易进行模拟谈判。

（2）利用报价和探测价格底线的谈判技巧。

（3）以探测牛仔裤临界价格为目的，有意识地使用相关策略和技巧与商家谈判。

【任务要求】

（1）要把买卖双方报价、探测价格底线的方法表现清楚，态度认真。

（2）活动结束后，各组要认真总结谈判情况，要求每组选出一名代表在课堂上叙述活动过程。

（3）准备时间为10分钟。

【任务组织】（见表7-1）

表7-1　　　　　　　　　报价与探测价格底线任务组织表

任务项目	具体实施	时间	备注
报价与探测价格底线	（1）将学生分为12家公司：6家公司为采购商；6家公司为销售商。每家公司4个人 （2）就5 000条牛仔裤交易进行谈判。卖方价格统一规定（买方不知） （3）6对公司同时进行谈判，然后分别汇报谈判结果 （4）组织学生集体讨论	30分钟	教室内提前准备资料

【任务评价】（见表7-2）

表7-2　　　　　　　　　报价与探测价格底线任务评价表

评价指标	评价标准	分值（分）	评估成绩（分）	所占比例
理解报价 报价训练 探测情况 配合情况	1.谈判中理解报价的含义	20		70%
	2.能灵活运用报价策略	20		
	3.能运用报价技巧	20		
	4.探测到的价格底线接近实际	10		
	5.模拟真实	10		
	6.相互配合默契	10		
	7.活动效果评估	10		
教学过程	参与度、态度和热情	100		30%
综合得分				

金钥匙

■ 报价时，不要对己方报价作过多解释、说明，必须要解释时，应遵循这样的原则：（1）不问不答；（2）有问必答；（3）避实就虚；（4）能言不书。

■ 无论你是买方还是卖方，尽量不先报价，诱导对方先出价，先探测对方的价格期望，然后逐步探究对方的价格底线，这对己方十分有利。

超链接7-1　在哪些情况下客户对产品价格高低不敏感

至少在下列情况下，客户对产品价格的高低是不敏感的：

（1）客户急需时，就不会特别注重价格，如果自己销售的产品正是客户迫切需要的东西，那么客户主要关心的可能不是价格，而是交货期。

（2）产品越高级，价格对成交影响越小。企业销售高档耐用品、高级工艺品，价格问题就显得微不足道。

（3）把购买某种产品作为投资时，购买者对价格不会太敏感。黄金首饰价格虽然昂贵，但买的人并不少，因为购买黄金首饰是一种投资。

（4）出售的产品在客户购买的产品中所占的比例越小，客户越少考虑价格因素。一件产品价格的贵和廉是相对的，这往往取决于价格占客户收入的比例。例如，一台价值 8 000 元的液晶电视，在目前对经济收入较高的个体户来说并不贵，但对一般的工薪阶层来讲，就不便宜。

（5）经销商考虑利润多一些，较少关心产品价格。对产品的经销商来说，他们主要考虑获利程度，相对来说不太关心产品的价格。如果价格低的产品有利可图，他们就对价格低的产品感兴趣；如果价格高的产品有利可图，他们就对价格高的产品感兴趣。

（6）友好的态度，可影响客户对价格的看法。在产品销售过程中，如果经销人员对客户的服务态度好，如接待热情、介绍详细、协助购买、免费送货等，那么客户即使多付些费用也是乐意的。他们会把经销人员的任何一种服务项目都视为某种形式的减价。

课后思考：

1.列出报价的原则和方法。

2.两个人组合，进行报价练习，写出过程。

模块二　讨价和还价技巧

【目标与要求】 能合理运用讨价的方法
能合理运用还价的方法

【学习任务】 运用讨价的方法进行模拟谈判
利用相关的知识进行价格评论
寻找还价的时机
用还价的方法进行模拟谈判

故事汇

巧妙的讲价者

在某时装区，当某一位顾客在摊前驻足，并对某件商品多看几眼时，早已将这一切看在眼里的摊主就会前来搭话："看得出你是诚心来买的。这件衣服很合你的意，是不是？"察觉到顾客无任何反对意见时，他会继续说："这件衣服标价150元，对你优惠，120元，要不要？"如果对方没有表态，他可能又说："你今天身上带的钱可能不多，我也想开个张，成本价卖给你，100元，怎么样？"顾客此时会有些犹豫，摊主又会接着说："好啦，你不要对别人说，我就以120元卖给你。"早已留心的顾客往往会迫不及待地说："你刚才不是说卖100元吗？怎么又涨价了？"此时，摊主通常会煞有介事地说："是吗？我刚才说了这个价吗？啊，这个价我可没什么赚头啦。"稍作停顿，他又说："好吧，就算是我错了，那我也讲信用，除了你以外，不会再有这个价了，你也不要告诉别人。100元，你拿去好了！"

故事启发　卖主假装口误将价格涨了上去，诱使顾客做出反应，巧妙地探测并验证了顾客的购买需求，起到了引蛇出洞的效果。在此之后，卖主再将涨上来的价让出去，就很容易促成交易。

知识库

无论你承认与否，谈判本身就是讨价还价，你要获取或保住利益，就必须掌握这种技巧。有些看似态度强硬的谈判对手，只要他是为了目标而来，就肯定不是如他所表现的那样言不二价，他最终会在讨价还价的拉锯战中让步。而你在某种程度上放弃原则是很危险的，只有在不违背大原则的前提下调整自己的报价，双方才能从讨价还价中获益。

一、什么是讨价和还价

在日常的买卖活动中，人们习惯于把讨价和还价连起来说，但在谈判学上，讨价和还价是两个不同的概念。

（一）讨价的概念

讨价是指卖方报价后，买方不同意卖方的报价，要求卖方重新报价或改善报价的行为。买方讨价是要求卖方降低价格；卖方也可以向买方讨价，卖方讨价是要求买方提高价格。

（二）还价的概念

还价是指卖方报价后，要求买方报价，买方报出自己希望成交的价格。卖方还价是在买方报出价格后不满意，又提出新的报价（低于上次报价）。

二、讨价和还价的技巧

讨价和还价首先要尊重对方，把对方看成合作者。没有对方的配合，己方的利益也无从获取。在某些交易市场上，买卖双方相互谩骂甚至攻击的行为时有发生。这种谩骂、攻击谈判对手的做法毫无疑问是愚蠢的，只能导致谈判彻底破裂。讨价还价只能采取说理的方式，诱导对方接受己方的条件。你为自己的价格准备的理由越多，就越有说服力，对方就越有可能接受你的价格。

（一）讨价的原则、次数和技巧

1.讨价的原则

（1）若首次讨价，就能得到对方改善报价的反应，说明对方报价中的策略性虚报部分可能较大，价格中所含的虚头、水分较多，也可能表明对方存在急于促成交易的心理。但是一般来说，报价者开始都会固守自己的价格立场，不会轻易还价。另外，即使报价方做出改善报价的反应，还要分析其让步是否具有实质性内容。

（2）讨价要对事不对人，对人和蔼，对事坚决。要采用循循善诱的办法，启发对方，诱使对方降价，并为还价做好准备。如果在讨价还价的阶段就采取硬挤、硬压的手段，会使谈判过早进入僵局阶段，不利于谈判的顺利进行，应尽可能使谈判保持和气生财的气氛，以求取得最好的效果。

2.讨价的次数

对于买方，要讨价几次合适，没有永远不变的确定答案，而要根据对价格的分析情况与卖方的价格解释和价格的改善状况而定，只要对方没有明显让步，就意味着还有降价的可能。为了实现利润目标，不暴露底价，卖方可能在做了一两次价格改善之后，就会打住，会说："这是我的最后价格了，不能再降价了，已无利润可言了，已与进货价差不多啦，仅仅挣一个跑腿钱而已。"请求买方接受他的第二次、第三次改善价格，或者要求买方还价。此时，只要没有实质性改善，讨价方就应继续抓住报价中的实质性内容或关键的谬误不放，不要为卖方的"表演"所感动。同时，买方应依据对方的权限、成交的决心继续实施讨价策略。

讨价时应揣摩心理，掌握次数，以理服人，见好就收。

3.讨价的技巧

讨价刚开始时，买方对卖方价格的具体情况尚欠了解，因此应进行全面讨价，即要求对方从总体上改善报价。先要求对方对价格进行解释，这有助于买方获得对方价格的构成、有没有水分、哪些地方水分大、哪些地方水分小、对方的准备是否充分等重要信息，以使后面的讨价更有针对性。

讨价进入具体内容阶段时，应进行有针对性的讨价，即在对方报价的基础上，找出明显不合理、虚头、水分大的项目，针对这些明显不合理的部分，要求改善报价。可先逐项讨价，再进行总体讨价。如果要购买很多东西，那么应该先逐项讨价，逐项去掉水分，然后要求对方在总价上再给一定的优惠。逐项讨价时，应先讨对方报价中水分最多或金额最大的部分，这是谈判的核心问题，决定着整个谈判的成败。核心问题谈赢了，谈判就对己方有利了。所以，谈判的"大赢家"一定会先设法在核心问题上取得优势，再进行其他问题的谈判。核心问题谈不好，却在其他地方斤斤计较，是谈判者抓不住重点和缺乏洞察力的表现。

讨价进入最后阶段时，讨价方在做出讨价表示并得到对方反应之后，必须对此进行策略性分析。

需要注意的是，讨价的过程就是让对方自己挤去水分的过程。讨价多少次为宜，要看你的谈判对手。只要对方还肯让步，你就可以一直讨下去，一直讨到对方不肯再让步为止。

【案例7-1】

老王想买一套全毛的西装。他先逛了杭州大厦和杭州百货大楼，没有看见自己中意的西装。接着又转到了银泰百货的绅士馆，发现"Sartore"品牌专柜的一套西服，颜色、款式他都喜欢，试穿之后也非常合身。老王心想：就买这套了。看了一下价格，标价2 800元。

老王对营业员说："这套西服还可以，穿起来也很合身，就是价格太高了，现在打几折？"

营业员回答："现在搞活动，打9.5折。"

绝大多数人认为银泰百货是不能讨价还价的。但老王是学谈判的，他想试试看，说不定能把价钱还下来。于是就说："9.5折才便宜了140元钱，还是太贵了。我好不容易找到一套满意的西服，你得给我便宜些。"

营业员说："请你稍等一下，我先帮这位先生买好衣服。"老王一听，有戏了，可以把价钱砍下来，只是旁边还有一位先生在买衣服，现在不方便讨价还价。等了几分钟后，他看到那位先生以9.5折买了一套"Sartore"的西服。

等那位顾客走了之后，老王告诉营业员："我今天看了很多衣服，就这套比较合身，但是价格实在太高了，便宜点我就买一套。"

　　营业员说："现在是销售旺季，不可能便宜很多，你也看到了，前面那位顾客就是9.5折买的，我看你也是有诚意买的，给你9折的优惠。"

　　老王内心暗自高兴：才说了一句话，就比前面那位便宜了0.5折，140元，不错啊。他不露声色地继续讨价："还是太贵了，一件衣服要2 500多元，一个月工资才多少啊，这个价钱不行。"

　　营业员说："这是品牌西服，物有所值。但听你这么说，就8.5折吧，最低了。"

　　老王摇摇头说："还是太贵，我从来没买过这么贵的衣服。"

　　营业员笑着说："先生，我们这个品牌也没有过这么低的折扣，这已经是很优惠的价格了。"

　　老王说："你今晚已经卖了一套，把钱赚到了，要是能再卖一套，营业额就5 000多了，所以我这套你应该少赚一点。"

　　营业员说："你真会说话，8折吧，不要再还价了。"

　　老王想：岂有不还之理！在接下来的谈判中，老王主要做的事就是摇头，同时告诉营业员一些她应该继续降价的理由："我要是买了这套西服，下个月连吃饭的钱都没了。""要是我以这个价格买下，回家非被老婆教训不可。""我买了这套衣服，起码两年内不能买新衣服了。"……结果该营业员从8折让到7.5折，从7.5折让到7.3折，又从7.3折让到7.2折。到了7.2折之后再也不肯让了，说是从来没碰见过老王这么会计价还价的顾客，再让下去非被老板开了不可。老王听她说到老板，觉得有些奇怪，就问她："你不是经理吗？怎么还有老板呢？"

　　她说："这个专柜的衣服都是老板自己的，我只是帮老板卖衣服的，我真的没有办法了。"

　　老王说："这样吧，我也不想再为难你，你把老板的电话给我，我和他谈，难得有一位对他的品牌这么欣赏的顾客，他应该高兴的。"

　　营业员犹豫了一下，说道："还是我来打吧。"她拨通了老板的电话，向老板汇报了一下情况：有位顾客已经讨价还价20多分钟了，给他7.2折还要再便宜。老王没听见老板和她说了些什么。她挂好电话告诉老王，老板同意再降一点，7.1折，另送我两双"Sartore"的袜子。

　　老王说："当老板的怎么这么没气魄啊，才让0.1折？"

　　营业员说："老板也没卖过这么低的价格，你已经是个例外了。"

　　老王说："不行，你和他说了这么多话，他才让这么一点，我不要了。"说完，就做出要走的样子。

　　营业员一看老王要走，连忙说："哎，你等等，真没办法，做一回不赚钱的买卖吧，算了，7折。"

　　老王边走边说："6折怎么样？"

　　营业员听见老王还6折，有些失望，不再管他了。老王走出了10多米，营业员也没来叫住老王。老王想：看来价格真的到底了，可以回去买下了。他在商场里随便转了一下，3分钟之后以7折1 960元的价格买下了西服，比前一位顾客便宜了700元。老王几乎有点不敢相信，在银泰百货能省下这么多钱！

【案例启示】

　　银泰百货的这位营业员非常有礼貌，态度也很认真，但没有掌握讨价还价的基本技巧。在老王讨价的过程中，卖方一共让步了8次，结果老王还没还价，卖方自己就把水分挤干了。卖方应该在让步一次之后，就要求老王出价。另外，如果卖方善于思考和判断，就不会让老王的"哭穷策略"得逞（若真没饭吃，就不会看上标价2 800元的衣服），如果卖方咬住价格，哪怕一点都不让步，老王也许照样会买下。

　　当然，要想全面掌握讨价还价的技巧和艺术，仅仅知道以上这些是远远不够的，还必须配合谈判的各种策略。一个谈判者仅仅知道讨价还价的步骤就像是一名律师刚刚懂得了诉讼的基本程序。律师的真正水平体现在对复杂案情的分析、合乎逻辑的推理以及精彩绝伦的辩论上。谈判高手的真正水平则体现在对各种谈判策略的娴熟运用、高超的说服技巧以及出神入化的心理战术上。

（二）还价的原则、方式和策略

1.还价的原则

（1）还价前，需要了解对方报价的全部内容，摸清其真实意图。

（2）逐项核对报价中的各种条件，在对方的解释和说明中寻找还价依据和弹性幅度。

（3）如果对方报价与己方提出的还价条件相差太大，可不必草率提出自己的还价，应先拒绝对方的报价；也可中断谈判，或让其在重新谈判时另行报价。

2.还价的方式

（1）根据价格分析方法划分

还价的方式根据价格分析方法的不同，可以分为按分析比价还价和按分析成本还价两种。

按分析比价还价是指己方不了解所谈产品本身的价值，而以其相近的同类产品的价格或竞争者产品的价格做参考进行还价。这种还价的关键是所选择的用来对比的产品是否具有可比性，只有比价合理，才能使对方信服。

按分析成本还价是指己方能计算出所谈产品的成本，然后以此为基础再加上一定百分比的利润作为依据进行还价。这种还价的关键是所计算成本的准确性。成本计算得越准确，谈判还价的说服力越强。

（2）根据每次还价项目的多少划分

还价的方式根据每次还价项目的多少，可以分为单项还价、分组还价和总体还价三种。

单项还价是指对主要设备或商品逐项、逐个进行还价，对技术费、培训费、咨询费、工程设计费、包装费、运输费逐项还价。比如对成套设备，按主机、辅机、备件等项目还价。

分组还价是指把谈判对象划分成若干项目，并按每个项目报价中所含水分的多少分成几个档次，然后逐一还价。对价格水分高的，还价时可以多压一点；对价格水分低的，还价时可以少压一点。

总体还价，又叫一揽子还价，是指不分报价中各部分所含水分的差异，均按同一个百分比还价。

以上还价方式如何选取应用，应本着哪种方式更有道理、更有说服力，就采用哪种方式的原则。强调"讲理"，并不排斥技巧性，况且怎样做到"讲出道理来"，本身就有技巧在内。

具体地讲，还价方式的选择取决于手中掌握的比价材料。如果比价材料丰富且完备，自然应按比价还价，这对于买方来讲简便、容易操作，对卖方来讲容易接受；反之，就用分析成本还价。

当卖方价格解释清楚，买方手中比价材料丰富，卖方成交心切且有耐心及时间时，采用逐项还价对买方有利，对卖方也充分体现了"理"字，卖方也不会拒绝，卖方可以逐项防守。

当卖方价格解释不足，买方掌握的比价材料少，卖方有成交的信心，性急且时间紧时，采用分组还价的方式对双方都有利。

当卖方报价粗而且态度强硬，或双方相持时间较长，但都有成交愿望时，在卖方已做过一两次调价后，买方可以对"货物"和"软件或技术费"两大块进行还价。不过，还价得巧。"巧"既要考虑卖方改善报价过高的态度，又要抓住卖方理亏的地方；既要考虑买方的支付能力，又要注意掌握卖方的情绪，留有合理的妥协余地，做到在保护买方利益的同时，使卖方感到有获利的希望而不会丧失成交信心。

3.还价的策略

（1）为了使谈判进行下去，卖方在做了数次调价以后，往往会要求买方还价，买方也应还价以表示对对方的尊重和自己的诚意，同时也给谈判确定方向。还价一定要谨慎，还得好，则可谈性强，对双方都有利；还得不好，不仅自己的利益要受到损失，而且可能引起对方的误解或反感，使谈判陷入僵局，甚至破裂。

（2）还价是在买方讨价几次之后，应卖方的要求给出的价格。还价的过程是买方继续挤去价格中水分的过程。经过数次讨价，对方不肯再让步的时候，就需要你来帮他挤出水分，你应该狠狠地往下一还。这一还一定要让对方不肯卖给你。若对方只是象征性地讨价一下就卖给你，说明你的还价还不够狠，水分还没挤干。只有对方在这个价位不肯卖给你的时候，才能说明水分挤干了。

（3）如果说报价划定了讨价还价范围的一个边界的话，那么还价将划定与其对立的另一条边界，双方将在这两条边界所规定的区域内展开激烈的讨价还价。

（三）讨价还价的策略

讨价还价主要有4种策略，见图7-5。

1.投石问路策略

要想在谈判中掌握主动权，就要尽可能地了解对方的情况，尽可能地了解和掌握当己方采取某一步骤时，对方的反应、意图。投石问路策略就是了解对方情况的一种战略战术。运用此策略的一方主要是在价格条款中试探对方的虚实。例如，买方想要试探卖

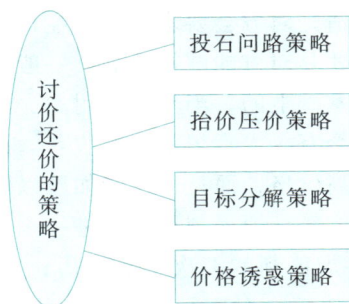

图7-5　讨价还价的策略

方在价格上有无回旋的余地，就可提议："如果我方增加购买数量，你们可否考虑优惠一下价格呢？"或者再具体一些："购买数量为1 000件时，单价是10元；如果购买数量为2 000件、5 000件或10 000件，单价又是多少呢？"这样，买方就可以根据卖方的开价进行选择比较，讨价还价。

一般地讲，任何一块"石头"都能使买方更进一步了解卖方的商业习惯和动机，而且卖方难以拒绝。买方选择投石问路策略时，可采用的提问形式主要有：

（1）如果我方和你方签订了为期一年的合同，你方的价格优惠是多少？

（2）如果我方以现金支付或采取分期付款的形式，你方的产品价格有什么差别？

（3）如果我方给你方提供生产产品所需的原材料，成品价又是多少呢？

（4）我方有意购买你方其他系列的产品，能否在价格上再优惠一些呢？

（5）如果货物运输由我方解决，你方的价格是多少呢？

（6）如果我方要求你方培训技术人员，你方可否按现价出售这套设备？

（7）如果我方要求对原产品有所改动，价格上是否有变化？

（8）假设我方买下你方的全部存货，报价又是多少？

反过来，卖方使用投石问路策略时，可采取以下措施：

（1）找出买方购买的真正意图，根据买方情况估计其购买规模。

（2）如果买方投出一个"石头"，最好立刻回敬一个。例如，买方探询数量与价格之间的优惠比例，卖方可立刻要求对方订货。

（3）并不是买方提出的所有问题都要正面回答、马上回答，有些问题拖后回答，效果也许更好。

（4）使对方投出的石头为己方探路。例如，买方询问订货数额为2 000件、5 000件、10 000件时的优惠价格，卖方可以反问："你希望优惠多少？"

有的时候，买方的投石问路反倒为卖方创造了极好的机会，针对买方想要知道更多资料信息的心理，卖方可以提出许多建议，从而促使双方达成更好的交易。

2.抬价压价策略

在谈判过程中，没有一方一开价，另一方就马上同意，双方拍板成交的，都要经过多次抬价、压价，才能互相妥协，确定一个一致的价格标准。所以，谈判高手也是抬价、压价的高手。抬价压价策略是商务谈判中应用最普遍、效果最显著的策略。

由于谈判时，抬价一方不清楚对方会要求多少，在什么情况下妥协，所以这一策略运用的关键就是价格抬到多高才是对方能够接受的。一般来讲，抬价是建立在科学的计算，精确的观察、判断、分析基础上的。当然，忍耐力、经验、能力和信心也是十分重要的。事实证明，抬高价往往会有令人意想不到的收获。许多人常常在双方已商定好的价格基础上，又反悔变卦、抬高价格，而且往往能如愿以偿。

抬价的作用还在于：卖方能较好地遏制买方的进一步要求，从而更好地维护己方利益。美国谈判专家麦科马克参加谈判的一次亲身经历，很好地说明了这一问题。有一次，他代表公司交涉一项购买协议，对方开始开价50万元，他和公司的成本分析人员都深信，只要用44万元就可以完成这笔交易。一个月后，他开始和对方谈判，但对方又声明原先的报价有误，现在开价60万元。这反倒使麦科马克先生怀疑自己原先的估计是否正确。直到最后，当他以50万元的价格与对方成交时，竟然感到非常满意。这是因为，他认为是以低于对手要价10万元的价格达成了交易，而对方则成功地遏制了他的进一步要求。

在讨价还价中，双方都不能确定对方能走多远，能得到什么。因此，时间越久，局势就会越有利于有信心、有耐力的一方。

压价可以说是对抬价的破解。如果买方先报价，则买方可以低于预期目标的价格进行报价，留出讨价还价的余地。如果卖方先报价，买方压价，则买方可以采取多种方式：

（1）揭穿卖方的把戏，直接指出实质。比如算出对方产品的成本费用，挤出对方报价的水分。

（2）制定一个不能超过预算的金额，或是价格的上、下限，然后在这个价格范围内，进行讨价还价。

（3）用反抬价来回击。如果在价格上迁就对方，必须在其他方面获得补偿。

（4）召开小组会议，集思广益思考对策。

（5）在合同没有签订好以前，要求对方做出某种保证，以防对方反悔。

（6）对方在合同上签字的人越多越好，这样对方就难以改口。

3.目标分解策略

是否善于讨价还价，反映了一个谈判者的综合能力与素质。不要把讨价还价局限在要求对方降价或己方降价的问题上。例如，一些技术交易项目或大型谈判项目涉及许多方面，技术构成也比较复杂，包括专利权、专有技术、人员培训、技术资料、图纸交换等方面。因此，对方在报价时，价格水分较大。如果笼统地要求对方在价格上做机械性的让步，既盲目，效果也不理想。比较好的做法是，把对方报价的目标进行分解，从中寻找出哪些技术是己方需要的，价格应是多少，哪些是己方不需要的，哪一部分价格水分较大，这样讨价还价就有利得多。

例如，我国一家公司与德国仪表行业的一家公司进行一项技术引进谈判。对方向我方转让时间继电器的生产技术，对方报价40万美元。德方依靠技术实力与产品品牌，在转让价格上坚持不让步，双方僵持下来，谈判难以进展。最后，我方采取目标分解策略，要求德商就转让技术分项报价。结果，通过对德商分项报价的研究，我方发现德商提供的技术转让明细表上的一种时间继电器元件生产技术——石英振子技术，我国国内厂家已经引进并消化吸收，完全可以不再引进。以此为突破口，我方与德方商洽，逐项讨论技术价格，将转让费由40万美元降至25万美元，取得了较为理想的谈判结果。

运用这一策略的另一种方式，就是将分解后的目标进行对比分析。例如，一家药品公司向兽医们出售一种昂贵的兽药，价格比竞争产品贵很多，所以销售人员在向兽医们推销时，重点强调每头牛只需花3美分，这样价格就显得微不足道了；但如果他们介绍每一包要花30美元，显然就是一大笔款项了。

4.价格诱惑策略

价格在谈判中十分重要，这是因为许多谈判就是价格谈判。即使不是价格谈判，双方也要商定价格条款。价格最直接地反映了谈判双方各自的切身利益。自然，围绕价格的战术策略，常常具有冒险性和诱惑性。

价格诱惑策略就是卖方利用买方担心市场价格上涨的心理，诱使对方迅速签订购买协议的策略。例如，在购买设备的谈判中，卖方提出年底之前，价格随市场行情大约上涨5%。如果对方打算购买这批设备，在年底前签协议，就可以以目前的价格享受优惠，合同可年底执行。如果此时市场价格确实浮动较大，那么这一建议就很有吸引力。买方就有可能趁着价格未变之机，匆忙与对方签约。这种做法看起来似乎是照顾了买方的利益，实际上并非如此，买方甚至会因此吃大亏。其原因主要有以下三点：

第一，在上述情况下，买方在签署合同时，往往没有对包括价格在内的各项合同条款从头到尾地进行仔细认真的谈判，实际上只是在卖方事先准备好的标准式样合同上签字，很少能做大的修改、补充。这样，买方应争取的各项优惠条件和让步，就很难写入这种改动余地很小的合同中。

第二，由于合同订得仓促，因此很多重要问题都被忽视了。卖方常常会以事先已"照顾了买方的利益"为由而在谈判中坚持立场，寸利不让。买方也会为了达成协议，过于迁就对方。

第三，谈判人员签订这种价格保值合同时，为了抓住时机，常常顾不上请示其上级或公司董事会的同意而"果断"拍板，由于合同的实际执行要等到很久以后，因此它所包括的一切潜在问题不会立即暴露出来。但一旦出现问题，其后果就无可挽回了。

由此可见，价格诱惑策略的实质，就是利用买方担心市场价格上涨的心理，把谈判对手的注意力吸引到价格问题上来，使其忽略对其他重要合同条款的讨价还价。对买方来讲，尽管避免了可能由于涨价带来的损失，但可能会在其他方面付出更大的代价，牺牲更重要的实际利益。因此，买方一定要慎重对待价格诱惑，必须坚持做到：首先，计划和具体步骤一经研究确定，就要不动摇地去执行，排除外界的各种干扰。所有列出的谈判要点，都要与对方认真磋商，绝不随意迁就。其次，买方要根据实际需要确定订货单，不要被卖方在价格上的诱惑所迷惑，买下一些并不需要的辅助产品和配件，切忌在时间上受对方期限的约束而匆忙做出决定。最后，买方要反复协商，推敲各项项目合同条款，充分考虑各种利弊关系。签订合同之前，还要再一次确认。为确保决策正确，请示上级、召集谈判小组会议都是十分必要的。

三、讨价还价方法的拓展运用

（一）故意找碴法

俗语里有"鸡蛋里挑骨头"，又有成语"吹毛求疵"，都是说人有一种挑剔的习惯，再好的东西也可以从中找出毛病来。这种技巧往往被买方用来压低卖方的报价，方法是故意找碴儿，提出一大堆问题及要求，其中有些问题确实存在，有的问题则是"鸡蛋里挑骨头"，故意制造出来的。

【案例7-2】

美国谈判学家罗伯斯有一次去买冰箱。营业员指着罗伯斯要的那种冰箱说："259.5美元一台。"接着，罗伯斯导演了一部精彩的"喜剧"。

罗伯斯："这种型号的冰箱一共有多少种颜色？"

营业员："共有32种颜色。"

罗伯斯："能看看样品本吗？"

营业员："当然可以。"（说着立即拿来了样品本）

罗伯斯边看边问："你们店里的现货中有多少种颜色？"

营业员："基本上都有。请问您要哪一种？"

罗伯斯指着样品本上有但店里没有的颜色说："这种颜色同我的厨房墙壁颜色相配！"

营业员："很抱歉，这种颜色现在没有。"

罗伯斯："其他颜色与我的厨房颜色都不协调。颜色不好，价钱还那么高，要不便宜一点儿，我就要去其他商店了，我想别的商店会有我要的颜色。"

营业员："好吧，便宜一点儿就是了。"

罗伯斯："可这台冰箱有些小毛病！你看这里。"

营业员："我看不出什么。"

罗伯斯："什么？这个毛病尽管小，可是冰箱外表有毛病通常不都要打点儿折扣吗？"

营业员："……"

罗伯斯打开冰箱门，看了一会儿说："这冰箱带有制冰器吗？"

营业员："有！这个制冰器每天24小时为您制冰块，1小时才3美分电费。"（他认为罗伯斯对制冰器感兴趣）

罗伯斯："这可太糟糕了！我的孩子有轻微哮喘病，医生说他绝对不可以吃冰块。你能帮我把它拆下来吗？"

营业员："制冰器没办法拆下来，它和整个制冷系统连在一起。"

罗伯斯："可是这个制冰器对我根本没用！现在我要花钱把它买下来，还要为它付电费，这太不合理了！当然，假如价格可以再降低一点的话……"

结果，罗伯特以相当低的价格——不到200美元买下了他十分中意的冰箱。

【案例启示】

罗伯斯的"挑剔"在日常工作与生活中绝不是可取的，但在谈判过程中，买方却往往会利用这种方法与卖方讨价还价。为此，国外谈判学家曾经做过很多这方面的实验，实验表明：其中一方用这种方法向对方提出的要求越多，得到的也就越多；提出的要求越高，结果也就越好。

谈判者在知道如何运用故意找碴法的同时，还应该做好在谈判中应付这样难缠对手的准备。

一般来说，可以这样来应付：

（1）作为卖方，你首先应该有这样的心理准备，买方总是挑剔的，这是他的权利。

（2）对付任何难缠的挑剔者，最好的武器是耐心加笑容。

（3）要观察和识别挑剔者是否真心要达成交易，假如挑剔者根本没有成交的诚意，那只需用心平气和的微笑来对付他就足够了；假如挑剔者真心要达成协议，那就要看对方的挑剔及问题是否确实存在。

（4）除了"心平气和"这一招外，对付有意成交者的挑剔，也不妨来个针锋相对，即把对方无中生有找出来的问题，毫不留情地打发回去，只要来那么几下，常常会使对方不能再挑剔下去。例如，在上面的案例中，高明的营业员对付罗伯斯对冰箱颜色的挑剔，可以这样打发他："你要的那种颜色是畅销货，价格要贵得多！"对付罗伯斯说冰箱有小毛病的挑剔，可以说："正因为有所谓的小毛病，现在才卖这个价，否则要高得多。"对付罗伯斯要拆掉制冰器的挑剔，可以说："你要的这种冰箱都有制冰器，看来你只能到冰箱厂去定做一个了。"

试想，一旦罗伯斯连碰几个这样的钉子，他还能挑剔什么呢？

（二）暗示的"信号"

有一位著名心理学家表示，人与生俱来就带有受暗示性这种特性。这是一种无意识的自我保护能力，也是人的本能。在商业谈判中，富有深意的暗示也是一种很有效的谈判技巧，常会给谈判对手造成一定的影响。

【案例7-3】

在美国，有一对夫妻希望卖掉一处房产，便给房地产代理商打电话，代理商的回复是：因为最近做卖房登记的人实在太多，没有时间立即处理他们的房产，所以预约了一个时间，邀请这对夫妻到他的办公室商量。当这对夫妻来到代理商的办公室时，发现有许多等待处理的房产，顿时以理想的价格处理掉房产失去了信心。

【案例启示】

谈判者应当善于使用信号，它是十分有用的讨价还价技巧。它能向对方表露你自己追求的高度；它将唤起对方的热情，期待着某种情况的出现；它表明什么时候事情将取得进展，以及解决问题的办法在什么地方；它将向对方暗示准备成交、做出让步、否决或确定最终和解的范围。

【案例7-4】

崭新的冰鞋一般要卖50元一双，有位零售商在街边摆出的货摊上以每双38元的价钱出售。有个过路人用挑衅的口气对零售商说，他愿意以28元的价钱购一双，商人毫不犹豫地拒绝了他。过了一会儿，商人无意中听见有一个男人向他妻子说，他希望给儿子买一双冰鞋，刚才经过前一个摊时，冰鞋卖24元一双，他问妻子是不是记得那个摊位的位置。这对夫妇正要离开时，妻子好像忽然注意到这个路边货摊上出售的冰鞋，于是那个男人彬彬有礼地询问："这位先生或许愿意每双也卖24元，是吗？"接着他说他的妻子与孩子们快要没饭吃了，就由于他买了一艘漂亮的游艇，可是他的儿子是那么想有一双冰鞋，如此等等，他说了许多。双方都笑了起来，商人尽管嘟囔着他赔本了，还是以24元的价格将冰鞋卖给了那个男子。

【案例启示】

第一个顾客因为没有在价格问题上与卖主进行接触，所以他失败了。他突如其来地开口给价28元，大大低于商人开出的价钱，商人自然不愿跟他做生意。可是在第二种情况下，先生与妻子之间的对话是有预谋的，尽管故意却又不是很明显。那个男人在商人的听力所及的范围内发出了他所期望的价钱的信号，而他们继而又要走开，这令商人以为他将失去一位可能成交的买主，这样，他们一面有礼貌地开着玩笑，一面就将生意做成了。

因此，应当让你的期望变成降落伞。在对方询问你的要求时，将它在较高的空中打开，使他能够看得见。等降落伞慢慢向地面落下，生意自然而然就成交了，谈判成功了！

（三）化整为零法

如果你准备向对手推销价格不菲的产品，不妨化整为零，尽量缩小你的建议与对方实际情况之间的差距。

在你向对方要价时，你应把价格说得看起来并不高，所以要将它分成一小股一小股地说出来。不过，在你向对方提出各种好处时，为了使好处显得十分可观，就要把它们合并在一块儿，一次提出来。例如，某家药品公司向医院的医生们出售一种昂贵的药品，同竞争对手相比，这家药品公司的价格贵得有些离谱。因而，推销员们向医生们表明，每个人只要多花30元，这根本就算不上什么。但假如他说每包要多花30元，这听起来就是一大笔钱了。

你也可以将钱分散在一段时间内，使每一段时间的钱显得十分少。一个销售发动机的商人告诉他的用户，他的发动机质量、性能非常好，至少可以用10年，这样，每个星期的费用还不到3元，假如用户保养得当，使用的期限就会延长，其费用可以很容易地降到每星期2元以下。事实上，他销售的发动机每台的价格为1万元，这个价格在同类商品中并不低。

还有另外一些将价格"说小"的方法，比如，你可以说明等价的花费可以买到什么东西，假如对方不买你的东西，会在价格上吃什么亏。当然，你必须证明你的要价是公道的，要向对方说明那些特殊的性能和高价的原材料。要时刻想着比你要价高的竞争对手，应毫不手软地对比你和他的报价。如果竞争对手的要价高，那么在买主的眼里，竞争对手的产品质量可能要比你的产品质量好一些，这时，你可以向顾客强调，尽管与竞争对手的产品去比较吧。同时，你应当告诉他，对于价廉的竞争者你从来不害怕，因为他们知道自己值多高的价。

可是，假如你想得到高于竞争对手的价格，你务必要具有更大的影响，同时要与对路子的顾客打交道。你一定要首先向他宣扬你的产品的优越性，激发他的兴趣，激发他的热情，最后告诉他价钱。假如你是买方，相反的原则也是适用的。不要让他们向你宣传货物的优点，首要的事情是让对方告诉你价钱怎样，将价格想象成一个而且是唯一一个可以打动你的因素。不过要注意，你不能让对方仅受那些合同条文的约束，还要让你自己有完全的自由，以便将某些不能事前估计到的服务内容添加到先前的合同中去。

（四）从小处入手

对于大型设备、成套项目及较复杂的交易，还价可以采用分批还价的方式。一般可先对"差距小"的项目还价。这样做的好处是：还价相对易于被对方接受；能够激发对方谈判的热情；能够了解对手谈判的风格。假如谈判出现了僵持局面，不妨考虑在"小处"先做某些让步。例如，对方报价的主机价格为60万元，技术费为20万元，零部件价格为8万元，那么还价可以先从零部件或技术费入手，一旦谈判顺利，再开始谈主机价格。

（五）把握时机

讨价还价应当考虑到次序、条件、节奏、时间等问题。

（1）在次序上，通常是对方报价在先，还价在后，你来我往，你不进我不退，双方一同向成交区域靠拢。

（2）在条件上，要以报价条件改善后的情况作为还价的前提，如卖方改善后的价格是不是合理，是不是进入了自己的成交区域。目标不达，还价不止。

（3）在节奏上，还价应当有张有弛，切不可无的放矢。在首轮讨价还价后，二次还价一定要对对方的重新报价做出明确的反应，并对自己的意见进行论证，以后还价还可以在"艰难时期"过后，以"最终价"压向对方。

（4）在时间上，还价也有讲究。以两天的谈判为例：第一天上午，在报价方阐述立场后，通过反复提问与讨论，可以考虑第一次还价，如此一来，在上午结束前，可以听到对方对还价的反应，又可以要求对方在下午重新出价。第二次还价可以根据具体情况放在第二天上午10点左右。假如仍有余地，还可以在最后期限到来之前的下午或晚上再进行还价，以令对方在危急关头权衡利弊，做出最后让步。

（六）利用竞争的局面

在一些价格构成比较复杂的商品或者大型工程承包中，讨价还价的一方为争取有利的成交条件，应当充分制造或利用竞争的局面。比如，采用"货比三家"的方法，可令多个卖方主动做出价格解释，证明其报价与交易条件的合理性。又如，在工程项目承包中，利用招标方法，可以让各个承包商为了战胜竞争对手，除了提高工程质量外，还尽可能地压低工程报价。

【案例7-5】

上海甲公司欲引进外墙防水涂料生产技术，日本乙公司与香港丙公司报价分别为22万美元和18万美元。经调查了解，两家公司技术与服务条件大致相当，甲公司有意与丙公司成交。在终局谈判中，甲公司安排总经理与总工程师同乙公司谈判，而全权委托技术科长与丙公司谈判。丙公司得知此消息后，主动大幅度降价至10万美元与甲公司签约。

【案例启示】

甲公司充分制造和利用了竞争的局面为自己谋得了利益。

【练一练】 7-1

假如你正在和某个顾客商谈销售1 000件羊毛背心，你报价100元/件，顾客只同意支付90元/件，经过多轮讨价还价，最终，95元的价格双方都能接受。这时候顾客想：我已经从100元降到了95元了，再谈谈，说不定还能降低呢！于是他说："我最后请示一下我的领导吧！"（注意他应用了更高权威策略）几分钟过后，他说："很抱歉，我的领导不同意95元的价格，现在的生意也不好做，我想，如果是94.5元，我现在马上就可以和你签订合同！"

你该怎么应对？

①同意94.5元的价格，双方签订合同。

②不同意，双方谁也下不了台，无法合作。

优秀的谈判人员，会这么处理：

①意识到对方只是在引诱自己，看看能否把价格再降低一点，保持镇静。

②明确告诉顾客："我无法再让步了，这样吧，让我回去请示一下领导，明天再答复你！"

③次日，再次和顾客见面，一副很抱歉的样子："实在是对不起，我们昨天商量了很长时间，结果发现，我昨天犯了一点小错，成本核算出了点问题。我知道我们昨天商定的价格是95元，但我们恐怕无法接受这个价格，我们现在所能接受的最低价格是95.4元。"

这就是典型的更改报价法的收回条件策略。但在使用时，切记：千万不要收回那些比较重要的条件，这样可能会激怒对手。

收回条件策略是一把双刃剑，有时更像是一场赌博，使用时一定要选择好对象，你可以通过收回免费送货、免费安装、免费培训或者延长付款日期等条件来收回自己刚刚做出的价格让步。它的作用是促使对方尽快做出决定，有时能促成一笔交易，有时也能破坏一笔交易。

一旦发现对手在使用这个策略，一定要立刻予以还击，你可以要求对方先解决好内部问题，双方再展开真正有效的谈判。

最后，需要强调的是：谈判结束之后，一定要记得祝贺对方！一定要让对方感觉自己赢得了胜利！

【练一练】7-2

　　你想到一家公司担任某一职务，你希望年薪5万元，而老板最多只能给你4万元。老板说："给你这个数是非常合理的，不管怎么说，在这个等级里，我只能给你3万元到4万元，你看你要多少？"很明显，你会说"4万元"。而老板好像不同意，说："3.5万元如何？"你继续坚持4万元。结果老板投降。

　　你对这个结果是否满意？为什么会出现这样的结果？

　　如果你不接受，你应采取什么策略？

训练营

【训练任务7-2】

讨价还价。

【任务目标】

帮助学生提高价格谈判的能力。

微课 16

谈判的机理

【任务内容】

（1）就牛仔裤交易进行模拟谈判。

（2）利用讨价还价策略与技巧，通过不同的报价、讨价还价策略，得出不同的结论。

【任务要求】

（1）要把买卖双方报价、探测价格底线、讨价还价的策略表现清楚，态度认真。

（2）活动结束后，各组要认真总结谈判情况，要求每组选出一名代表在课堂上叙述活动过程。

（3）准备时间为10分钟。

【任务组织】（见表7-3）

表7-3　　　　　　　　　　　　讨价还价任务组织表

活动项目	具体实施	时间	备注
讨价还价	（1）将学生分成12个公司：6个公司为采购商；6个公司为销售商。每个公司4个人 （2）就5 000条牛仔裤交易进行谈判。具体分组和相关资料课堂分发，各组互相不知 （3）6对公司同时进行谈判，然后分别汇报谈判结果 （4）组织学生集体讨论	30分钟	教室 分组资料（公司名称、人员）

【任务评价】（见表7-4）

表7-4   讨价还价任务评价表

评价指标	评价标准	分值（分）	评估成绩（分）	所占比例
讨价还价情况 表演情况 效果	1.理解讨价和还价的含义	20		70%
	2.能灵活运用讨价和还价策略	20		
	3.能运用讨价和还价技巧	20		
	4.遵守活动时间	10		
	5.表演真实	10		
	6.效果明显	10		
	7.活动评估	10		
教学过程	出勤、态度和热情	100		30%
	综合得分			

金钥匙

- 放弃对你没有价值的东西。
- 设法用你放弃的东西交换对你有价值的东西。
- 你放弃的东西只能是你能够承担得起的东西。
- 你要清楚，你对自己放弃的东西，今后不会后悔。
- 不能得到相应的回报，你绝对不能放弃任何东西。
- 使用交易习惯用语，如"如果……那么……"等。
- 不要使用令人讨厌的"对，但是……"之类的词语。
- 通过谈判所得到的每一分钱都是额外的纯利润！世界上没有比谈判更快的赚钱方式！

超链接7-2　发现对方价格临界点的方法

在价格谈判中，想要获得更多的利益，就要发现对方可接受的临界点价格，也就是探测对方价格的底线，即"探底"。如何发现对方的临界点，需要运用一些策略来实现。

1.买方发现卖方价格临界点的方法

（1）假买探测法。买方利用假装要购买额外的东西来发现卖方的降价幅度，从而发现卖方愿意接受的最低价格。如卖方在其他产品上从10元降到5元，可以发现其降价幅度为50%。

（2）出价考察法。买方想知道卖方是否愿意以100元的价格出售，买方给出60元的价格来请卖方考虑，然后观察卖方的反应，买方就可以大概了解卖方的最低售价。

（3）增加批量法。买方首先确定单价，然后增加购买数量，看对方降价的幅度，从而发现卖方的最低出售价格。

（4）使之放松警惕法。买方先对卖方的产品表示浓厚的兴趣，然后借口无力支付这么高的价格，表示非常遗憾，最后诚恳地问卖方的最低价是多少。

（5）设托的方法。让另一个人出低价来试探卖方的反应，再由真正的买方和卖方议价。

（6）比较法。买方告诉卖方自己所经历过的价格或自己所知道的别人购买的价格，用以试探卖方对于低价格的反应。

（7）更改报价法。买方先出不太低的价来吸引卖方的兴趣，然后假装发现出错了价格，再撤回原先的出价，以更低的价格试探对方。

（8）买方先考虑购买品质较差的产品，然后设法以较低的价格购买品质较好的产品。

（9）买方先和卖方说好交易内容，反复考虑后，向卖方提出必须再降低一部分价钱，才可以成交。

（10）先使谈判快速进行，买方尽可能使卖方做出最大让步，即使破裂也无妨，然后请第三者来仲裁，并且使对方做出更大的让步。

（11）买方用"这是我出的最高价格，不接受这个价格就算了"的方法来试探卖方的反应。

（12）买方用"我这样做，你那样做"的策略来试探卖方愿意接受的最低价格。买方以让步来交换卖方的让步，假如卖方让步了，再以这个问题作为出发点继续尝试。

（13）买方用"合起来多少钱"的方法来发现卖方可以接受的最低价。买方先问卖方两个物品合起来的价钱，再询问其中一个物品的价钱（其中价格高的那个），然后和卖方商量另一个已经较为便宜的价格。

（14）直接让对方摊牌，说出可以接受的最低价格。

2.卖方发现买方价格临界点的方法

（1）卖方假装和买方讨论另一物品的价格，以此来试探买方所出的价格从10元可以涨至多少元，从而发现买方愿意接受的最高价格。

（2）卖方先给买方一个价格，然后让买方考虑，看看买方的反应，卖方就可以了解买方心中的价钱或者买方预算的金额。

（3）卖方先提供某些没有的东西，探询买方愿意付出的价格，然后再以另外的东西来求得更高的价格。

（4）卖方通过询问买方的购买量，来试探买方可以接受的最高价格。

（5）卖方先出价，然后以此为基础找出买方愿支付的价格。买方愿支付的价格通常很低廉，卖方对此要表现出惊奇的样子，再做出显然无法做成交易的表示，然后要求买方诚恳地告诉他最高的出价是多少，作为未来交易的参考。这时买方心中已经松懈下来，就会开始说给卖方听，卖方说他会请示上司。隔一段时间后，卖方又提出对自己有利的最后价钱，通常买方还是会接受的，这个交易对双方都有利。

（6）卖方通过询问买方所了解的市场行情和对市场行情的看法，来发现买方可以接受的最高价格。

（7）卖方告诉买方其他已成交的买卖，用以试探买方对于高价格的反应。

（8）卖方先出低价来吸引买方的兴趣，然后假装发现一个错误，撤回原先的出价。

（9）卖方根据买方拥有资金的多寡，试探买方对一批产品是否真有兴趣，先谈高质高价产品，再逐步降低档次。

（10）卖方先和买方说好交易内容，反复考虑后，告诉买方自己没有利润，必须将价钱提高一点，看买方的反应。

（11）卖方也可以使用"仲裁"的策略，先使谈判快速进行，尽可能使买方做出最大让步，然后再请第三者来仲裁，并且使买方做进一步的让步。

（12）卖方可以用"这是最后的价格，否则就算了"的策略来试探买方的反应。

（13）卖方可以用"我这样做，你那样做"的策略来试探买方可以接受的最高价格。

（14）卖方可以把两个以上的产品合在一起进行报价，然后询问买方可以接受的价格，从而发现单个产品买方可以接受的价格。

（15）卖方也可以直接向买方询问可以出的最高价格，这样可能双方会互相摊牌，快速成交。

课后思考：

1.总结出讨价和还价的技巧。

2.请利用购物之机，到不标价的商场进行下述两项实践：

（1）讨价和还价。

（2）以探测卖者底线价格为目的，有意识地使用相关策略与技巧讨价还价，并写出过程和感受。

项目八
谈判的让步

【目标与要求】 • 熟悉让步原则
• 能合理运用让步技巧进行谈判
• 理解迫使对方让步的策略

【学习任务】 • 用让步技巧进行模拟谈判，总结经验教训
• 用迫使对方让步的策略进行谈判，交流体会
• 在模拟谈判中，总结阻止对方进攻的方法

模块一　谈判让步概述

【目标与要求】　掌握让步的原则
熟悉让步的技巧

【学习任务】　按照让步的原则和技巧模拟交易谈判
总结模拟谈判的体会

故事汇

互惠的让步

某星期天，先生问太太："今天到哪儿去走走啊？"（协商谈判开始）

太太说："随便。"（不出牌）

于是先生建议："我们去听歌剧好了。"（出第一张牌）

太太反对："少附庸风雅了，你哪懂歌剧！"（拒绝）

先生想了想："那我们下个馆子好了。"（出第二张牌）

太太也反对："每次你就只会吃，那么胖了还吃！"（二次拒绝）

先生于是再修正他的建议："那去滨海公路走走好不好？不然去看场电影……"（每一个提议，都代表先生价值偏好的排列顺序，可能越到后面的提议越是先生不想要的。但现在急了也没办法了！他把这些提议一股脑儿全摆在桌上，只要能说动太太出去走走，就比在家里强了）

"百货公司打折，我想去买个皮包。"（太太终于出牌了）

"早说嘛！"在经过一段长时间的不断尝试提议之后，先生原先的"期待"也被磨低了。但他还是不放弃谈判："好吧！那我们就去买皮包，不过买完你要陪我去吃大闸蟹，你知道我等吃大闸蟹已经等好几个月了。"

"好啦！不过你得答应我别点太多，大闸蟹好贵的！好吗？"

太太提出了妥协的建议，老公点头，于是双方找到了立场的均衡点。

故事启发　　用"博弈理论"来解析谈判，即两个谈判者心中都有几个理想的解决方案，各自按优先顺序排列妥当。谈判开始后，双方（或其中一方）就根据自己的理想打出第一张牌，这张牌通常是对自己最好的，或是自己最喜欢的，但通常都不为对方所接受。于是，在被拒绝后，经过修正，再打出第二张牌。同时，对方可能也打出一张牌，结果不为己方接受，于是再去修正，打出第三张牌。就这样彼此相互修正，最后达到一个双方都认为可以接受的均衡点，这就是互惠的让步谈判。

知识库

微课 17

谈判的让步

一、谈判让步的原则

在商务谈判的过程中，经常会遇到一些棘手的利益冲突问题，如交货期长短问题、价格问题、运输问题、合同问题等，解决这些问题最好的办法之一，就是恰当地运用让步策略。当利益冲突不能采取其他方式协调时，客观、恰当的让步，会起到非常重要的作用。成功让步的策略和技巧表现在谈判的各个阶段。要准确、有价值地做出让步，必须服从以下原则，见图8-1。

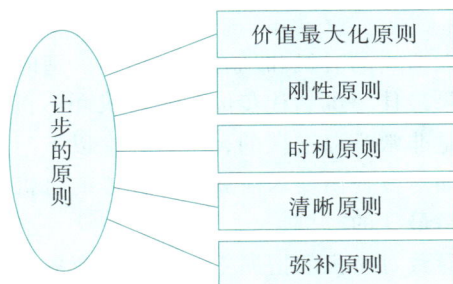

图 8-1　让步的原则

（一）价值最大化原则

谈判的过程事实上是寻求双方目标价值最大化的过程，但这种目标价值的最大化并不是所有目标的最大化，如果是这样的话，就违背了商务谈判中的平等公正原则，因此在处理不同价值目标时，难免要使用让步策略。不同目标的价值及紧迫程度是不相同的，所以在处理这类矛盾时，所要掌握的原则就是在目标之间依照重要性和紧迫性建立优先顺序，优先解决重要的和紧迫的目标，在条件允许的前提下适当争取其他目标。

在让步策略中，应保护重要目标价值的最大化，如关键环节中的价格、付款方式等。商务谈判人员在解决这类矛盾时首先要考虑：

（1）在不牺牲任何目标价值的前提下，冲突是否可以解决。

（2）如果不能解决，必须明确在哪一个层次目标上做出让步。

（3）要清楚做出让步后，重要目标是否受到影响。

（二）刚性原则

在谈判中，谈判双方在寻求自己目标价值最大化的同时，也要对自己最大的让步价值有所准备。换句话说，谈判中可以使用的让步资源是有限的。所以，让步方式的使用是具有刚性的，谈判对手对于让步的体会具有"抗药性"，一种让步方式使用几次就会失去效果，同时也应该注意到，谈判对手的某些需求是无止境的。虽然让步的方式有弹性，但那只是针对具体情况而采取的灵活方式。就让步本身来说，刚性原则更为突出。因此，在刚性原则中必须注意以下几点：

（1）谈判对手的需求是有限的、有一定层次差别的，让步策略的运用也必须是有限的、有层次差别的。

（2）让步策略运用的效果是有限的。每一次让步只能在谈判的一定时期内起作用，是针对特定阶段、特定人物、特定事件起作用的，所以不要期望满足对手的所有意愿，对于重要问题的让步必须给予严格的控制。

（3）让步资源是有限的。每一次谈判的让步资源都是有限的。例如，一个杯子的成本是40元，报价是100元，那么让步资源就是60元，这60元全部让出的时候，就是谈判让步资源耗尽的时候。因此，要时刻将让步资源的投入与你所期望产出的效果进行对比分析，努力做到让步资源的投入小于所产生的积极效益。在使用让步资源时，一定要有一个所获利润的测算，你需要投入多大比例来保证你所期望的回报，并不是投入越多回报越多，而是要寻求二者之间的最佳组合。

（三）时机原则

所谓时机原则，就是在适当的时机和场合做出适当、适时的让步，使谈判让步的作用发挥到最大，起到的效果最佳。虽然让步的正确时机和不正确时机说起来容易，但在谈判的实际过程中，时机是非常难以把握的，常常存在以下问题：

（1）时机难以判定，如对方提出要求时就认为让步的时机到了，或者认为让步有一系列的方法，谈判完成时是最佳的时机。

（2）对让步的随意性导致对时机的把握不准确。在商务谈判中，谈判者仅仅根据自己的喜好、兴趣、成见、性情等因素使用让步策略，而不顾及所处的场合、谈判的进展情况及发展方向等，不遵从让步策略的原则、方式和方法。这种随意性导致让步价值缺失、让步原则消失，进而使得对方的胃口越来越大，在谈判中丧失主动权，导致谈判失败。所以在使用让步策略时，千万不得随意而为之。

（四）清晰原则

在商务谈判的让步策略中，清晰原则是指让步的标准、让步的对象、让步的理由、让步的具体内容及实施细节应当准确明了，避免因为让步而导致新的问题和矛盾。常见的问题有：

（1）让步的标准不明确，使对方感觉自己的期望与你的让步意图错位，甚至感觉你没有在主要问题上让步，而是含糊其辞。

（2）让步的方式、内容不清晰。在谈判中，你所做的每一次让步必须是对方能明确感受到的，也就是说，让步的方式、内容必须准确、有力度，对方能够明确感觉到你所做出的让步，从而激发对方的反应。

（五）弥补原则

如果迫不得已，己方再不做出让步就有可能使谈判夭折的话，就必须把握住弥补原则，即在这一方面（或此问题）虽然己方给了对方优惠，但在另一方面（或其他问题）必须加倍地至少均等地获取回报。当然，在谈判时，如果发觉此问题己方若让步可以换取彼处更大的好处时，也应毫不犹豫地给其让步，以保持全盘优势。

在商务谈判中，为了达成协议，让步是必要的。但让步不是轻率的行动，必须遵循上述原则。成功的让步可以起到以牺牲局部小利益来换取整体利益的作用，甚至在有些时候可以达到"四两拨千斤"的效果。

二、谈判让步的技巧

【案例8-1】

两位美国人到欧洲向街头的同一个画家买画。

第一个美国人问："这幅画多少钱？"

画家说："15欧元。"说完后，画家发现这个美国人没什么反应，心里想：这个价钱他应该能够承受。于是画家接着说："15欧元是黑白的，如果你要彩色的，是20欧元。"这个美国人还是没有什么反应，画家又说："如果你连框都买回去是30欧元。"结果这个美国人把彩色画连带相框买了回去，以30欧元成交。

第二个美国人问价时，画家也说15欧元。

这个美国人立刻大声喊道："隔壁才卖12欧元，你怎么卖15欧元？画得又不比人家好！"

画家一看，立刻改口说："这样好了，15欧元本来是黑白的，您这样说，15欧元卖给你彩色的好了。"

美国人继续抱怨："我刚刚问的就是彩色的，谁问你黑白的？"结果他15欧元既买了彩色画，又带走了相框。

【案例启示】

第一个美国人之所以比第二个美国人花的钱多，是由于其让步过快；第二个美国人之所以比第一个美国人花的钱少，是由于画家让步过快。

（1）不要做无谓的让步，应体现出对己方有利的宗旨。每次让步，或是以牺牲眼前利益换取长远利益，或是以己方让步换取对方更大的让步和优惠。

（2）在未完全了解对方的所有要求以前，不要轻易做任何让步。盲目让步会影响双方的实力对比，让对方占有某种优势，甚至会使对方得寸进尺。

（3）让步要让在刀刃上，让得恰到好处，能使己方以较小的让步获得对方较大的满意。

（4）在己方认为重要的问题上，力求使对方先让步，而在己方认为较次要的问题上，根据情况需要，己方可以考虑先让步。

（5）己方的让步形态不要表现得太清楚。每个让步都应该指向可能达成的协定，可是不能让对方看出己方的目标所在。

（6）不要做交换式的让步，除非情况特殊。让步并不需要双方互相配合，以大换小、以旧换新、以小问题换大问题的做法是不可取的。

（7）不要承诺做同等程度的让步，一报还一报的互相让步是不可取的。如果对方提出这种要求，可以己方无法负担作为借口。假如对方开价60元而你开价40元，对方说："我们取个平均值，50吧。"你可以说："不能接受，45吧。"

（8）做出让步时要三思而行，谨慎从事，不要过于随便，给对方以无所谓的印象。

（9）不要让对方轻易得到好处，人们往往不会珍惜轻易得到的东西。

（10）必须让对方懂得，己方每次做出的都是重大的让步。即使做出的让步对己方损失不大，也要使对方觉得让步来之不易，从而珍惜得到的让步。

（11）如果做出的让步欠周密，要及早收回，不要犹豫。不要不好意思收回已做出的让步，最后的握手成交才是谈判的结束。

（12）在准备让步时，尽量让对方开口提出条件，表明其要求，先隐藏自己的观点和想法。

（13）一次让步的幅度不宜过大，节奏也不宜太快，但必须足够，应做到步步为营。

（14）没有得到某个交换条件，永远不要轻易让步。不要免费让步，或是未经慎重讨论就让步。如果你得不到一顿晚餐，就应得到一个三明治；如果你得不到一个三明治，就应得到一个许诺，许诺是打了折扣的让步。

（15）不要不敢说"不"。大多数人都不敢说"不"，只要你重复说，对方就会认为你说的是真的，要坚持立场。

（16）让步的目标必须反复明确。让步不是目的，而是实现目的的手段，任何偏离目标的让步都是一种浪费。让步要定量化，每次让步后，都要明确让步已到何种程度、是否获得了预想的效果。

（17）不要执着于某个问题的让步，整个合同比各个问题更重要。要向对方阐明：各个问题上所有的让步要视整个合同是否令人满意。

（18）在接受对方让步时要心安理得。不要一接受对方让步就不好意思，就有义务感、负债感，马上考虑是否做出什么让步给予回报。不然，你争取到的让步就没有什么意义了。

让步的具体形式很多，在实际运用中，要根据对方的反应灵活掌握，切忌一成不变地固守一种模式。让步又是一个十分慎重的问题。每一次让步都能给对方带来某种好处，相应地，每一次让步都可能损害己方的某种利益。因此，让步之前一定要慎重考虑后果。

三、让步的步骤

明智的让步是一种非常有力的谈判工具。让步的基本原则是"以小换大"。谈判人员必须以局部利益换取整体利益作为让步的出发点，所以，把握让步的步骤是必不可少的，见图8-2。

第一步：确定谈判的整体利益。该步骤在准备阶段就应完成。谈判人员可从两个方面确定整体利益：一是确定此次谈判对谈判各方的重要程度，可以说，谈判对哪一方的重要程度高，那么，这一方在谈判中的实力就相对较弱。二是确定己方可接受的最低条件，也就是己方能做出的最大限度的让步。

第二步：确定让步的方式。不同的让步方式可传递不同的信息，产生不同效果。由

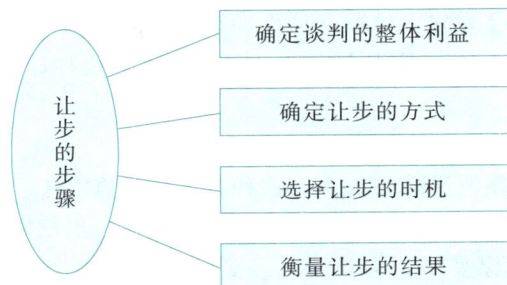

图 8-2 让步的步骤

于交易的性质不同，因此在一般的商务谈判中，让步没有固定的模式，通常表现为多种让步方式的组合，并且这种组合还要在谈判过程中依具体情况不断进行调整。

第三步：选择让步的时机。让步的时机与谈判的顺利进行有着密切的关系，根据需要，己方既可先于对方让步，也可后于对方让步，甚至可以双方同时做出让步。让步的关键在于应使己方的小让步给对方带来较大的满足。

第四步：衡量让步的结果。让步的结果可以通过衡量己方在让步后具体的利益得失与己方在做出让步后所取得的谈判地位，以及讨价还价力量的变化来进行。

四、让步的方式

在谈判的过程中，特别是在谈判快形成僵局时，赢者总是比输者能控制自己的让步程度。谈判的输者，往往无法控制让步的程度；赢者则会不停地改变自己的让步方式，令人难以揣测。那么，让步方式有几种呢？通常可分为以下八种：

（一）最后一次到位

这是一种较坚定的让步方式。它的特点是在谈判的前期阶段，无论对方作何表示，己方始终坚持初始报价，不愿做出丝毫的退让。到了谈判后期或迫不得已的时候，却做出较大的退让。当对方还想要求让步时，己方又拒不让步了。这种让步方式往往让对方觉得己方缺乏诚意，容易使谈判形成僵局，甚至可能因此导致谈判失败。因此，可把这种让步方式概括为"冒险型"让步。

（二）均衡让步

这是一种以相等或相近的幅度逐轮让步的让步方式。这种方式的缺点在于让对方每次的要求和努力都得到满意的结果，因此很可能会刺激对方无休止地要求让步的欲望，并坚持不懈地继续努力以获得进一步让步，而一旦让步停止就很难说服对方，从而有可能造成谈判的中止或破裂。但是，如果双方价格谈判轮数比较多、时间比较长，那么这种类型的让步方式就可以显出其优越性，每一轮都做出微小的但又带有刺激性的让步，把谈判时间拖得很长，往往会使谈判对手厌烦不堪、不攻自退。因此，可把这种让步方式概括为"刺激型"让步。

（三）递增让步

这是一种让步幅度逐轮增大的方式。在实际的价格谈判中，应尽量避免采取这种让步方式，因为这样做的结果会使对方的期望值越来越大。每次让步之后，对方不但无法感到满足，而且会认为己方软弱可欺，从而助长对方的谈判气势，诱发对方要求更大让步的欲望，使己方很有可能遭受重大损失。因此，可把这种让步方式概括为"诱发型"让步。

（四）递减让步

这是一种让步幅度逐轮递减的方式。这种方式的优点在于：一方面，让步幅度越来越小，使对方感觉己方是在竭尽全力满足其要求，也显示出己方的立场越来越强硬，同时暗示对方虽然己方仍愿妥协，但让步已经到了极限，不会再轻易做出让步；另一方面，让对方看来仍留有余地，使对方始终抱着把交易继续进行下去的希望。因此，可把这种让步方式概括为"希望型"让步。

（五）有限让步

这种让步方式的特点是：开始先做出一次巨大的退让，然后让步幅度逐轮减小。这种方式的优点在于：它既向对方显示出谈判的诚意和己方强烈的妥协意愿，同时又向对方巧妙地暗示出己方已尽了最大的努力，做出了最大的牺牲，进一步退让已近乎不可能，从而显示出己方的坚定立场。因此，可把这种让步方式概括为"妥协型"让步。

（六）快速让步

这是一种巧妙而又危险的让步方式。开始做出的让步幅度巨大，但在接下来的谈判中则坚持己方的立场，丝毫不做出让步，使己方的态度由骤软转为骤硬，同时也会使对方由喜变忧，具有很强的迷惑性。开始的巨大让步会大幅度地提高对方的期望，不过接下来的毫不退让和最后一轮的小小让步会很快抵消这一效果。这是一种很有技巧的方法，它向对方暗示，进一步讨价还价是徒劳的。但是，这种方式本身也存在一定的风险性。首先，它使对方的巨大期望在短时间内化为泡影，可能会使对方难以适应，从而影响谈判顺利进行；其次，开始做出的巨大让步可能会使卖主丧失在高价位成交的机会。因此，可把这种让步方式概括为"危险型"让步。

（七）退中有进让步

这种让步方式代表了一种更为奇特和巧妙的让步策略，因为它更加有力地、巧妙地操纵了对方的心理。第一轮先做出一个很大的让步，第二轮让步已经到了极限，但在第三轮却安排小小的回升（对方一般情况下当然不会接受），然后在第四轮里假装被迫做出让步，一升一降，实际让步总幅度未发生变化，却使对方得到一种心理上的满足。因此，可把这种让步方式概括为"欺骗型"让步。

（八）一次性让步

这是一种比较低劣的让步方式。在谈判一开始，就把己方所能做出的让步和盘托出，这不仅会大大提高对方的期望值，而且没有给己方留出余地。接下来的完全拒绝让步显得既缺乏灵活性，又容易使谈判陷入僵局。因此，这种让步方式只能称为"低劣型"让步。

【练一练】8-1　为情景谈判找毛病（价格谈判）

甲乙方见面，乙方主动伸手，甲方简单一握。双方坐下后，谈判开始。

甲方代表A："我们看了贵公司的资料介绍，对你们经营的语音设备有了一些了解，请报一下价格。"

乙方代表1："我们的语音设备分三种规格，32人座位的是6 400元；64人座位的是11 000元；128人座位的是15 800元。不知您对此价格有何感想？"

甲方代表A（抬起下巴，垂下眼睛）："价格太高了吧？我们对同种型号的设备也有一些了解。顺便问一句，安装复杂吗？需要多长时间？"

乙方代表1（先咬住自己的嘴唇，然后松开）："我们的设备质量是一流的，其他牌子同型号的设备不能与其相比，质价相符嘛，所以价格稍高了一点。安装比较复杂，需要两天时间。"

甲方代表B（用铅笔敲打桌面，在纸上乱涂乱画）："这样的价格，我们很难接受，我们并不急着安装此设备，如果价格合适则上此项目，价格过高则可以缓一段时间。"

乙方代表2（抖动着翘起的二郎腿）："我们的产品实行全国统一价格销售，如果我们降价卖给你们，我们将因为不守信誉而受到其他客户的谴责。"

甲方代表C："如果一点儿也不优惠，让人心里不好接受，你们觉得呢？"

乙方代表1："我们努力能做的就是免费安装、培训，并免费提供辅助材料，售后服务方面随叫随到，产品保修三年，三年内出问题，免费维修和更换配件，怎么样？"

甲方代表A（回头问自己的人）："你们看看，怎么样？还可以吗？"

甲方代表B、C表示同意。

甲方代表A："我们同意这个价格和相关条件，你看什么时间签订合同？"

乙方代表1："下周一怎么样？"

甲方代表A："下周一不妥，周二可以。"

乙方代表1："好，那就下周二。"

五、让步的注意事项

大多数利益和好处总是跑到在重要问题上立场最坚定、战斗力最顽强的人那里去。坚守住自己的领地，不要轻易让步。这一原则要特别告诫那些总爱对人做出承诺的人。尽量争取对方的许诺；千万不要轻易向对方做出什么承诺，把你每一个承诺都计算在让步中，让对方为此付出一定的代价。为了争取互利互惠的让步，我们应注意以下六项：

（1）要掌握让步的技巧。前面所列的种种让步类型和让步技巧，要根据具体的情况作出具体的分析，切忌生搬硬套。必须根据对方的情况、己方的情况、谈判场上的进展情况等，选择不同的让步策略，计算出不同的让步幅度，目标只有一个：争取最大利益。

（2）要把握让步的重要心理因素。人们对轻易得到的让步往往不以为意，拒绝做出相应的让步，更谈不上较大的让步了；相反，对方珍视从你手里费了九牛二虎之力争取来的微小让步，而且他可能也愿意为此付出较大的代价，即愿意做出较大的让步作为回报。因此，让步技巧中的首要经验是：不要轻易让对方从你手里获得让步。

（3）谈判场上崇尚精明、能干的人，不要试图通过让步赢得对方好感，这种人常常不是被对方看作愚蠢，就是被对方看作无能。

（4）在最后关头才做出让步。明智的谈判者要避免从谈判一开始就向对方做出让步。在开局就做出让步的谈判者，往往是那些处于非常弱的地位、渴望做成交易并尽快达成协议的一方，在谈判过程中要坚决避免这种做法。

（5）当我们明确要做出让步时，要向对方声明：其实我们做出这个让步是与公司的原则或者公司主管的指示相背离的，所以只能做出这样一个让步，即便这样，我们已经很为难了。因此，贵公司也应该有所回报，让我们对公司有个交代。

（6）让对方先开口讲话。让他叙述所有要求，这时候应该先隐藏住自己的要求，尽最大可能让对方首先在重要问题上让步，可以先在一些无关紧要的小问题上让步，有时不妨试试做一些于己丝毫无损的让步。

六、让步的十个禁忌

优秀的谈判者做出让步并非无所顾忌，以下十个禁忌是他们必须注意的：

（1）一开始提出的要求不要太接近自己最终的目标。一个负责签订合同的政府重要官员曾说过这样一番话，尽管听上去有些过火，但还是很值得听。

"每一次谈判，你都应认识到对方——除非太天真——总是先提出最高的要求。同样你也应认识到对方——除非是笨蛋——无论如何也不愿意暴露出自己最低的要求。"

（2）别以为你的要求已经足够高了，很可能你的要求很一般，太容易满足了。对方可能都不知道自己想要什么，或者他（她）对于价格的认识与你根本就不相同。

（3）不要没有回报地让步。没有回报，或是未经过激烈地讨论，就不要轻易做出让步。

（4）不可接受对方第一次的要求。许多人往往因对方的要求与他（她）预期的一样，便投降了。事实上，对方可能愿意再做让步，而且对方可能会觉得你太愚蠢，因此无论哪种情况，你都不应该太急于接受第一次报价。

（5）失败的让步可能会进一步分化谈判各方，而不是使之不断持平。一个让步可能会被对方看成是成功与优势的信号，于是其气势便会不断增强。

（6）不要因对方说，鉴于某些规则或制度不能做出妥协，你就随便表示同意。要记住，所有条件都是可以讨价还价的。

（7）别忘了你所做过的让步。总的让步水平对你谈判的优劣势有重要的作用，最好做一个记录。

（8）不要降低自己的灵活度。灵活度犹如你账面上的钱一样，每做出一个让步，离你最低的要求就接近一点。如果所有可能做出的让步都已经做出了，僵局就很难避免了。

（9）不要拘泥于某个特定条件上的让步，谈判的全局要比单个条件重要得多。应该让对方了解所有的让步都是不确定的，都是建立在你对整个协议满意的前提之上的。人们常常在不该让步时，也咬紧牙关执行做过的允诺，他们怕假如说话不算话会有悖自己的诚实。这种坚持往往会让你吃大亏，尤其是在对方根本就不讲信用的情况下。

（10）谈判之前要将各种条件都列出来，包括谈判的水平、最低的界限及每个条件的最初要求。一个积极的建议是每个条件都应有"必须"与"可让步"的项目，两者要结合起来，以随时限制每一个让步的弹性。

七、"不让步"策略

由于对方总是期待你妥协，所以"不让步"策略往往成为一种最强硬的举措。在以下条件和情形下可以考虑"不让步"策略：

1.当己方的谈判实力明显占上风时

在谈判中，让步表现为放弃或给予。当谈判一方的实力远远超出对方，能支配各种条款的制定时，最适于使用"不让步"策略。该策略的成功运用常常是由于实力较强的一方发现可使其遭受某种损失的威胁。实施该策略的关键在于，己方的实力必须远远超出对方，只有这样才能迫使对方接受己方提出的条件。

2.当己方处于一个不相称的弱者地位时

也有一种情况，明显的弱势方有时采用"不让步"策略也能获得成功。看上去较弱的一方威胁使用某些强硬的手段，实际上很可能给较强势的一方带来损害。这种策略有点"玉石俱焚"的味道，如弱势方可以发出破产威胁。一个可信的破产威胁，能使显然的弱势方变得强势。在这种破产案中，只需出现以下两个条件，弱势方就可以发出破产威胁：

（1）对弱势方来说，选择破产比接受强势方提出的条件更加有利。

（2）从破产程序中得到的大大高于从强势方提出的条件中能够得到的。

3.当第三方在一旁等待时

另一个能使"不让步"策略发挥绝佳效果的场合是，使用该策略的一方完全确信，一旦对方拒绝其条件，第三方肯定会接受。有了这样的信心，对方如何反应就变得无关紧要了。如果对方接受条件，己方的目的就在于此；如果对方拒绝接受条件，也没什么关系，因为可能通过与他人签订协议获得同样的利益。

4.当资金缺乏和时间紧迫时

当对方资金缺乏和时间紧迫时，也可以运用"不让步"策略。这种情况是出于以下两个方面的考虑：

（1）在成本效益方面，对方手头资金短缺，因而无法耗费较长的谈判时间。

（2）在可利用的时间方面，对方能用的时间或许不足，故难以应付复杂烦琐的谈判活动。

若存在以上两种情况，就应考虑是否使用"不让步"策略，当然也不应该舍弃其他策略。

5.当每一方都必须获得同等条件的时候

在这个场合中，选择"不让步"策略会产生一种独特的效果，不过，使用"不让步"策略的一方必须一视同仁地对待其他各方，否则就会导致下列情况发生：

（1）放弃"不让步"政策。

（2）遭到另一些人的敌视，因为那些人曾被告之：要么接受无协商余地的条件，要么取得与他人待遇相同的条件。

（3）引发一场官司，要求将平等的条款从法律上予以确认。无协商余地的条件可能包括整笔交易，也可能只限于交易的特定部分。若为后者，则整个谈判包含了可协商与不可协商两种条件。

6.需要招标或书面计划的时候

以招标或书面计划作为谈判的开场和收尾是"不让步"策略不可缺少的具体手段。设立招标程序的一方实际上在这样说："把你最优惠的报价给我，暂且不要讨价还价，然后与其他竞争者的报价比较，最具吸引力的报价将夺标。"这个程序可以按预定步骤或客观需要变更，可以外加若干次与最佳投标人的谈判，因为有些条件招标程序很难概括。

一般来说，招标程序将迫使对方开出最优的，通常也是唯一的报价。由于存在各方竞标，因此该程序产生的报价一般也是最合理的。当然，完善的招标过程还必须存在有力的竞争对手、公平的起草文件、不厚此薄彼的具体条目以及不非法的价格操纵。

训练营

【训练任务8-1】

让步。

【任务目标】

通过活动设计，让学生更加深入地了解恰当的让步方式。

【任务内容和要求】

（1）每家公司都要和采购商进行一次谈判。谈判前，每家公司都要对产品价格的让步方式进行研究。

（2）统一规定每家公司的降价幅度是200元，虽然让步方式表只列出六次，但实际可降价（让步）若干次。

【任务组织】（见表 8-1）

表 8-1　　　　　　　　　　　　　　　让步任务组织表

任务项目	具体实施	时间	备注
价格让步	（1）将学生分成 8 组，代表 8 家公司 （2）每家公司集体商议降价方式，将商议的结果填到让步方式表（见表 8-2）中 （3）每组选出 1 个代表，阐述本公司采用了何种让步方式，理由是什么 （4）组织学生集体讨论 （5）评选出让步方式最好的公司	30 分钟	教室 提前准备资料

表 8-2　　　　　　　　　　　　　　　让步方式表

让步方式 小组	第一次 （元）	第二次 （元）	第三次 （元）	第四次 （元）	第五次 （元）	第六次 （元）	总计 （元）
1							200
2							200
3							200
4							200
5							200
6							200
7							200
8							200

【任务评价】（见表 8-3）

表 8-3　　　　　　　　　　　　　　　让步任务评价表

评价指标	评价标准	分值 （分）	评估成绩 （分）	所占比例
价格让步方式 讨论发言	1. 理解谈判让步方式的意义	20		70%
	2. 能确定合适的让步方式	20		
	3. 能接受并理解其他公司的好的让步方式	20		
	4. 阐述理由充分、表达准确	10		
	5. 团队配合好	10		
	6. 讨论时积极发言	10		
	7. 活动评估	10		
教学过程	出勤、态度和热情	100		30%
综合得分				

金钥匙 🔑

运用让步策略需要注意的三大事项

■ 注意事项一：不要无谓让步

时机是指让步的时间和问题的排序。

从时间上看，让步不要提前，也不要延后。提前会提高对方的期望值，迫使己方继续让步，延后则有可能失去谈判成功的机会。

从问题上看，谈判前和谈判中要不断深入了解对方的真实需求，如哪些问题对方最关心，哪些问题对方认为较次要或无所谓，谈判中如何依序提出问题等，都进行通盘考虑。尤其是对关键问题，宜在对方一再请求和说服之下，以忍痛合作的态度做出小幅度让步，使对方感觉来之不易，才会珍惜己方的让步。

不做无谓让步，是指每次让步都应换取对方在其他方面的相应让步或优惠，不该让步时绝不让步。

■ 注意事项二：不要太快让步

每次让步的幅度不宜过大，让步节奏也不宜太快，否则会使对方认为最初的报价或还价水分很大，从而不断要求让步。一般来说，不宜承诺同等幅度的让步。对于重要问题，要力争使对方让步；对于次要问题，可考虑先做让步。在谈判中，对于次要问题，买方可主动让步，起初让步幅度可稍大一点，以后应缓慢让步。

■ 注意事项三：让步时不要不加掩饰

在整个谈判过程中，要注意掩盖己方的真实意图，暴露真实意图对己方而言无疑是致命伤。同时，要强调让步对自己利益造成的损害，即使对方让步使自己获利不小，也不能喜形于色，谈判高手总是让对方觉得大家打了个平手，切忌将对方视为绝对的失败者。

超链接8-1 如何阻止谈判对方进攻

谈判的让步是伴随着进攻而存在的，没有进攻就没有让步。遇到对方进攻不止、难以应对时，不妨使用下列限制对方进攻的措施：

（1）财政限制。例如，"我们非常喜欢你们的产品，也感谢你们的合作，遗憾的是，我们公司对此项目的预算只有这么多，这个条件我们无法接受"。

（2）权力极限。例如，"我们非常喜欢你们的产品，也感谢你们的合作，遗憾的是，按照我们公司的有关规定，这个条件我们无权接受"。

（3）资料限制。例如，"实在对不起，有关这个问题的详细资料我们手头没有，或者说这方面属于本公司的商业机密，概不透漏，因而暂时还不能做出答复"。

课后思考：

1.你如何理解让步方式？哪一种让步方式是合适的？
2.运用让步技巧设计一次谈判，写出感受和体会。

模块二　迫使对方让步的策略

【目标与要求】　掌握迫使对方让步的策略
　　　　　　　　会运用迫使对方让步的策略进行谈判

【学习任务】　列出迫使对方让步策略的实施要点
　　　　　　　用迫使对方让步的策略进行模拟谈判
　　　　　　　写出对模拟谈判的体会和总结

故事汇

买方："您这种机器要价750元一台，我们刚才看到同样的机器标价为680元，您对此有话说吗？"

卖方："如果您诚心买的话，680元可以成交。"

买方："如果我是批量购买，一次买35台，难道您也要一视同仁吗？"

卖方："不会的，我们每台可以给予60元的折扣。"

买方："我们现在资金紧张，是不是可以先买20台，3个月后再买15台？"

（卖主犹豫了一会儿，因为只买20台折扣是不会这么高的，但他想到最近几个星期不太理想的销售状况，还是答应了）

买方："那么您的意思是以620元的价格卖给我们20台机器？"

（卖主点点头）

买方："为什么要620元呢？凑个整儿，600元一台，计算起来也省事，干脆利落，我们马上成交。"

（卖主想反驳，但是"成交"二字对他颇有吸引力，他还是答应了）

买主的策略生效了，他把价格从750元一直压到600元，压低了20%。

故事启发　该策略属于"步步为营"的策略。称职的谈判者善于适时适量的让步，也善于向对方施加压力，迫使对方让步，即"意欲取其尺利，则每次谋其毫厘"。买方每次要求的让步幅度很小，对方在心理上很容易接受，在不经意中，对方就做出了让步。即使经过多次让步后，仍未实现自己预定的计划，但已经从这许多次让步中得到了很大实惠，甚至这种迫使对方让步的策略往往能突破自己的预期，使对方的让步结果出人意料。

知识库

任何谈判，如果没有双方的让步、谅解和妥协，要想达成协议或共识是不可能的。那么，怎样才能迫使对方做出最大限度的让步呢？

一、示以豪气，前倨后恭

谈判中除了必不可少的"火力侦察"以外，有时候还可辅以某种自傲之情，即让自己的语言流露出一定的豪情和胆气，借以攻破对方的心理底线，迫使其做出最大限度的让步。

【案例8-2】

20世纪80年代，蛇口招商局负责人袁庚同美国PPC集团签订合资生产浮法玻璃的协议。谈判时，在蛇口方面每年付给美方的知识产权费用所占销售总额的百分比上，双方产生了较大的分歧。美方要价是6%，而蛇口方面还价是4%，经过一番讨价还价，美方被迫降下来1个百分点，要价为5%，而蛇口方面还价是4.5%。这时，双方都不肯再让步了，于是谈判出现了僵局。怎么办呢？休会期间，袁庚出席美方的午餐会，在应邀发表演讲时，他念念不忘台下的PPC集团的谈判对手，于是故意将话题转向谈论中国文化上。他充满豪情地说："我们民族的祖先将四大发明——指南针、造纸术、活字印刷术和火药无条件地贡献给了全人类，而他们的子孙后代却从未埋怨过不要专利权是愚蠢的；恰恰相反，他们盛赞祖先具有伟大的风格和远见……"一席豪情奔放的讲话，把会场的气氛激活了。接下去，袁庚转到正题上，说："我们招商局在同PPC集团的合作中，并不是要求你们也无条件地让出专利，我们只要求你们要价合理。只要价格合理，我们一分钱也不会少给！"

这番话虽然是在谈判桌外说的，却深深触动了在座的PPC集团的谈判者。回到谈判桌以后，PPC集团很快做出让步，同意以4.75%达成协议，为期10年。蛇口的这个协议，比其他城市的同类协议开价低了一大截。从达成的协议上不难看出，与最初的要价相对比，美方让步是1.25个百分点，而我方让步仅0.75个百分点。

【案例启示】

在谈判中，如果能适当地表达一下豪情和胆气，并辅以恰当的让步，是有可能促使对方做出更大让步和妥协的。

二、表以恭维，伺机反击

喜欢听恭维话，是人性的一个普遍的弱点。在谈判中欲迫使对方让步，可利用说恭维话这样的手段，先让对方陶醉，解除思想上的戒备，然后伺机给予反击，以求获得最大利益。

【案例8-3】

美国有一个医务总监，在领导反吸烟运动中，同美国烟草公司进行过多次谈判桌上的交锋，要求对方不做烟草广告，不生产供妇女、运动员和未成年人吸的香烟等。一次，烟草公司邀请一位竭力鼓吹"吸烟无害论"的著名足球运动员来现身说法，参加谈判。那位医务总监先让同行的一名反吸烟运动成员与足球明星谈判。这位谈判者对足球明星说："不错，我看过你的比赛，不愧是国家队队员。尤其是在同××队的那场比赛中，你那一脚凌空抽射，简直妙极了。如此球技，可谓空前绝后！"一番恭维话，让那位足球明星喜不自禁，一下子便飘飘然起来，干脆信口开河，大谈起禁烟无用的道道来。他说："你们搞的那个科学调查材料，没有一点儿价值，更不用说说服力了。"那位反吸烟运动成员这才开始据理反驳："可是，你忘记了，政府也引用了那份调查报告。"足球明星不屑地说："那不过是一个偶然的插曲罢了！"接下去，双方谈起吸烟上瘾的问题来。足球明星自鸣得意地高谈阔论："吸烟即使有那么一点害处，也是微不足道的，何况那尼古丁也根本不会让人上瘾。我的妻子就是一个例子，她虽然吸烟好几年，却轻而易举地戒掉了。所以，你们的上瘾之说根本不能成立。"这时候，那位医务总监说话了："你的妻子戒烟？那也只不过是一个偶然的插曲罢了！"话音刚落，全场便发出一阵讥笑之声，弄得那位足球明星十分难堪，再也没吱声。这时，医务总监说："我们的结论是建立在严密扎实的科学研究基础之上的，这种对运动员和年轻人的毒害绝不能够再继续下去……"最终，这次谈判迫使烟草公司做出了一定的让步，反吸烟运动者取得了第一回合的胜利。

【案例启示】

这次谈判先由反吸烟运动成员故意吹捧、恭维对方请来的现身说法者，然后由医务总监抓住对方的言辞进行以牙还牙式的反击，收到了"以其人之道还治其人之身"的良好效果。

三、晓以事理，亮出真心

一些谈判者往往从自己的利益出发，只知道漫天要价，而不注意对方的心理活动和态度。这时，谈判的另一方可以借对方想"一口吃成个胖子"之机，以强硬的、不容置辩的口气，一针见血地指明对方的要价对他们自身利益的危害，同时展示一下己方为对方着想的诚意，以达到促使对手让步的目的。

【案例8-4】

日本有一位年轻人办了一家制陶公司，招聘了11名高中毕业生。可是，到了年底，这些年轻人却突然将一纸请愿书递到了同样年轻的老板面前。为首的一位雇员说："我们一直按你的吩咐办事，可是今后怎么样，我们内心却全然无数。所以，我们希望老板能同我们签一个协议，规定每年涨多少工资。如果你不愿意签，那我们只好集体辞职了。"老板有些吃惊，竭力劝说道："这个要求我办不到。因为公司刚开始营业，连我自己也无法预料它今后会怎么样，所以我无法按你们的要求保证将来的工资。当初录用你们，就是希望大家能一起把公司办好。为了创造美好未来，我们只有一起加油干。"那些年轻人却反复强调说："可是，谁知道今后公司会怎么样呢？你不保证给我们涨工资，我们能放心吗？"任凭老板如何劝说，年轻的员工们就是认定一条死理：不保证每年增加工资，就立即辞职。最后，年轻老板拿定主意：坚决不让步，同时要稳住员工。于是他决定对员工晓以事理，表明自己对他们的一片真心。他说："我虽然不能同你们签订协议，但是我一定会为你们着想。你们不相信吗？你们有辞职的勇气，就不能有相信我的勇气吗？如果没有信任我的勇气，连上当的勇气也没有吗？和我一起再工作一段时间，你们就会确认我是不是骗子了。那时候，如果你们认为自己真的上当受骗了，你们可以杀死我！"此言一出，顿时让年轻员工们怔住了，没想到老板会如此诚恳、坦率。霎时间，他们觉得，跟这样的老板干，完全可以放心。

【案例启示】

由此可见，谈判并非只是权谋的策划，也并非只是鱼死网破式的较量，有时候晓以事理，亮出真心，同时以真诚之言去打动对方，也同样能促成对方的让步和妥协。

四、告以利害，步步紧逼

在洞悉对方底细或者弱点之后，另一种谈判策略是，首先稳住自己的阵脚，继而以晓以后果、告以利害的方式，步步紧逼地迫使对方节节退却和让步。当然，此时的语言运用不妨灵活一些，可软可硬，可柔可刚，可收可放。总之，以使对方妥协为最高目标。

【案例8-5】

美国金融大亨艾卡恩，在兼并了经营不景气的环球航空公司后，为使公司扭亏为盈，他决定减少飞行员20%的工资，谁知遭到飞行员工会的抵制，艾卡恩只好同工会开始了一场马拉松式的谈判。谈判陷于僵局时，艾卡恩对飞行员们解释道："我要购买环球航空公司，本身就要花许多钱。我只有得到了你们在工资问题上的让步，才能这样做。"一名飞行员代表高声问道："你为什么要同我们飞行员作对呢？"艾卡恩沉着地说："不，我一向钦佩飞行员，我不是在作对。每当我乘坐班机旅行时，或者飞机震颤时，我都会想起驾驶舱里的那些伙计们。多么重大的责任，多么崇高的职业啊！你们干的是一件了不起的工作，我一辈子也不会够格的。"唱罢赞歌，他话锋一转，说："但是，这里只有一个问题，就是你们的薪水确实太高了。如果你们坚持自己的想法，那就可能导致与钢铁工业一样的可悲下场。"

【案例启示】

由于艾卡恩使用了告以后果与利害关系的方式，飞行员们终于明白了艾卡恩的态度，开始退却了，在飞行员做了让步的前提下，协议总算达成。尽管开始时飞行员们对艾卡恩充满了敌意，可是，由于艾卡恩使用了赞扬加晓以后果的方式，最终迫使飞行员们败下阵来。由此可见，以"后果"为武器，只要利用得当，它也能够带来另一种可喜的"后果"，那就是促使对方做出让步，从而达成协议。

训练营

【训练任务8-2】

迫使对方让步模拟谈判。

【任务目标】

通过模拟谈判，让学生更加深入地了解迫使对方让步的策略。

【任务内容和要求】

（1）模拟公司形式分成买方公司和卖方公司。

（2）双方就一批牛仔裤交易进行谈判，买方要想办法迫使对方让步，卖方根据情况酌情降价。

（3）必须有恰当的办法迫使卖方让步。

（4）公司4位谈判人员要做好分工，互相配合。

（5）谈判要正规，要严肃认真。

（6）控制谈判声音的大小，不影响其他公司谈判。

【任务组织】（见表8-4）

表8-4 　　　　　　　　　迫使对方让步模拟谈判任务组织表

任务项目	具体实施	时间	备注
牛仔裤交易价格谈判	（1）学生分成10家公司，5家公司为采购商，5家公司为销售商。每家公司4人 （2）就5 000条牛仔裤交易进行谈判。卖方标价一条120元 （3）5对公司同时进行谈判，然后分别汇报谈判结果	30分钟	教室 牛仔裤样品 谈判桌

【任务评价】（见表8-5）

表8-5 　　　　　　　　　迫使对方让步模拟谈判任务评价表

评价指标	评价标准	分值 （分）	评估成绩 （分）	所占比例
迫使对方让步策略	1.准确掌握迫使对方让步策略的特点	20		70%
	2.能将迫使对方让步策略运用到谈判中	20		
	3.团队成员分工明确，配合协调	20		
	4.遵守规则	10		
	5.谈判真实，策略灵活，效果好	10		
	6.体会深刻，讨论气氛好	10		
	7.活动评估	10		
教学过程	出勤、态度和热情	100		30%
综合得分				

金钥匙

■ 不到万不得已，不可轻易让步。

■ 不要让步太快。如果对方轻而易举获得你的让步，不但不会获得满足，反而会怀疑你的让步有诈；而慢慢让步不但能使对方感到满足，而且对方会更加珍惜它。

■ 不要以为你善意的让步会感动对方，能够使谈判变得更加简单而有效，这只是一厢情愿的想法。事实恰恰相反，在你没有任何要求的让步下，对方会更加有恃无恐、寸土不让，并且还会暗示你做出更大的让步，想以己方的让步来换取对方的让步是绝对不可能的。要记住：谈判桌前并不是交朋友的场所。在谈判中让步的原则是：没有回报，绝不让步。

超链接 8-2　其他迫使对方让步的策略

（1）软硬兼施策略。

（2）制造竞争策略。

（3）吹毛求疵策略。

（4）步步为营策略。

（5）虚张声势策略。

（6）以退为进策略。

请查找资料，将以上策略补充完整。

课后思考：

1.列出迫使对方让步的主要方法。

2.用迫使对方让步策略进行一次谈判，写出感受和体会。

项目九

谈判的观察与僵局突破策略

【目标与要求】 • 熟悉谈判观察的基本要求与观察方法
• 掌握僵局突破策略

【学习任务】 • 观察谈判对象的动作语言
• 处理突破阶段的僵局

模块一　谈判的观察

【目标与要求】 能熟练观察和判断谈判对象的行为
掌握观察能力的基本要求
知道如何进行观察

【学习任务】 根据谈判对象的语言，观察判断谈判对象的行为
按照谈判对肢体语言的要求，在日常生活中，规范
肢体语言
通过观察身边事物，养成观察的习惯，记录10篇
观察日记

故事汇

卡扎菲没把布莱尔放在眼里

2004年3月25日，英国首相布莱尔走进利比亚首都的黎波里郊外的一处帐篷，与利比亚领导人卡扎菲握手寒暄，亲切交谈。这是第二次世界大战结束以来，英国首相首次踏上利比亚的领土，因此被媒体誉为"破冰之旅"，受到广泛好评。但是英国媒体2004年3月27日报道，英国肢体语言专家詹姆斯教授通过观察两人会晤时细微的动作，对此次"破冰之旅"提出了"另类解读"——卡扎菲根本没有把布莱尔放在眼里！

詹姆斯教授说，当布莱尔和卡扎菲在帐篷内坐定之后，双方所处的地位却发生了180度大转弯。詹姆斯提醒大家注意会谈过程中的一个细节：布莱尔双手放在膝盖上，始终端坐在沙发上。而卡扎菲却靠在沙发靠背上，漫不经心地看着布莱尔，他还高高地跷起二郎腿，左脚上的皮鞋鞋尖朝着布莱尔，而且不断地晃来晃去。

他说，在阿拉伯文化中，这种姿势表示对对方的轻视和侮辱。在阿拉伯国家，脚上穿的鞋子被认为是不洁的物品，与人交谈时应该始终放在地上，并且鞋尖不能对人，所以卡扎菲的这个动作表达了他潜意识中对布莱尔的真实态度。

故事启发　　肢体语言一直是商务谈判的重要组成部分。詹姆斯教授是一位研究人类肢体语言多年的专家。他说，人类在交谈时表现出的肢体语言有很大的影响力，其内涵非常丰富。

商务谈判人员尤其是涉外商务谈判人员，应该认真研究不同国家、不同地区的肢体

语言的含义，通过观察谈判过程中各个谈判人员的言谈举止，可以分析得出该谈判人员的素质、修养水平、可信程度、内心世界等，因为这对谈判结果有着非常重要的影响。

知识库

谈判不仅是语言的交流，也是行为的交流。谈判中不仅要听其言，还要观其行。谈判者要仔细观察对方的言谈举止和姿态神情，以便把握谈判对方的思想动态和谈判意图。

一、谈判观察的基本要求

在谈判过程中，谈判观察有以下几个基本要求，见图9-1。

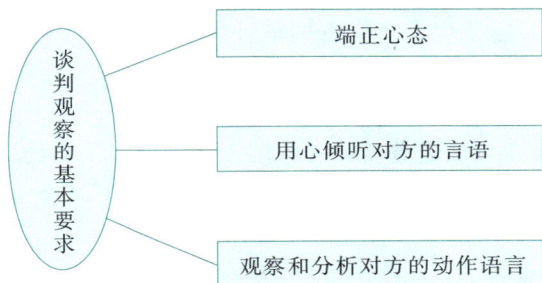

图9-1　谈判观察的基本要求

（一）端正心态

在谈判中，必须抱着十分警觉的心态，注意对方的一言一行、一举一动所传递的信息，宁可信其有，不可信其无，因为对方所传递出的每一个信息，无论有意或无意，都是可以经过分析而为我所用的。留意并研究对方的身体语言所传递的信息，对于商务谈判的顺利进行是非常有意义的。

（二）用心倾听对方的言语

在谈判中，必须首先学会倾听。对方的措辞、语气、声调等都能为己方提供线索，从而发现对方言语背后隐藏的含义。这时，要克服先入为主的印象，否则会扭曲对方本意，导致己方判断不当、接收的信息不真，以致选择行为失误。务必要抱着实事求是的态度，从客观实际出发，合理客观地分析对方言语背后的含义。

（三）观察和分析对方的动作语言

广东有一句谚语："当一个人笑的时候腹部不动，就要提防他了。"伯明翰大学的艾文·格兰特博士说过："要留心椭圆形的笑容。"因为这种笑不是发自内心的，即皮笑肉不笑。观察和分析对方的动作语言，不仅可以判断对方的思想变化，决定己方的对策，而且可以有意识地运用行为语言传达信息，促使谈判朝着有利于己方的方向发展。

二、如何进行观察

在谈判过程中，人们一般通过以下几种方法进行观察，见图9-2。

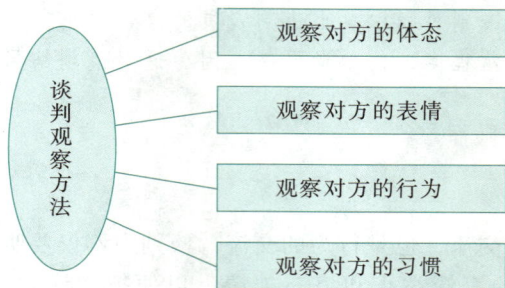

图9-2 谈判观察方法

（一）观察对方的体态

在谈判中，会遇到各种各样的对手，他们的文化背景不同、性格不同，在谈判中所表现出来的种种姿态也不尽相同。即使是同一个人，在整个谈判过程中，姿态也不会完全一样。一个谈判者应当学会看懂对方的各种体态，并能够在其变化中看出对方的态度，知道对方在想什么，或正准备做什么。

（二）观察对方的表情

面部表情在信息传达方面起着重要的作用，特别是在谈判的情感交流中，表情的作用占了极大的比例，高明的谈判专家往往会通过对方面部表情的变化来了解谈判的进度。

（三）观察对方的行为

在谈判中，对方的动作行为能反映他的内心世界，所以可以从对方吸烟、喝茶以及戴眼镜等姿势中看出他的态度。

（四）观察对方的习惯

了解、熟识谈判对象的一些习惯，可以掌握对方的真实动机，避免被一些假象所迷惑。

三、观察的技巧

在商务谈判中，仔细观察谈判对手的言谈举止，可以捕捉其内心活动的蛛丝马迹，揣摩对方的姿态神情，探索引发这类行为的心理因素，促使谈判朝着有利于己方的方向发展。观察谈判对手的面部表情，可以使谈判者准确把握对方的心理，快速做出回应。

（一）观察眼睛所传达的信息

"人的眼睛和舌头所说的话一样多，不需要词典，便能够从眼睛的语言中了解整个世界，这是它的好处。"这是爱默生关于眼睛传达信息的一段精辟论述。眼睛具有反映人们深层心理的能力，其动作、神情、状态是最明确的情感表现。因此，眼睛被人们誉为"心灵的窗户"。

一般而言，明澈、坦荡、执着的目光，是为人正直、心胸开阔、积极向上的表现。用这种目光与公众打交道，相互正视片刻，很容易获得对方的信任，实现沟通并取得成效。眼睛传达心理信息的方式与含义有：

（1）根据目光凝视讲话者时间的长短来判断听者的心理感受。通常，与人交谈时，视线接触对方脸部的时间，正常情况下应占全部谈话时间的30%～60%，超过这一平均值者，可认为其对谈话者本人比对谈话内容更感兴趣。当然，有些人可能有自己的独特习惯，如不愿凝视对方，而只是用心倾听，这应另当别论。

（2）眨眼频率较高，有不同的含义。正常情况下，一般人每分钟眨眼5～8次，每次眨眼一般不超过1秒钟。如果每分钟眨眼次数超过8次，一方面表示神情活跃，对某事物感兴趣；另一方面也表示个性怯懦或羞涩，不敢正眼直视对方。在谈判中，通常是指前者。从眨眼的时间来看，如果超过1秒钟的时间，一方面表示厌烦，不感兴趣；另一方面表示自己比对方优越，因而藐视对方，不屑一顾。

（3）根本不看对方，而只听对方讲话，是试图掩饰什么的表现。一位有经验的海关检查人员介绍，他在检查过关人员已填好的报表时，还要再问一问："还有什么东西要呈报没有？"这时，他的眼睛不是看着报关表，而是看着过关人的眼睛，如果该人不敢正视他的眼睛，就表明该人在某些方面可能有问题。

（4）眼睛闪烁不定，是一种反常的举动，常被认为是掩饰的一种手段，亦可能是不诚实的表现。做事虚伪或者当场撒谎的人，常常眼睛闪烁不定，以此来掩饰内心的秘密。

（5）眼睛瞳孔放大，炯炯有神，表示此人处于欢喜与兴奋状态；眼睛瞳孔缩小，神情呆滞，目光无神，愁眉紧锁，表示此人处于消极、戒备或愤怒的状态。实验证明，瞳孔所传达的信息是无法用人的意志来控制的。有经验的企业家、政治家或职业赌徒，为了防止对方察觉到自己瞳孔的变化，往往喜欢戴有色眼镜。如果谈判桌上有人戴有色眼镜，就应加以提防，因为他可能很有经验。

（6）瞪大眼睛看着对方讲话的人，表示他对对方有很大的兴趣。

眼神传递的信息还有很多，人类眼睛所表达的思想，有些确实只能意会而不可言传。这就要靠谈判人员在实践中加以观察和思考，不断积累经验，以把握眼睛的不同"动作"所传达的信息。

（二）观察眉毛所传达的信息

通常，眉毛和眼睛是密不可分的，二者的动作往往是共同表达一个含义，但是仅就眉毛而言，它也能反映出人的许多情绪变化。

（1）眉毛上耸，表示人们处于惊喜或惊恐状态。人们常用"喜上眉梢"来形容人的喜悦状态。

（2）眉毛下拉或倒竖，表示人们处于愤怒或气恼状态。人们常说"剑眉倒竖"，即形容这种气愤的状态。

（3）眉毛迅速地上下运动，表示亲切、同意或愉快。

（4）紧皱眉头，表示人们处于困窘、不愉快、不赞同的状态。

（5）眉毛向上挑起，表示询问或疑问。

眉毛所传达的动作语言也是不容忽视的。人们常常认为没有眉毛的脸十分可怕，因为它给人一种毫无表情的感觉。

（三）观察嘴巴所表达的信息

嘴巴也是反映人的心理的一个重要部位。观察嘴巴要注意嘴的张合、嘴角的挪动，与眼睛、面部肌肉一起综合观察判断会更准确。

（1）嘴唇肌肉紧张，表明其持拒绝态度，或有防备的心理；紧紧地抿住嘴，往往表现出意志坚决。

（2）嘴巴微微张开，嘴角朝两边拉开，脸部肌肉放松的微笑，是友好的表现。

（3）嘴巴呈小圆形开口张开，脸部肌肉略为紧张，有吃惊、喜悦或渴望之意。

（4）嘴巴后拉，嘴唇呈椭圆形的笑，是狞笑，有奸诈之意。

（5）遭受失败时，人们往往咬嘴唇，这是一种自我惩罚的动作，有时也可以解释为自我解嘲和内疚的心情。

（6）听对方谈话时，如果听者嘴角稍稍向后拉或向上拉，表示听者比较注意倾听；嘴角向下拉，表示不满和固执。

（四）观察脸色所传达的信息

（1）笑容。在谈判交往中，最常用也是最有用的脸部表情之一就是微笑。微笑是交际中一种必不可少的辅助语言。微笑表示自己轻松自如，能够理解对方的思想观点，从而创造出理想的言语交际效果。在谈判活动中，无笑装笑、冷笑、嘲笑分别表示蔑视、掩饰、心虚等。恰当运用笑容，不是说话，却能辅助说话、等于说话，有时胜似说话。

【特别提示9-1】

微笑实际上反映了谈判代表适应环境气氛、成功进行谈判的能力。

（2）面红耳赤往往是激动的表现，脸色苍白可能是过度激动或身体不适，脸色铁青表示生气或愤怒。

（3）边说边笑。这种人与你交谈时你会觉得非常轻松、愉快。他们大多性格开朗，对生活的要求从不苛刻，很注意"知足常乐"，富有人情味；感情专一，对友情、亲情特别珍惜；人缘较好，喜爱平静的生活。

（4）谈判人员用笔在空白的纸上随意乱写乱画，眼皮不抬，脸上若无其事的样子，表示厌倦。

（五）观察肢体语言所传达的信息

人的肢体语言非常丰富，借助肢体语言，我们可以判断对方的心理。

1.头的动作

在日常生活中，常有人用摇头或点头以示自己对某事、某物的看法，这种人特别自信，以至于唯我独尊，他们在社交场合很会表现自己，对事业一往无前的精神常令人赞叹。

2.手的动作

（1）摊开双手手掌表示真诚，给人一种胸怀坦诚、说实话的感觉。

（2）手掌自然摊开，表示对对方很信任、不设防，愿意开诚布公，乐于听取对方的意见。

（3）双手交叉于胸前，表示有设防的心理，如果同时攥紧拳头，那么否定对方的态度强烈。

（4）用手抚摸下巴、捋胡子等动作，往往表明对提出的问题、材料感兴趣，并正在进行认真思考。

（5）两手的手指顶端对贴在一起，掌心分开，表示高傲自负和踌躇满志，或显示自己的地位高高在上。

（6）身体后仰，两手交叉托住后脑勺，显示的是如释重负的自得心态。谈判者感到自己在谈判中处于支配地位，能够驾驭谈判局面时，往往会做出这样的姿态。

（7）在谈判中，自觉或不自觉地把手扭来扭去，或将手指放在嘴前轻声吹口哨，表示紧张、不安的心理状态。

（8）掰手指。习惯于把自己的手指掰得很响的人，通常精力旺盛，非常健谈，喜欢"钻牛角尖"；对事业、工作环境比较挑剔，如果是他喜欢干的事，他会不计任何代价并踏实、努力地去干。

3.腿脚的动作

腿脚的动作较易为人们所忽视。其实腿脚是人较容易泄密的部位，也正因为如此，人们在谈判或演讲时总是要用桌子或讲台来遮掩腿脚。

（1）腿脚抖动。这类人总是喜欢用脚或脚尖使整个腿部抖动，他们最明显的特征是自私，很少考虑别人，凡事从利己出发，对别人很吝啬，对自己却很大方，但是他们很善于思考，能经常提出一些令人意想不到的问题。

（2）人们在感到恐惧或紧张时，双腿会不自觉地夹紧，双脚不住地上下抖动或左右晃动。

（3）表面专注听讲的人，而双腿却在不住地变换姿势或用一只脚的脚尖去摩擦另一条腿的腿肚子，那就表明他其实已经很不耐烦了。

4.拍打头部

这个动作在多数时候表示懊悔和自我谴责。有这种动作的人不太注重感情，而且对人苛刻，但对事业有一种开拓进取的精神。他们一般心直口快，为人真诚，富有同情心，愿意帮助别人，但守不住秘密。

5.摆弄饰物

有这种习惯的人多数是女性，而且一般都比较内向，不轻易使感情外露。她们的另一个特点是做事认真、踏实，但凡有座谈会、晚会或舞会，人们都散了，但最后收拾、打扫会场的总是她们。

6.耸肩摊手

这个动作通常是摊开双手，耸耸肩膀，表示自己无所谓的样子。有这种动作的人大多为人热情，而且诚恳，富有想象力。他们会创造生活，也会享受生活，追求的最大幸福是生活在和睦、舒服的环境中。

7.抹嘴捏鼻

习惯于抹嘴捏鼻的人，大多喜欢捉弄别人，爱好哗众取宠。这种人最终是被支配的人，别人要他做什么，他就可能做什么，购物时经常拿不定主意。

【特别提示9-2】

善于谈判的人，一定是善于观察的人。

四、谈判中反观察能力的培养

要取得谈判的胜利，认真观察对方、发现对方的弱点、寻找突破的契机是非常重要的。但是，在高手如云的谈判桌上，锻炼自己的反观察能力更是一项必不可少的修炼。所谓反观察能力，是指随时注意自己在谈判中给对方留下的印象，利用对方的判断取得谈判的主动权。具体应当注意以下几个方面：

（1）规范身体语言。一些身体语言代表着焦虑、紧张和缺乏自信。怎样去除这些不必要的身体语言呢？放松并且使你感觉良好的最好方法是强迫自己相信你比别人优秀。你可以想象正与你谈判的那个人或那些人欠你账，设想这些人围着你，请求你延长他们的还款期限，这样你会发现自己确实感到自信多了。如果你感到自己的手很紧张，就把手放在身后或口袋里。总之，通过强迫自己自信，你在展示外在冷静与深思熟虑的态度的同时，也在传递着威信、知识、礼貌与合作。

（2）在谈判中有效地观察对方的行为语言，有意识地进行模仿学习。行为语言的运用在多数情况下是与语言、环境因素相配合的。行为语言和语言环境应成为一个相互协调的整体，应尽可能地避免行为语言与语言之间的矛盾；否则，就会极大地降低语言的可信程度。那么，如何使自己的行为语言更自然、更可信呢？一个行之有效的方法就是通过摄像机来积累具体生动的素材，并在专业人员或有丰富谈判经验人员的帮助、提示下进行分析，也可以通过自己不断积累的生活经验，分析行为语言的意思。自己多总结、多提炼，不断升华和提高，总会运用好比较自然的行为语言。

（3）判定谈判对象的类型，采取有效的应对措施。在谈判过程中，应该采取怎样的态度才能使谈判顺利进行呢？最重要的环节就是应该在谈判交锋的初始阶段对谈判对象做一个评价，以便针对这种类型的谈判者采取相应的措施。谈判对象的性格、态度、风格以及经验等情况，是通过他的言谈举止体现的。通过对对方目光、手势的观察来判断谈判对象的态度和意向，进而确定谈判策略。例如，在开局之初，谈判对象就瞻前顾后、优柔寡断，显然这是一位犹豫型的谈判者；如果谈判对象一开始就从容自若、侃侃而谈，设法调动起谈判人员的谈判兴趣，或是巧妙地谈一些中性话题，或是旁敲侧击、想方设法探测对方的实力，以及谈判人员的兴趣、爱好，很显然，这肯定是一位行家高手。

另外，我们在观察对方的动作和姿态时，不能只从某一个孤立的、静止的动作或姿态进行判断，而应对其连续的、一系列的动作进行分析和观察。同时，应结合某人讲话时的语气、语调等进行综合分析，这样才能得出比较真实、全面、可信的结论。

需要指出的是，在商务谈判的过程中，对方完全可能有意识地利用某些动作、姿态来迷惑我们，这就需要我们从对方的动作习惯中，或者与其前后所做的动作，当时讲话的内容、语音、语气和语调等相联系，寻找破绽、识别真伪，进而采取相应的对策。

训练营

【训练任务9-1】

报属相。

【任务目标】

（1）通过报属相进行肢体语言训练，锻炼肢体语言的表现力。

（2）提高学生观察他人肢体语言的能力。

【任务内容和要求】

报属相时，只能用动物的肢体语言或声音表达，任何人类的语言都是被禁止的。

【任务组织】（见表9-1）

表9-1　　　　　　　　　　　报属相任务组织表

任务项目	具体实施	时间	备注
报属相	（1）请每个学生以特别的方式逐个说出自己的属相 （2）要求学生迅速与自己属相相同的人站到一起 （3）按照属相将同学分组，组与组之间按照成语合并，与其他小组合并最多的小组获胜	30分钟	教室分组

【任务评价】（见表9-2）

表9-2　　　　　　　　　　　报属相任务评价表

评价指标	评价标准	分值（分）	评估成绩（分）	所占比例
肢体语言团队配合分享体会	1.肢体语言表现形象	20		70%
	2.能很快找到属相相同的群体	20		
	3.团队成员配合协调	20		
	4.遵守规则	10		
	5.积极参与分享活动	10		
	6.体会深刻	10		
	7.活动评估	10		
教学过程	出勤、态度和热情	100		30%
综合得分				

【训练任务9-2】

观察训练。

【任务目标】

（1）通过模拟谈判的观察训练，使学生掌握观察的技巧。

（2）培养观察与反观察能力。

【任务内容与要求】

（1）就牛仔裤交易进行模拟谈判。

（2）要求观察细致，总结准确。

【任务组织】（见表9-3）

表9-3　　　　　　　　　　　　　　观察训练任务组织表

活动项目	具体实施	时间	备注
观察训练	（1）将全班学生分为6组，3组为买方，3组为卖方，一一对应，分别演练 （2）就牛仔裤交易进行模拟谈判 （3）买卖双方分别表演各种肢体语言，同时观察对方的年龄、服饰、身体语言等，总结对方所传递的信息及应对策略 （4）各组总结观察训练的体会，并对应对小组的办法进行评价 （5）准备时间为10分钟	20分钟	教室内 提前准备资料

【任务评价】（见表9-4）

表9-4　　　　　　　　　　　　　　观察训练任务评价表

评价指标	评价标准	分值（分）	评估成绩（分）	所占比例
观察训练表演效果	1.谈判中能理解如何进行观察	30		70%
	2.能灵活运用观察与反观察的技巧	30		
	3.遵守活动时间	10		
	4.表演真实	10		
	5.效果明显	10		
	6.活动评估	10		
教学过程	出勤、态度和热情	100		30%
综合得分				

【训练任务9-3】

记录10篇观察日记。

【任务要求】

不限题目和内容，只要是看到的事物，都可以作为观察对象。要注意观察仔细，详细记录观察到的环节、情节、人物性格、人物情绪变化等。

金钥匙

- 细节在于观察，成功在于积累。
- 要从对小事物的细心观察中找出发现谈判奥秘的途径。
- 谈判，需要细心观察，更需要理性思考，从而获取鲜活而丰富的谈判经验。
- 仔细观察谈判中的人和事，用自己的慧眼、自己的心智去领悟谈判。
- 到生活中去，去观察，去倾听，去体验，去创造，去成长。

课后思考：

1.列出谈判观察能力的基本要求与观察方法。

2.用观察法观察一个人的行为，写出观察感受。

模块二　僵局突破策略

【目标与要求】掌握僵局突破策略
会处理僵局问题

【学习任务】列出僵局出现的原因
在模拟谈判中制造僵局
在模拟谈判中突破僵局

故事汇

我国的一种稀有特产，底价为每千克 30 美元，外商 P 前来购买，A 是我方代表。

第一天上午，外商看了样品、规格，双方初步洽谈了意向。

第一天下午，谈判开始，A 提出每千克 38 美元的要价，外商感到吃惊："价格这么高，是不是搞错了？"

"没有，没有搞错！"

在得到确实的回答以后，外商要求降低售价。双方各自陈述理由，谈了半天，价格只降了 1 美元，外商还是不满意，双方就这样僵持着。

晚餐的时候传来消息，A 要去参加一个紧急会议，以后的谈判委派 B 接任。

第二天上午，B 面带微笑与外商一起坐到谈判桌旁，他还亲自给外商递过去一杯中国绿茶。外商询问价格，B 笑着说："听说昨天你们已经谈妥，价格是 37 美元。"

外商一听，连说："搞错了，还没有达成协议呢！"

接着，价格拉锯战开始。到中午时，B 说："这样吧，我们再让 0.5 美元如何？我原来以为你们已经谈妥了，我是受命前来商谈其他细节的，在价格方面我没有足够的权力，下午 A 会回来。现在要么你同意这个价格，要么你与 A 再谈。"

外商回了一句："那么 A 是否有决定权？"

"是的，A 有决定权。"

第二天下午，A 没来得及回来，谈判暂停，安排外商浏览当地名胜。

第三天上午，A 与外商再次谈判，提出的起价点是 37 美元，外商一听，又急又火："怎么昨天谈的不算呢？"

"可以，就以 36.5 美元成交！"

"不，不！你们怎么能指望我出35美元以上来买你们的产品呢？"

情急之中，外商说漏了嘴，A立刻抓住机会："这么说，你愿意按每千克35美元的价格成交了？"

外商只好同意。这样成交价要比底价高 **16.7%**。

故事启发　利用休会进行调整是谈判过程中一个有力的方法，它可以使谈判中的僵持局面得到缓解，最终促使谈判协议达成。

微课18

僵局处理

知识库

一、产生僵局的原因

僵局对于谈判者来说是不可避免的，能否处理得当，直接影响谈判的结果。了解谈判僵局产生的原因，避免僵局出现，一旦出现僵局，也能够运用科学有效的策略和技巧打破僵局，使谈判重新顺利进行下去，就成为谈判者必须掌握的重要技能。谈判僵局产生的原因，见图9-3。

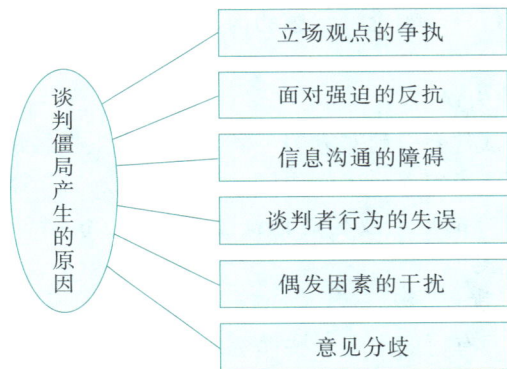

图9-3　谈判僵局产生的原因

（一）立场观点的争执

双方各自坚持自己的立场观点而排斥对方的立场观点，形成了僵持不下的局面。在谈判过程中，如果双方对各自的立场观点产生主观偏见，认为己方是正确合理的，而对方是错误的，并且谁也不肯放弃自己的立场观点，往往就会出现争执，使谈判陷入僵局。双方真正的利益需求被这种立场观点的争论搅乱，而双方为了维护自己的面子，不但不愿做出让步，反而用否定的语气指责对方，迫使对方改变立场观点。谈判者出于对己方立场观点的维护心理往往会产生偏见，不能尊重对方的观点和客观事实，双方都固执己见排斥对方，而把利益忘在脑后，甚至为了"捍卫"立场观点的正确而以退出谈判相要挟。

这种僵局处理不好就会破坏谈判的合作气氛，浪费谈判时间，甚至伤害双方的感情，最终使谈判走向破裂。立场观点争执导致的僵局是比较常见的，因为人们很容易在谈判时陷入立场观点的争执，不能自拔而使谈判陷入僵局。

（二）面对强迫的反抗

一方向另一方施加强迫条件，被强迫一方越是受到逼迫，就越不退让，从而形成僵局。一方占有一定的优势，他们以优势者自居向对方提出不合理的交易条件，强迫对方接受，否则就威胁对方。被强迫一方出于维护自身利益或是维护尊严的需要，拒绝接受对方强加于己方的不合理条件，反抗对方的强迫。这样，双方僵持不下，使谈判陷入僵局。

（三）信息沟通的障碍

谈判过程是一个信息沟通的过程，只有双方的信息实现正确、全面、顺畅的沟通，双方才能互相深入了解，才能正确把握和理解对方的利益和条件。但实际上，双方的信息沟通会遇到种种障碍，造成信息沟通受阻或失真，使双方产生对立，使谈判陷入僵局。

信息沟通障碍是指双方在信息交流的过程中由于主客观原因所造成的理解障碍。其主要表现为：由于双方文化背景的差异造成的观念障碍、习俗障碍、语言障碍；由于知识结构、教育程度的差异造成的问题理解差异；由于心理、性格差异造成的情感障碍；由于表达能力、表达方式的差异造成的传播障碍等。信息沟通障碍使谈判双方不能准确、真实、全面地进行信息、观念、情感的沟通，甚至会产生误解和对立情绪，使谈判不能顺利进行下去。

（四）谈判者行为的失误

谈判者行为的失误常常会引起对方的不满，使其产生抵触情绪和强烈的对抗，使谈判陷入僵局。例如，个别谈判人员工作作风、礼节礼貌、言谈举止、谈判方法等方面出现严重失误，触犯了对方的尊严或利益，就会产生对立情绪，使谈判很难顺利进行下去，造成很难堪的局面。

（五）偶发因素的干扰

在商务谈判过程中，有可能出现一些偶然发生的情况，当这些情况涉及谈判某一方的利益得失时，谈判就会由于这些偶发因素的干扰而陷入僵局。例如，在谈判期间，外部环境发生突变，某一谈判方如果按原有条件谈判就会蒙受利益损失，于是他便推翻已经做出的让步，从而引起对方的不满，使谈判陷入僵局。由于谈判不可能处于真空地带，谈判者随时都要根据外部环境的变化调整自己的谈判策略和交易条件，因此这种僵局的出现也就不可避免了。

（六）意见分歧

双方在利益分配上产生意见分歧，互相都不肯让步，导致实质性僵局。实践中，很多谈判人员害怕僵局的出现，担心僵局导致谈判暂停甚至最终破裂。其实不必如此多虑，谈判经验告诉我们，这种暂停甚至破裂并不绝对是一件坏事。因为谈判暂停，可使双方都有机会重新审视各自谈判的出发点，既能维护各自的合理利益，又会努力寻找双方的共同利益。

【案例9-1】

中海油某公司欲从澳大利亚某研发公司（以下简称C公司）引进地层测试仪技术，

双方就该技术交易在 2017 至 2018 年期间举行了多次谈判。地层测试仪技术是石油勘探开发领域的一项核心技术，掌控在国外少数几个石油巨头公司手中，如斯伦贝谢、哈里伯顿等。他们对中国实行严格的技术封锁，不出售技术和设备，只提供服务，以此来占领中国广阔的市场，赚取高额的垄断利润。澳大利亚 C 公司因缺乏研究和开发资金，主动带着他们独立开发的、处于国际领先水平的该技术来中国寻求合作者，并先后在中国的渤海和南海进行了现场作业，效果很好。

中方于 2018 年初到澳方 C 公司进行全面考察，对该公司的技术设备很满意，并就技术引进事宜进行正式谈判。考虑到这项技术的重要性以及公司未来发展的需要，中方谈判的目标是出高价买断该技术。但 C 公司坚持只给中方提供技术使用权，允许中方制造该设备，技术专利仍掌控在自己手中。他们不同意将公司赖以生存的核心技术卖掉，变成中方的海外子公司或研发机构。双方巨大的原则立场分歧使谈判在一开始就陷入了僵局。

中方向 C 公司表明了立场之后，对谈判进行"冷处理"，回国等待。迫于资金短缺的巨大压力，C 公司无法拖延谈判时间，在 2018—2019 年期间，就交易条件多次找中方磋商，试图打破僵局。但由于双方都不退让，最终没能达成协议，谈判破裂。

【案例启示】

中澳双方在这一石油技术领域有着很好的合作前景，C 公司拥有世界领先的技术，但缺乏资金和市场；中方有广阔的市场，丰裕的资金，但缺少核心技术。虽然双方都极尽努力去化解僵局，但因谈判目标上的巨大差异和利益冲突，双方的谈判无果而终。在僵持阶段，双方只是重申己方立场和要求，澳方谈技术转让的条件，而中方是"一口价"，即买断技术所有权。双方从各自的立场观点出发，试图说服和改变对方，而不愿换位思考，站在对手的立场上寻找双赢的解决方案。双方都立场坚定，既不被对方小恩小惠的让步打动，也不做出实质性让步，僵局演变为死局。

以上是产生谈判僵局的几种因素。谈判中出现僵局是很自然的事情，虽然人人都不希望出现僵局，但是出现僵局也并不可怕。面对僵局，不要惊慌失措或情绪沮丧，更不要一味指责对方没有诚意，要弄清楚僵局产生的真实原因是什么，分歧点究竟是什么，谈判的形势怎样，然后运用有效的策略技巧突破僵局，使谈判顺利进行下去。

二、僵局的分类

许多谈判之所以陷入僵局，从商务谈判实践的角度去看，大多是由于双方的情感、立场、观点、原则等主观因素出现分歧，基于此，我们可以把僵局分为以下三类，见图 9-4：

第一类，策略性僵局，即谈判的一方有意识地制造僵局，给对方造成压力而为己方争取时间和创造优势的拖延性质的策略。

第二类，情绪性僵局，即在谈判过程中，一方的讲话引起对方的反感，冲突升级，出现以牙还牙、唇枪舌剑、互不相让的局面。

第三类，实质性僵局，即双方在谈判过程中涉及商务交易的核心——经济利益时，意见分歧较大，难以形成一致意见。双方固守己见，毫不相让，从而形成实质性僵局。

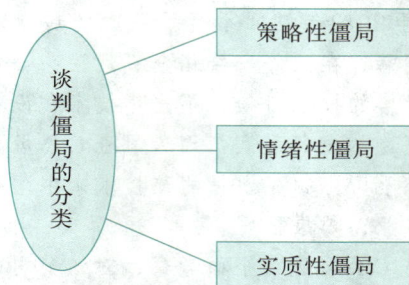

图 9-4　谈判僵局的分类

三、出现僵局的可能

在哪种情形下（见图 9-5）出现僵局的可能性最大呢?

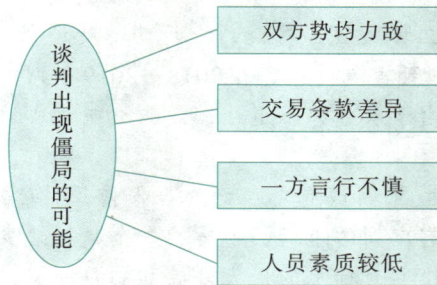

图 9-5　谈判出现僵局的可能

（1）谈判双方势均力敌，同时各自的目的、利益都集中在某几个问题上。比如，一宗商品交易，买卖双方都十分关注商品价格、交易方式两个条款。这样，双方通融、协调的机会就比较小，就很容易在此问题上斤斤计较，互不相让，形成僵局。

（2）双方对交易内容的条款要求和想法差距较大，也容易形成僵局。例如，一桩进口机械设备交易，卖方要价为 20 万元，而买方出价为 10 万元，卖方要求一次性付款，买方则坚持两次付清。这样一来，要协调双方的要求就比较困难。通常的方法是双方做出同等让步，如有任何一方不妥协，僵局就会出现。

（3）在谈判中，由于一方言行不慎，伤害了对方的感情或使对方丢了面子，也会形成谈判僵局，而且这种僵局最难处理。一些有经验的谈判专家认为，许多谈判人员维护自己的面子胜过维护公司的利益。如果在谈判中，一方感到丢了面子，他会奋起反击挽回面子，甚至不惜退出谈判。这时这种人的心态处于一种激动不安的状态，特别固执，语言也富有攻击性，即使是一个微不足道的小问题，也毫不妥协退让，谈判随之进入僵局。

（4）人员素质低下也可能导致谈判陷入僵局。俗话说："事在人为。"谈判人员的素质不仅是谈判能否成功的重要因素，而且当双方合作的客观条件良好、共同利益较一致时，谈判人员素质的高低往往是起决定作用的因素。谈判人员在使用一些策略时，对实际情况掌握不好，或策略运用不当，也往往会导致谈判受阻及僵局出现。因此，无论是谈判人员作风方面的原因，还是知识经验、策略技巧方面的不足或失误，都可能导致谈判僵局的出现。

四、僵局的突破策略

如果谈判中间出现了僵局，谈判毫无进展，处理僵局的关键是努力缓和对立情绪，消除分歧，推动谈判进一步发展，具体策略有以下几种，见图9-6。

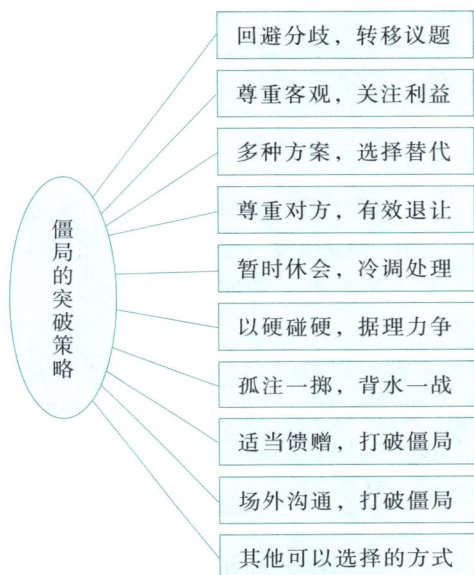

图9-6　僵局的突破策略

（一）回避分歧，转移议题

当双方对某一议题产生严重分歧，都不愿意让步而陷入僵局时，一味地争辩解决不了问题，可以回避有分歧的议题，换一个新的议题与对方谈判。这样做有两点好处：一是可以争取时间先进行其他问题的谈判，避免长时间的争辩耽误宝贵的时间；二是当其他议题经过谈判达成一致之后，会对有分歧的问题产生正面影响，再回过头来谈陷入僵局的议题时，气氛会有所好转，思路会变得开阔，问题的解决也会比以前容易得多。

（二）尊重客观，关注利益

谈判双方各自坚持己方的立场观点，由于主观认识的差异而使谈判陷入僵局。这时候处于激烈争辩中的谈判者容易脱离客观实际，忘掉大家的共同利益是什么。所以，当谈判陷入僵局时，首先要克服主观偏见，从尊重客观的角度看问题，关注企业的整体利益和长远目标，而不要一味追求论辩的胜负。如果是对某些枝节问题争辩不休而导致僵局，那么这种争辩是没有多大意义的。即使争辩的是关键性问题，也要客观地评价双方的立场和条件，充分考虑对方的利益要求和实际情况，认真冷静地思索己方如何才能实现比较理想的目标，理智地克服一味地希望通过坚守自己的阵地来"赢"得谈判的做法。这样才能静下心来面对客观实际，为实现双方的共同利益而设法打破僵局。

（三）多种方案，选择替代

如果双方仅仅采用一种方案进行谈判，当这种方案不能为双方同时接受时，就会形成僵局。实际上，谈判中往往存在多种满足双方利益的方案。在谈判准备期间，应该准备多种可供选择的方案。一旦一种方案遇到障碍，可以提供其他备用方案供对方选择，使"山重水复疑无路"的困局转变成"柳暗花明又一村"的好形势。谁能够创造性地提供可选择的方案，谁就能掌握谈判的主动权。当然，这种替代方案要既能维护己方的切身利益，又能兼顾对方的需求，这样才能使对方对替代方案感兴趣，进而从新的方案中寻找双方的共识。

（四）尊重对方，有效退让

当谈判双方各持己见、互不相让而陷入僵局时，谈判人员应该明白，坐到谈判桌上的目的是达成协议，实现双方的共同利益，如果促使合作成功带来的利益大于固守己方立场导致谈判破裂的收获，那么退让就是聪明有效的做法。

采取有效退让的方法打破僵局基于以下三点认识：第一，己方用辩证的思考方法，明智地认识到应在某些问题上稍做让步，而在其他问题上争取更好的条件；应在眼前利益上做一点牺牲，而换取长远利益；应在局部利益上稍做让步，而保证整体利益。第二，己方应多站在对方的角度看问题，消除偏见和误解，对己方一些要求过高的条件做出一些让步。第三，这种主动退让的姿态向对方传递了己方的合作诚意，促使对方在某些条件上做出相应的让步。如果对方仍然坚持原有的条件寸步不让，证明对方没有诚意，己方就可以变换新的策略，调整谈判方针。

（五）暂时休会，冷调处理

当谈判出现僵局而一时无法用其他方法打破僵局时，可以采用冷调处理的方法，即暂时休会。因为在双方争执不下、情绪对立的情况下，很难冷静下来进行周密的思考。

休会以后，双方情绪平稳下来，可以冷静地思考一下双方的分歧究竟是什么性质，对前一阶段的谈判进行总结，考虑一下僵局会给己方带来什么利益损害，环境因素有哪些发展变化，谈判的紧迫性如何等。另外，也可以在休会期间向上级领导做汇报，请示一下高层领导对处理僵局的指导意见，将某些让步策略的实施授权给谈判者，以便谈判者采取下一步的行动。

此外，可以在休会期间让双方高层领导进行接触，缓和一下双方僵持对立的关系；或者组织双方谈判人员参观游览，参加宴会、舞会和其他娱乐活动。在活动中，双方可以在轻松愉快的气氛中进行无拘无束的交流，进一步交换意见，重新营造友好合作、积极进取的谈判气氛。经过一段时间的休会，当大家再一次坐到谈判桌上的时候，原来僵持对立的问题会比较容易沟通和解决，僵局也就随之被打破了。

（六）以硬碰硬，据理力争

当对方提出不合理条件，制造僵局，给己方施加压力时，特别是在一些原则问题上表现得蛮横无理时，要以坚决的态度据理力争。因为这时如果做出损害原则的退让和妥协，不仅损害己方利益和尊严，还会助长对方的气焰。所以，己方要明确表示拒绝对方的不合理要求，揭露对方故意制造僵局的不友好行为，使对方收敛蛮横无理的态度，自动放弃不合理的要求。

这种方法首先要体现出己方的自信和尊严，不惧怕任何压力，追求平等合作的原则；其次要注意表达的技巧性，用绵里藏针、软中有硬的方法回击对方，使其自知没趣，主动退让。

（七）孤注一掷，背水一战

当谈判陷入僵局时，己方认为自己的条件是合理的，无法再做让步，而且又没有其他可以选择的方案，可以采用孤注一掷、背水一战的策略。将己方的条件摆在谈判桌上，明确表示自己已无退路，希望对方能做出让步，否则情愿接受谈判破裂的结局。在谈判陷入僵局而又没有其他方法解决的情况下，这个策略往往是最后一个可供选择的策略。

在做出这一选择前，己方必须做好最坏的打算，做好承受谈判破裂的心理准备。因为一旦对方不能接受己方条件，就有可能导致谈判破裂。在己方没有做好充分的准备时，以及在己方没有多次努力尝试其他方法打破僵局时，不能贸然采用这一方法。

这种策略使用的一个前提条件是己方的要求是合理的，而且没有退让的余地，再退让就会损害己方的根本利益。另一个前提条件是己方不怕谈判破裂，不会用牺牲企业利益的手段去防止谈判破裂。如果对方珍惜这次谈判和合作的机会，在己方做出最后摊牌之后，对方有可能选择退让的方案，使僵局被打破，达成一致的协议。

（八）适当馈赠，打破僵局

谈判者在相互交往的过程中，适当地互赠些礼品，会对增进双方的友谊、沟通双方的感情起到一定的作用，这也是普遍的社交礼仪，西方学者幽默地称之为"润滑策略"。每一个精明的谈判者都知道：给予对方热情的接待、良好的照顾和服务，往往会对谈判产生重大影响。这种策略对防止谈判出现僵局是一个行之有效的途径，等于直接明确地向对手表示"友情第一"。

所谓适当馈赠，是指馈赠要讲究艺术，一是注意对方的习俗，二是防止有贿赂之嫌。有些企业为了实现自身的利益乃至企业领导人、业务人员自己的利益，在谈判中改变了送礼这一社交礼仪的性质，使之等同于贿赂，不惜触犯法律，这是错误的。所以，馈赠礼物必须是在社交范围之内的普通礼物，突出"礼轻情义重"。在谈判时，招待对方吃一顿地方风味的午餐，陪对方度过一个美好的夜晚，赠送一些小小的礼物，并不算是贿赂，也不算是道德败坏。如果对方馈赠的礼品比较贵重，通常意味着对方要在谈判中"索取"较大的利益。对此，要婉转地暗示对方礼物"过重"，予以推辞，并传达出自己不会因礼物的价值而改变谈判态度的信息。

（九）场外沟通，打破僵局

谈判会场外沟通亦称"场外交易"或"会下交易"等。它是一种非正式谈判，双方可以无拘无束地交换意见，达到消除障碍、避免出现僵局的目的。对于正式谈判中出现的僵局，同样可以用场外沟通的途径直接进行解释，消除隔阂。

1.采用场外沟通策略的时机

（1）谈判双方在正式会谈中相持不下，即将陷入僵局。彼此虽有求和之心，但在谈判桌上碍于面子，难以启齿。（2）谈判陷入僵局，谈判双方或一方的幕后主持人希望借助非正式的场合进行私下商谈，从而缓解僵局。（3）谈判双方的代表因为身份问题，不宜在谈判桌上让步以打破僵局，但是可以借助私下交谈打破僵局，这样不会牵扯到身份问题。例如，谈判的领导者不是专家，但实际做决定的却是专家。这样，在非正式场合，专家就可以出面从容商谈，打破僵局。（4）谈判对手在正式场合严肃、固执、傲慢、自负、喜好奉承。这样，在非正式场合给予其恰当的恭维（因为恭维别人不宜在谈判桌上进行），就有可能使其做出较大的让步，以打破僵局。（5）谈判对手喜好郊游、娱乐。这样，在谈判桌上谈不成的东西，在郊游和娱乐的场合就有可能谈成，从而打破僵局，达成有利于己方的协议。

2.运用场外沟通应注意的问题

（1）谈判者必须明确，在一场谈判中用于正式谈判的时间是不多的，大部分时间都是在场外度过的，必须把场外活动看成谈判的一部分，在场外谈判往往能得到正式谈判中得不到的东西。（2）不要把所有的事情都放在谈判桌上讨论，而是要通过一连串的社交活动讨论和研究问题的细节。（3）当谈判陷入僵局时，就应该离开谈判桌，通过举办多种娱乐活动，使双方无拘无束地交谈，促进相互了解，沟通感情，建立友谊。（4）借助社交场合，主动和非谈判代表的有关人员（如工程师、会计师、工作人员等）进行交谈，以了解对方更多的情况，往往会得到意想不到的收获。（5）在非正式场合，可由非正式代表提出建议、发表意见，以促使对方思考，因为即使这些建议和意见很不利于对方，对方也不会追究，毕竟讲这些话的不是谈判代表。

（十）其他可以选择的方式

1.改变谈判方式

在谈判中，可以策略地先撇开争执的问题，而不是盯住一个问题不放，不谈妥誓不罢休。例如，在价格问题上双方互不相让，可暂时搁置，改谈交货期、付款方式等问题，如果可以在这些议题上令对方满意，再重新回到价格问题，这样可以减小阻力，增加回旋余地，使谈判出现转机。

2.改变谈判环境

在谈判中，即使做了很大努力，采取了很多办法、措施，谈判僵局还是很难打破。这时，可以考虑改变谈判环境。在正式谈判场合，由于谈判气氛紧张，因此容易使谈判人员产生压抑、沉闷，甚至烦躁不安的情绪。东道主可组织谈判双方举办一些活动，如游览观光、文娱活动等，使紧张的气氛得到缓解。在活动中，谈判双方可不拘形式地就某些僵持问题继续交换意见，在融洽轻松的气氛中消除障碍，使谈判出现新的转机。

3.利用调解人

当出现僵持局面时，彼此的感情可能会受到伤害。因此，即使一方提出缓和建议，另一方在感情上也难以接受。在这种情况下，最好寻找一个双方都能接受的中间人作为调解人或仲裁人。调解人最好是与谈判双方都没有直接利益关系的第三方，一般要具有丰富的社会经验、较高的社会地位、渊博的学识。总之，调解人的威望越高，越能获得双方的信任，越能缓和双方的矛盾，使双方达成一致。谈判调解人的作用，见图9-7。

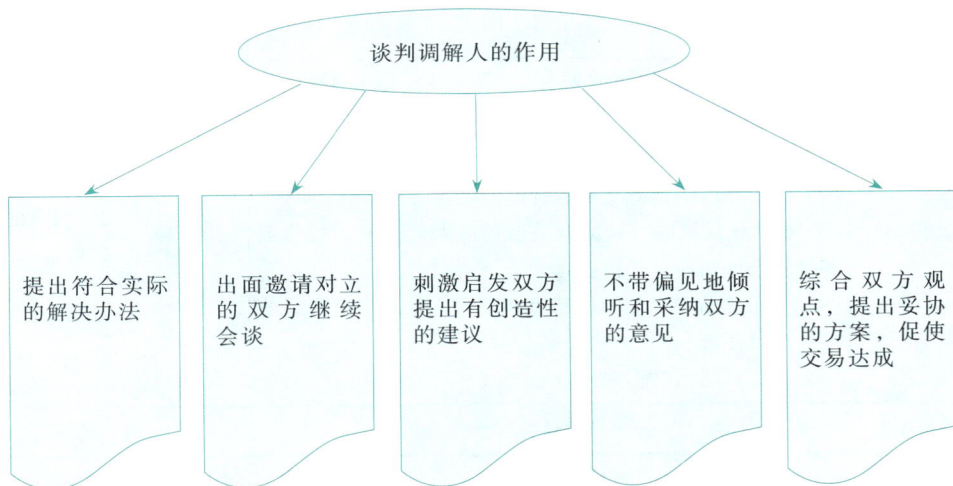

图9-7 谈判调节人的作用

4.调整谈判人员或领导出面协调

谈判中出现僵局，经双方努力仍无效果时，可以征得对方同意，及时更换谈判人员。当然，这是一种迫不得已的、被动的做法，必须慎重使用。必要时，可请领导出面，因势利导，表明对谈判局面的关注，也可起到消除僵局的效果。

5.尊重文化差异

国际商务谈判在许多情况下都是跨文化谈判，跨文化谈判最重要的是理解和尊重对方的文化。当我们已经习惯某一种文化模式时，常常不能正确理解不同文化环境下人们行为的差异，因此谈判中的僵局就会出现。所以，要防止由于文化差异带来的负面影响，就要认真了解谈判对手所处的文化背景，了解他们的风俗习惯和商务活动特点，做到知己知彼，百战不殆。

训练营

【训练任务9-4】

僵局处理。

【任务目标】

培养学生处理谈判僵局的能力。

【任务内容和要求】

（1）就牛仔裤交易进行模拟谈判，注意训练谈判僵局的处理能力。

（2）要注意把两种僵局的特征表现清楚，处理办法要灵活可行，态度认真。

【任务组织】（见表9-5）

表9-5　　　　　　　　　　　　僵局处理任务组织表

活动项目	具体实施	时间	备注
僵局处理训练	（1）将全班分成A、B两大组（见表9-6）。A组为5家牛仔裤经销商，即买方；B组为5家牛仔裤生产厂家，即卖方。A组与B组对应演练 （2）内容是就牛仔裤交易进行模拟谈判 （3）5组分别抽取写好的有关僵局倾向的题签，按照题签要求设计僵局，互相应对 （4）各组总结两种僵局的特点和原因，并对应对小组的办法进行评价 （5）准备时间为10分钟	30分钟	教室内提前准备资料

表9-6　　　　　　　　　　　　僵局处理任务分组表

情绪性僵局		B组应对	
A组应对		策略性僵局	
A组：买方	1组：4人	B组：卖方	1组：4人
	2组：4人		2组：4人
	3组：4人		3组：4人
	4组：4人		4组：4人
	5组：4人		5组：4人

【任务评价】（见表9-7）

表9-7　　　　　　　　　　　　僵局处理任务评价表

评价指标	评价标准	分值（分）	评估成绩（分）	所占比例
僵局处理	1.模拟谈判真实、形象	20		70%
	2.把握了两种僵局的特点	20		
	3.应对办法切实可行	20		
	4.讨论积极，观点鲜明	10		
	5.小组成员配合默契	10		
	6.语言真实，表达清楚	10		
	7.活动评估	10		
教学过程	出勤、态度和热情	100		30%
综合得分				

金钥匙

　　虽然我们都在追求双赢，但不是任何问题都能达到双赢，通常谈判陷入僵局，都是因为谈判者采取立场式的谈判方法。这时必须有一方做出一定的让步，但这样，谈判就会变为一场意志力的较量，看谁最固执或者谁最慷慨。这时候，我们应淡化立场，追求利益的共同点，因为我们许多人在感情用事的情况下，往往忽略了在双方对立的立场背后，虽然存在冲突的利益，还可能存在共同的或可以彼此兼容的利益。当然，让步的谈判并不等于失败的谈判。在谈判中，最忌讳的是随意做出不当的让步。有经验的谈判者会用对自己不重要的条件去交换对对方无所谓但对自己很重要的条件。这样的谈判才是一场双赢的谈判。

课后思考：

　　1.列出僵局出现的几种可能情况和僵局的突破策略。

　　2.写出模拟谈判中对僵局突破策略运用的体会。

项目十

谈判策略和谈判战术

【目标与要求】
- 熟悉常用谈判策略的选择
- 能识别对方的谈判策略，熟知应对方法

【学习任务】
- 用调整与选择的谈判策略模拟谈判
- 列出谈判策略调整的实施要领
- 小组一方设计谈判陷阱，另一方识别并突破

模块一　谈判策略

【目标与要求】　熟悉谈判策略的选择与调整方法

　　　　　　　　熟练运用休会策略

　　　　　　　　熟练运用最后期限策略

　　　　　　　　熟练运用假设条件策略

　　　　　　　　熟练运用开放策略

　　　　　　　　熟练运用润滑策略

【学习任务】　列出上述策略的实施要点

　　　　　　　用谈判策略的调整进行模拟谈判

　　　　　　　写出对模拟谈判的体会和总结

故事汇

巧说市民迁建天公庙

微课19

谈判常用策略
（一）

　　高雄民众以神明发怒为由，齐聚天公庙，拒绝市政府为市政建设而迁庙。高雄市市长王玉云亲赴天公庙，说服市民迁建天公庙，他以掷筊杯的方式，询问神明的意见。王玉云在祈祷词中说："神明啊！现在的庙址太小，又在市政府后面，真是太委屈您了。我们把庙迁到公园预定地好不好？"祷告完一掷，得了个圣筊，化解了这场纠纷。王玉云告诉记者，当时他想了好多个迁庙的地方，如神明不同意"公园预定地"，他就换"仓库"掷掷看。再不行，就再换个地点，总会碰出个圣筊吧！

微课20

谈判常用策略
（二）

故事启发　　王玉云聪明的地方，在于他改变了议题的定义。本来官民争的是"要不要迁"，后来在王玉云掷筊杯时，被转换成"迁到何处"，而不管迁到何处都是迁，市政府总是立于不败之地。

　　仔细审视这些谈判的方法，我们发现谈判有很多原理和原则都是相通的，比如在谈判时，我们要把期限的压力摆在对方肩上，绝无自己弄个期限压力扛在肩上的道理，这在哪一种类型的谈判中都适用。

知识库

　　谈判中经常会遇到以下情况：双方沟通比较困难，无法达到目的；感觉花费的时间和精力很多，但进展很小；在谈判中总是处于被动的局面等。如果遇到这些问题，就需要选择恰当的谈判策略，以智取胜，提高谈判效率。谈判策略五花八门，数不胜数，需要在实际谈判和生活中不断创造和捕捉，并灵活运用，融会贯通。在运用谈判策略的同时，还要对对方的谈判策略进行识别，以便更好地应对。

一、谈判策略的应用

　　商务谈判中常用策略（见图10-1）的使用条件与方法如下：

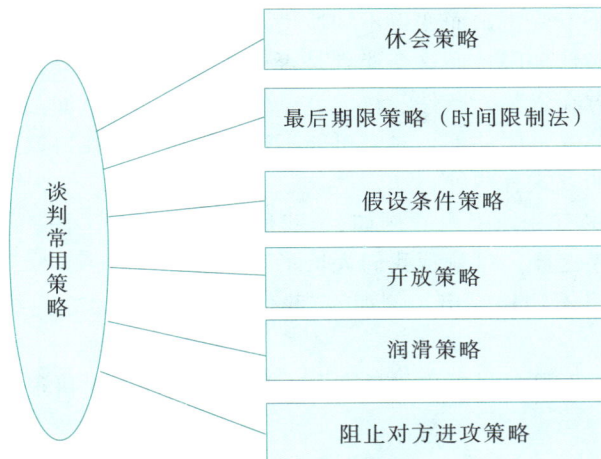

```
            ┌─────────────────────────┐
            │        休会策略          │
            ├─────────────────────────┤
            │  最后期限策略（时间限制法）│
   谈        ├─────────────────────────┤
   判        │      假设条件策略        │
   常        ├─────────────────────────┤
   用        │        开放策略          │
   策        ├─────────────────────────┤
   略        │        润滑策略          │
            ├─────────────────────────┤
            │     阻止对方进攻策略      │
            └─────────────────────────┘
```

图10-1　谈判常用策略

（一）休会策略

　　这是谈判中经常使用的策略。在谈判遇到障碍、僵持、疲惫等情况时，及时休会，可以调整状态，稳定情绪，恢复体力。

　　一般在以下情况下运用休会策略：

　　（1）谈判要出现僵局时，及时休会，双方冷静一下，可能会有转机出现。

　　（2）谈判的某一阶段接近尾声的时候，有必要休会讨论，分析一下目前的情况，以便及时调整相应的策略。

　　（3）疑窦难解之时，或出现新情况、新问题，难以应付时，找机会休息一下，探究、协调相应的对策。

　　（4）谈判时间过长时，精力不济，可以稍事休息，养精蓄锐，以利再战。

　　（5）对谈判现状不满时，如对方出现拖拖拉拉、效率很低的行为，提出休会，整顿一下，会有好处。

　　（6）休会需要双方同意，并把握好休会的时机；休会时应考虑下一步谈什么，怎么谈，用什么策略等。

（二）最后期限策略（时间限制法）

最后期限策略即规定谈判结束的具体时间，这对双方都很有必要，可以改变拖沓的情况，使双方精力集中，推动谈判的进程。

有一个关于谈判时间的实验：研究人员设置了一个虚拟的谈判场景，将参与者分为索赔者与拒赔者两队，这两队必须在 1 个小时内，协调出双方都可以接受的和解条件。而在这个过程中，每 10 分钟都会响一次铃并报时。结果，和解条件大部分都是在最后 5 分钟内敲定的。

北大谈判高手总结：谈判中的规律是，80% 的让步都是在谈判最后 20% 的时间内达成的。

最后期限策略的主要内容是，在谈判桌上给对方一个突然袭击，改变态度，使对手在毫无准备的形势下遭受重击而变得不知所措。对方本来认为时间挺宽裕，但突然听到一个要终止谈判的最后期限，而这个谈判是否成功又与自己有莫大关系时，一定会感到手足无措。由于对方在资料、条件、精力、思想、时间上很可能都没有准备充分，在经济利益和时间限制的双重驱动下，对方可能不得不屈服，而在协议上签字。

提出最后期限的方式有两种：

一是委婉、彬彬有礼地提出。例如，"我们能不能在 4 个小时之内结束会谈，使我们能赶上飞机？如果这样，可就帮我们大忙了"。

二是强硬、直言不讳地提出。例如，"我们要在 4 个小时之内结束会谈，我们要赶飞机"。

需要注意的是，不可过早提出最后期限，也不可过晚，时机很重要。

【案例 10-1】

美国著名企业家艾柯卡在接管濒临倒闭的克莱斯勒公司后，认为第一步必须先降低工人工资。他首先将高级职员的工资降低 10%，自己的年薪也从 36 万美元减为 10 万美元。随后他对工会领导人讲："17 元 1 小时的活多的是，20 元 1 小时的活一个也没有。"

采用这种毫不讲策略的强制威吓当然不会奏效，工会当即拒绝了他的要求。双方僵持了 1 年，始终没有任何进展。后来，艾柯卡心生一计。一天，他突然向工会代表们称："你们这种间断性的罢工，使公司长期无法正常运转。我已跟劳工输出中心通过电话，如果明天上午 8 点你们还不开工的话，将会有一批新工人顶替你们。"

工会谈判代表一下子不知所措，他们本想通过谈判，以便在工薪问题上取得新的进展，因此他们只在这方面做了资料和思想上的准备。未曾料到，艾柯卡竟会耍这么一手！被解聘，意味着他们将失业，这可是很严重的问题。工会经过短暂的讨论之后，基本上接受了艾柯卡提出的所有要求。

艾柯卡经过 1 年的拖延都未使工会让步，而出其不意的一招竟然成功了，而且赢得干净利落。

【案例启示】

出其不意，提出时间限制这一策略讲究一个"奇"字，它并非无往不胜的，一旦对方有了最坏的打算，并做出了准备，最后通牒便失去了它应有的威力。

美国通用电气公司在与工会的谈判中频繁采用"提出时间限制"的谈判策略，长达20年。在谈判开始的时候，这一方法屡屡奏效。但到1969年，工人终于忍无可忍。他们料到谈判的最后肯定又是故伎重演，还是以提出时间限制相要挟，在做了应变准备之后，工人放弃了妥协的可能性，促成了一场超越经济利益的罢工。

因此，一定要掌握好运用最后期限策略的技巧。

（1）出其不意，提出最后期限。这要求谈判者必须用坚定的语气，且不容通融。运用此技巧，在谈判中首先要表现得语气舒缓，不露声色，在提出最后通牒时转为语气坚定，不可使用含糊不清的话语，使对方存有一线希望，以致不愿即刻签约。因为谈判者一旦对未来存有希望，想象到将来可能会给自己带来更大的利益，就不会做最后让步。故而，坚定有力、不容通融的语气会替他们下定决心。

（2）提出时间限制时，一定是明确具体的时间。在关键时刻，不可说"明天下午"或"后天上午"之类不明确的话，而应是"明天下午2点钟"或"后天上午9点钟"等具体的时间。这样会使对方有一种时间逼近且无法更改的感觉，使之没有心存侥幸的余地。

例如，对方在谈判一开始的时候要求账期由30天延长为60天，己方一直没有答应，并且摆出种种理由向对方解释为何如此坚持。谈判进行得非常顺利，在己方以为谈判即将圆满结束的时候，对方突然又提出延长账期的问题。虽然你还在坚持，但是当对方告诉你他1个小时后要去机场跟另外一家公司谈判的时候，在无形中，对方向你施加了时间压力，如果你不答应，万一对方真掉头走了，之前所做的努力就全白费了。但是，一旦你答应了对方，公司的利润便会减少。在这种两难的情况下，往往是前者占了上风，你会答应对方的要求。这就是提出时间限制带来的效果。

（3）用具体的行动支持你所提出的最后期限。用具体的行动来印证，势必会使对方更加确信你的最后期限，如收拾行李，与旅馆做最后结算，预订车船机票，购买礼品、特产等。

（4）由谈判队伍中的领导发出最后通牒将更具可信度。一般认为，人的级别越高，讲出的话越有分量、越可信。当然，使用突袭这一策略必须掌握谈话分寸，不能言过其实，要努力把自己摆在一个坚定而又温和的谈判务实者的立场上。这就要求：抓住对方急于成交的心理，促其产生心理压力；不要过分贪婪，应有适当的让步；坚持用客观条件说服对方，使其心悦诚服，而非压制、强迫；不要趾高气扬，以势压人。

（三）假设条件策略

假设条件策略适用于探测阶段，提出假设条件会使谈判灵活机动，有利于双方达成互惠交易。例如，"假如我方负责运输、安装，贵方在价格方面有何变化"等。但这种假设并非适合各个阶段。在双方为报价思忖多日、几乎定价的情况下，再提出类似"假如……怎么样"，效果甚微。

(四) 开放策略

开放策略是近年来谈判专家日益重视的策略，其主要含义是谈判人员在谈判过程中，应坚持开诚布公的态度，向对方坦露自己真实的想法，这能让双方通力合作，使谈判在诚恳、坦率的气氛中有效地完成。

需要注意的是，对自私自利之徒、见利忘义之辈，开放策略使不得，因为可能会适得其反。

(五) 润滑策略

西方学者把馈赠礼品、联络感情称为润滑策略。由于文化习俗的差异，各国对此评价不一致。信仰基督教者认为送礼有悖基督精神，故对此不以为然；日本人有相互赠送礼品的习惯，认为这是友好的表现。在某些国家，送礼则是谈判的一项重要工作，没有这项内容，谈判就不能顺利进行，生意也就无从谈起。

我国是礼仪之邦，通常认为在谈判活动中适当地馈赠一些礼品，有助于增进双方的友谊。但馈赠礼品是一个敏感的话题，应谨慎对待，一般要注意以下几点：

(1) 送礼要符合对方的习俗。尊重对方的风俗习惯，送礼才会起到预期效果，否则会适得其反。

(2) 礼品价值不宜过高。送礼表示友好，不是贿赂，即礼轻情意重。在西欧、美国、阿拉伯地区等，礼物过重会被认为是贿赂，正常的商人大多不肯接受；即使接受，也疑窦丛生，送礼者也达不到预期目的。

(3) 要把握好送礼的场合。场合不对，赠送礼品也达不到效果。

(六) 阻止对方进攻策略

在商务谈判中，阻止对方进攻有以下几种策略，见图10-2。

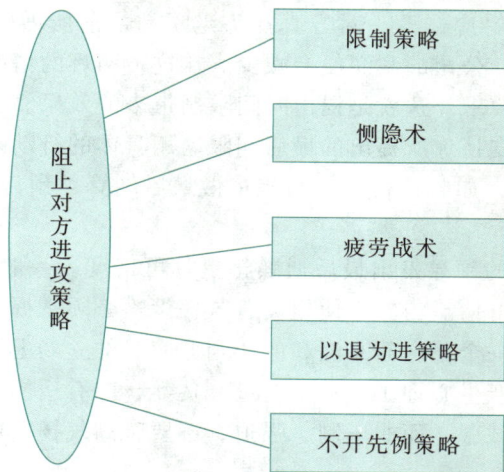

图10-2　阻止对方进攻策略

1.限制策略

在商务谈判中，经常运用的限制因素有三种：

(1) 权力限制。上司的授权、国家的法律和公司的政策，以及交易的惯例限制了谈判者所拥有的权力。

（2）资料限制。在商务谈判过程中，当对方要求就某一问题做进一步解释，或要求己方让步时，己方可以用抱歉的口气告诉对方："实在对不起，有关这方面的详细资料我方手头暂时没有（或者没有备齐，或者这属于本公司的商业秘密或专利品资料而概不透露），因此暂时还不能做出答复。"这就是利用资料限制因素阻止对方进攻的常用策略。对方听过这番话后，自然会暂时放下该问题，从而阻止了对方咄咄逼人的进攻。

（3）其他方面的限制。包括自然环境、人力资源、生产技术要求、时间等因素在内的其他方面的限制，都可用来阻止对方的进攻。这些限制对己方是大有帮助的。有些能使己方有充分的时间去思考，使己方更坚定自己的立场，甚至迫使对方不得不让步。有些则能使己方有机会想出更好的解决办法，或者更有能力和对方周旋。最重要的是能够考验对方的决心，顾全自己的面子，同时也能使对方有面子地让步。

但是，经验表明：该策略使用的频率与效率成反比。限制策略运用过多，会使对方怀疑己方无谈判诚意，或者请己方具备一定条件后再谈，从而使己方处于被动的一面。

2. 恻隐术

恻隐术是一种装可怜相、为难相的做法，以求得对方的同情，争取合作。在一般情况下，人们总是同情弱者，不愿落井下石将之置于死地。这一策略，日本厂商和我国港澳地区商人经常使用。我们不能装可怜相，不能失国格、人格，但"为难"人皆有之，其影响力不小，有时候很能感动没有经验的对手。

【案例10-2】

某卖方在二次降价后，坚守价格，为了打破僵局，卖方邀请买方去其住的旅馆洽谈。买方人员走进房间，只见卖方主谈人头上缠着毛巾，腰上围着毛毯，脸上挂着愁容，显示出病态。卖方主谈人说："头疼、胃疼、腰难受，被你们压得心里急。"心里急不假，头疼也可能是真的。这一招很有感染力，买方有的人认为"他实在可怜"，从而动摇了谈判意志。

【案例启示】

恻隐术常见的表现形式有：装出一副可怜巴巴的样子，说可怜话，进行乞求，如"这样决定，我回去会被批评，无法交差"，或者"我已退到崖边了，再退就要掉下去了"，或者"求求您，高抬贵手"，或者"请你们不看僧面看佛面，无论如何帮我一把"等。有的日本厂商在谈判桌上磕头，请求答应条件，还有的商人精心策划，装可怜相。

3. 疲劳战术

在商务谈判中，有时会遇到锋芒毕露、咄咄逼人的谈判对手，他们以各种方式表现其居高临下、先声夺人的挑战姿态。对于这类谈判者，疲劳战术是一个十分有效的策略。这种战术的目的在于通过许多回合的拉锯战，使这类谈判者感觉疲劳生厌，以此逐渐磨去其锐气。同时，也扭转了己方在谈判中的不利地位，等到对手精疲力尽之时，己方即可反守为攻，促使对方接受己方条件。

4.以退为进策略

"以退为进"是军事上的术语，暂时退让，输赢未定，伺机而进，争取成功。以退为进也是谈判中常用的一种制胜策略。这种策略从表面上看，是谈判一方的退让或妥协，但实际上退却是为了未来更有力地进攻或实现更远大的目标。

【案例10-3】

比利时某画廊曾经发生过这样一件事：美国画商看中了印度人带来的三幅画，标价是25万美元，美国画商不愿意出此价，双方谈判陷入僵局。那位印度人被惹火了，怒气冲冲地跑出去，当着美国画商的面把其中一幅画烧了。美国画商看到这样一幅好画被烧掉了，感到十分可惜，问印度人剩下的两幅画卖多少钱，回答还是25万美元。美国画商又拒绝了这个报价。这位印度人横下一条心，又烧掉了其中一幅画，美国画商当下乞求他千万不要再烧最后一幅画了。当再次询问这位印度人最后一幅画卖多少钱时，印度人说："最后一幅画能与3幅画卖一样的价吗？"这位印度人竟然以60万美元将手中的最后一幅画拍板成交。这位印度人之所以采用以退为进策略烧掉两幅画吸引那位美国画商，是因为他知道自己出售的三幅画出自名家之手，烧掉了两幅，剩下最后一幅，正是"物以稀为贵"。这位印度人还了解到这个美国人有个习惯，即喜欢收藏古董名画，只要他爱上这幅画，是不会轻易放弃的，他宁肯出高价也要收买珍藏。聪明的印度人这一招果然很灵，从而谈成了一笔成功的生意。

【案例启示】

谈判中，采用以退为进的策略，有时会起到意想不到的效果。

5.不开先例策略

不开先例策略是谈判一方拒绝另一方的要求而采取的策略。如果买方提出的要求使卖方感到为难，卖方可向买方解释：如果答应了买方的要求，对己方来说就等于开了一个先例，以后对其他买主要采取同样的做法，这不仅己方无法负担，而且对以前的买方也不公平。

二、对对方谈判策略的识别和应对办法

己方在实施谈判策略的同时，对方也会使用不同的谈判策略。下面是谈判对方经常使用的谈判策略，要学会识别和应对，见图10-3。

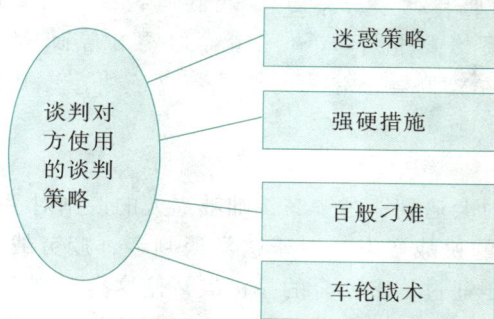

图10-3　谈判对方使用的谈判策略

（一）迷惑策略

迷惑策略的主要特点是：诱使对方披露情报而不交易；提供大量情报而真实的很少，迷惑对方，使其决策失误；让没有实权的人谈判，透漏虚假情报，了解真实情况。

应对办法：谈判人员要保持头脑清醒，判断信息虚实，从而辨别真伪，必要时可以揭穿其意图，促进谈判坦诚进行。

（二）强硬措施

这种策略的主要特点是：施计方声称某些条款没有考虑和商量的余地，在有些方面固执得不近情理，强硬地坚持某些要求，迫使对方让步。

应对办法：采取灵活措施，灵活应对。否则，以强硬对强硬，难免使谈判破裂；以软弱对强硬，己方的利益将被剥夺干净。灵活措施就是抓住对方的弱势、软肋，死抓不放，这往往会迫使其放弃强硬的态度。

（三）百般刁难

这种策略的主要特点是：施计方通过不断纠缠，无理挑剔，故意拖延时间，把对方磨得筋疲力尽，无计可施，在万般无奈之下妥协让步。

应对办法：一是探明对方的用意、目的，然后针锋相对，绝不退让，必要时提出谈判截止的时间，不让对方无休止地纠缠；二是揭露对方的企图，表明立场，必要时向其上级申诉；三是得不到交换条件，不要轻易让步。

（四）车轮战术

这种策略的主要特点是：不断更换人员，以打乱对方的部署。

应对办法：一是不重复讨论已经讨论过的条款，否则会疲惫。二是新换的人可能会否定以前的承诺或协定，要耐心等待，使其回心转意；否则，你也可以否认你的承诺，重新开始。三是找借口，使谈判搁浅，直到原来谈判的人回来。四是如果对方换人，必须要求其谈妥的条款不能变化；否则，不同意其换人。五是对新换的人，先摸底了解清楚，再接触谈判。

训练营

【训练任务10-1】

谈判策略。

【任务目标】

熟悉谈判策略，掌握谈判策略的实施要点。

【任务内容和要求】

（1）模拟公司的形式进行谈判。

（2）训练谈判策略。

（3）按照要求进行，谈判策略体现明显。

（4）态度认真，模拟真实。

【任务组织】（见表10-1）

表10-1　　　　　　　　　　　　**谈判策略任务组织表**

任务项目	具体实施	时间	备注
谈判策略训练	（1）将学生分成10个小组，抽签确定其中5个小组为卖方，5个小组为买方 （2）再以抽签方式让各小组抽取以下策略：休会策略、最后期限策略、假设条件策略、开放策略、润滑策略 （3）卖方根据题签规定的策略，就5 000条牛仔裤进行交易，与另5组买方进行谈判，准备时间为10分钟 （4）买方公司也要商议谈判的基本思路 （5）讨论、分享	40分钟	教室 题签 牛仔裤

【任务评价】（见表10-2）

表10-2　　　　　　　　　　　　**谈判策略任务评价表**

评价指标	评价标准	分值（分）	评估成绩（分）	所占比例
策略调整与选择	1.理解谈判策略选择的含义	15		70%
	2.对所抽取的谈判策略理解深刻	20		
	3.表演真实	15		
	4.遵守活动时间	10		
	5.策略选择设计合理	20		
	6.效果明显	10		
	7.活动评估	10		
教学过程	出勤、态度和热情	100		30%
综合得分				

金钥匙

永不放弃

英国首相丘吉尔是一个著名的演说家，他生命中的最后一次演讲是在一所大学的毕业典礼上，这也许是世界演讲史上最简单的一次演讲。在整个20分钟的演讲过程中，他只反复讲了一句话，那就是：

"永不放弃……决不……决不……决不！"

当时台下的学生们都被他这句简单而有力的话深深地震撼住了！人们清楚地记得，在第二次世界大战最惨烈的时期，如果不是凭借着这样一种精神去激励英国人民奋勇抗敌，英国可能早已变成纳粹铁蹄下的一片焦土。所以应当指出，丘吉尔在用他一生的成功经验告诉我们：成功根本没有秘诀，如果有的话，就只有两个：第一个是坚持到底，永不放弃；第二个就是当你想放弃的时候，请回过头来再照着第一个秘诀去做，坚持到底，永不放弃。

超链接 10-1　策略的含义

对策略的解释包括：

（1）可以实现目标的方案集合。

（2）根据形势发展而制定的行动方针和斗争方法。

（3）有斗争艺术，能注意方式、方法。

（4）计谋、谋略。

（5）在做当前的决策时，将未来的决策考虑在内的一种计划。

策略的具体含义：

策略就是为了实现某一个目标，预先根据可能出现的问题制订的若干对应的方案，并且在实现目标的过程中，根据形势的发展和变化制订出新的方案，或者根据形势的发展和变化选择相应的方案，最终实现目标。

课后思考：

1.列出谈判策略的主要内容。

2.用谈判策略设计一次谈判，写出感受和体会。

模块二 谈判战术

【目标与要求】熟悉并能熟练使用谈判战术

【学习任务】列出谈判战术的实施要点
用谈判战术进行模拟谈判
写出对模拟谈判的体会和总结

故事汇

声东击西

小李和小张是一对夫妻，他们要为婚房装修，需要买瓷砖。但苦于自己不会谈价，所以就找了对谈判颇有研究的朋友小朱。小朱一拍胸脯说："没事，包在我身上了。我们以装修公司的名义去购买，我扮成经理，你们扮工作人员，具体看我的眼色行事。"他们去了建材市场，转了几个店，看好了一款瓷砖，经过一番讨价还价，商家由每块瓷砖13元降到11.5元后，无论如何不再降价了。

这时，小朱对他们二人说："你们感觉怎么样？质量和颜色还合适吧？"小李说："当然可以，怎么？你要定这款吗？"

小朱马上说："那怎么可以，原来装修一栋楼，这个价格还能接受，现在两栋楼，预算超很多喔！"

商家听到这里，问："你们要买多少？"

小朱说："我们是装修公司的，接了两栋住宅楼厨房和卫生间的装修项目。"

"那你们能出多少钱买这款瓷砖？"商家问道。

"我们按照预算只能出一半的价格，7元一块。"小朱为难道。

"那太少了，"商家想了一下说，"你们再多出点，我们建立个联系，你们用的量较大，我们如果划得来会考虑的，怎么样？"

"我们最多出8元，否则就自己掏腰包了。"小朱刚说完，小李赶紧说道："不会吧，经理，8元已经超了，我们怎么交代啊？"

小朱无所谓的样子："你急什么呀，我又没掏钱，只是了解一下！"

商家一听，赶紧说："好吧，8元就8元，为了将来合作，这次我没利润也认了。"

一直没说话的小张也赶紧说："不行啊经理，超了1元不好办啊！"

小朱说："好办，我们先买回一个厨房、一个卫生间的瓷砖贴上，头儿看了一高兴，就成了。你们算一下数量，把手续办了，顺便把其他货的订金交了，就这么定了，你们赶紧办，我去其他地方转转。"

结果，小李、小张交完钱，办完提货手续，因手头现金不足，只交了200元的订金，至于是否还订货，大家谁都明白。

故事启发　这个谈判的小故事运用了声东击西的谈判战术，也含有瞒天过海及钓鱼战术的意图。开始以并不在意的小量开始，再以看似漫不经心，实则精心策划的大量诱之，最后又巧立名目地回到预计目标中，可谓防不胜防。声东击西的主要特点是假装瞄准一个目标煞有介事地佯攻一番，其实暗自瞅准别人不留心的靶子，然后伺机施以致命打击。有时似乎不经意间流露出自己的心思，实际上是在骗取他人的注意和信赖，目的在于突然发难，出奇制胜。

知识库

谈判的战术很多，在选择适合的谈判战术前，可以依据谈判标的物的依存性、冲突来源、时间压力、双方的实力差距及参与谈判者的个人特质等的不同，采用不同的谈判模式，使用不同的谈判战术。常用的谈判战术，见图10-4。

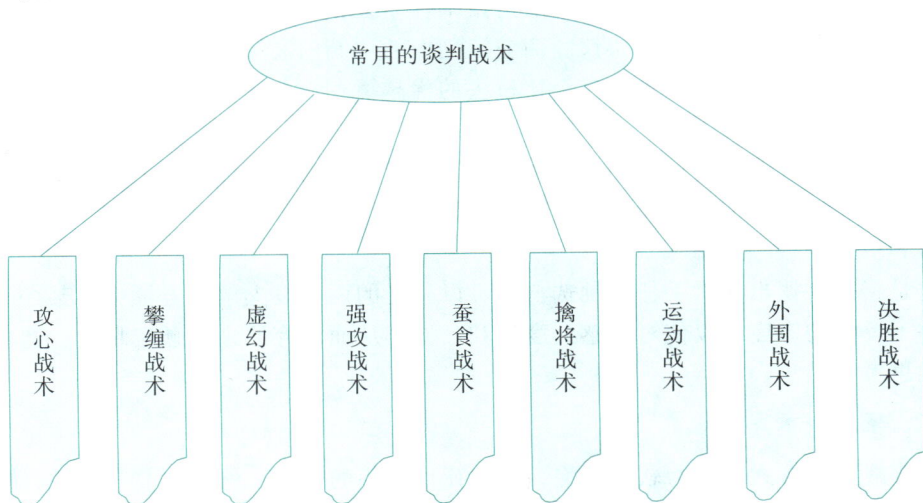

图10-4　常用的谈判战术

一、攻心战术

在战争中，兵家认为攻心为上。在商战中，谈判过程中攻心战术的运用也很多。其基本思想为：从心理、情感的角度影响对手，促使其接受解决分歧的方案。攻心战术的具体策略，见图10-5。

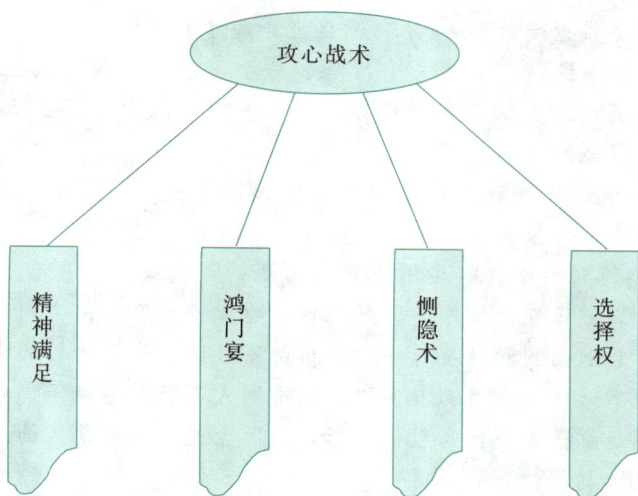

图 10-5 攻心战术

（一）精神满足

这是一种使对方在精神上感到满足，从而放松警惕而做出让步的策略。其主要做法是对对方礼貌之极、尊重之极、招待之极，在满足对方虚荣心的同时，使对方产生极大的自豪感，从而逐渐忘却谈判前制定的目标和相应的准备。

（二）"鸿门宴"

在商业谈判中，"鸿门宴"主要是指做某件事表面是一回事，而本质却另有所图，意在促使对方前进，尽快达成协议。商业谈判中的"鸿门宴"重在创造感情，只要宴会热烈、情深意切，提出的条件自然会比过去的优越。

（三）恻隐术

恻隐术是一种通过装可怜相、扮为难状，唤起对方的同情心，从而达到阻止对方进攻的做法。但恻隐术的运用要注意程度，在用词与扮相上不宜过分。

（四）选择权

这是指故意摆出让对手任意挑选自己可以接受的两个以上解决方案中的某一个，而自己并不反悔的态度，以使对手感到度量和真诚，从而放弃原来的预定目标，随着自己的方案思考的做法。

二、攀缠战术

攀缠战术的形式表现为软磨硬泡，有些死皮赖脸的味道。然而，究其实质，它与沾边耍赖、无理取闹有着根本不同。攀缠术战术指以耐心、耐性和韧性对抗和拖垮对方的谈判意志，从而达到己方预期谈判目标的方法，有时也称为"蘑菇战"。攀缠站术的具体策略，见图10-6。

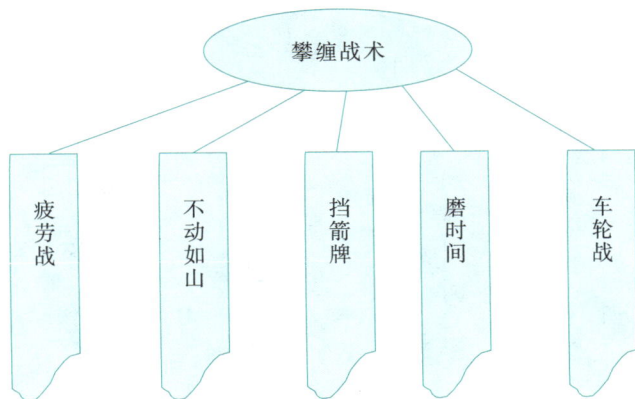

图 10-6 攀缠战术

（一）疲劳战

这是指通过谈判中各种故意的超负荷、超长时间谈判或故意单调地陈述，使对手在肉体上、精神上感到疲劳，或因疲劳造成漏洞，或因烦倦而动摇立场的做法。

（二）不动如山

这是指在商务谈判中，对自己不同意的立场、方案表示否定的态度后，即守着不动的做法。像泥塑的菩萨一样，表面上威风凛凛，不进也不退，不论参拜者虔诚还是虚伪，立在原地无动于衷，不解决任何问题。只有在对方感到无望、改变态度和方案时，才重新考虑自己的态度。

（三）挡箭牌

这是指为了反对己方不同意的立场或方案，坚持己方的条件，而寻找各种借口、遁词的做法。

（四）磨时间

这是指以重复、慢节来损耗谈判时间，造成谈判的低效，以使对手尽早做出让步的做法。

（五）车轮战

这是指多个助手针对某个或某几个论题，轮番上台与对手辩论，在会场上造成一种紧张、态度强硬的气氛，使对手在精神上形成沉重的压力，迫使对手在疲于应战的状态下放弃预定目标。

三、虚幻战术

虚幻战术是一种以虚为主、以情报见长的谈判艺术。在谈判中，谈判者可充分利用信息传递的深浅状况，制造一些貌似符合逻辑的虚幻假象，迷惑对手，使对手自愿接受己方的条件。虚幻战术的具体策略，见图 10-7。

（一）兵不厌诈

这是指以人造的假象代替真实存在，并以此说服对手，让其相信让步是与现实相适应的合理反应的做法。这个策略的重点是假象要真实，确实达到以假乱真的程度。

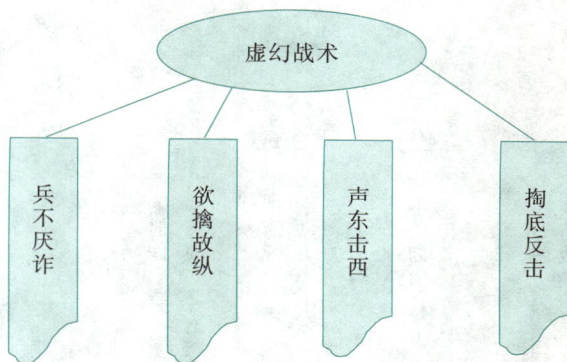

图 10-7　虚幻战术

（二）欲擒故纵

这是指对于志在必得的交易谈判，故意通过各种措施，让对手感到自己满不在乎的态度，从而压低对手要价，确保己方在预想条件下成交的做法。

（三）声东击西

这是指转移对方对自己真实意图的注意力，以求实现预定谈判目标的做法。具体说，是在无关紧要的事情上故意纠缠不休，或在不成问题的问题上大做文章，以分散对方在对自己真正要解决的问题上的注意力和警惕性，从而在对方不太专注的情况下达到自己的谈判目标。

（四）掏底反击

这是指在谈判中，表现出好像关注、颇有兴趣，甚至认真考虑对方建议或所言之物的样子和态度（但就是不说观点、不亮立场），把对方的真实信息或底牌摸到手，再反过来攻击对方，以求有利于己方的做法。

四、强攻战术

强攻战术是指在谈判中以绝不退让或以高压的态度迫使对方让步的策略。强攻战术可以随时随地发生，也可随时随地死而复生。"置之死地而后生"的强硬拼争能使谈判格外生动，扣人心弦，对于意志薄弱者确有威慑的作用。强攻战术的具体策略，见图 10-8。

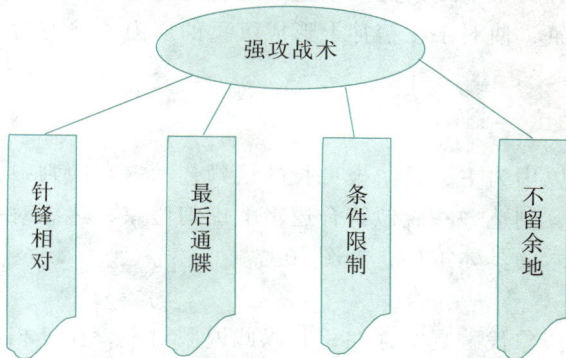

图 10-8　强攻战术

（一）针锋相对

这是指针对谈判对手的论点和论据，逐一予以驳斥，进而坚持自己立场的毫不客气的做法。

（二）最后通牒

这是指在谈判进行到一定阶段（多为中后期）遇到僵局时，为打破僵局，又为避免对方的纠缠，一方提出某个新条件或某个新期限，作为决定合约成败的最终条件，并逼迫对方做出最终答复或选择的做法。这种策略也叫"边缘政策"。

（三）条件限制

这是指在谈判中，在对某方案表示兴趣的同时，又以预算或授权等条件为限制，对对手提出的方案进行最后施压的做法。

（四）不留余地

这是指在谈判中，对己方的立场或对对方的方案，以不留余地的、绝对性的语言表示肯定或否定的做法。该做法有点像"拼命三郎"，敢于豁出去，在气势上震慑对方。

五、蚕食战术

蚕食战术是一种以小积大，步步紧逼，逐渐达到预期谈判效果的策略。在许多谈判中，由于双方不是立刻达成协议，尤其不会马上做出利益上的让步，这就为蚕食战术奠定了实践的基础。蚕食战术的具体策略，见图10-9。

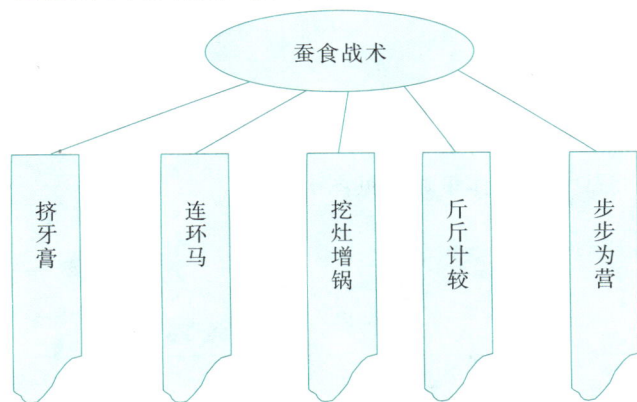

图10-9 蚕食战术

（一）"挤牙膏"

这是指谈判中针对某个谈判条件，一点一点地施加压力，促使对方一点一点地改善其交易条件的做法。由于其表现形式酷似挤牙膏，故称为"挤牙膏"战术，也有外国谈判者形容其为"切香肠"战术。

（二）"连环马"

这是指在谈判中坚持你要我让一步，我也要你让一步，以保证互换条件的做法。

（三）"挖灶增锅"

我国古代兵书上有"增兵减灶"之计，说的是在增兵后，还减少炉灶，以掩盖真实兵力、出奇制胜的策略。在商务谈判中，为了增加讨价还价的地位而故意多列名目的做法，称为"挖灶增锅"。"增兵减灶"是有真实兵力，而故意让人认为没有；"挖灶增锅"是无真实实力，而故意让人感到有。两者的目的是一致的，均是为了让对手相信虚假的信息。其效果在于，某个虚名被认可，即意味着某点利益被承认，某点计谋可成功。谈判是一个名目一个名目地进行，成功一个名目则得利一个（守者成功，则守者得利；攻者成功，则攻者得利），犹如"蚕食"一样，故也将其列入蚕食战术之中。

（四）斤斤计较

这是指在讨论各种条件时，对让出的条件斤斤计较，鸡毛蒜皮均不轻易放过的做法。在让了一点条件时即大肆渲染，纠缠对手不放，即使拿不到实际利益，也有削弱对手锐气的效果。

（五）步步为营

这是指在商谈文字或数字条件时，对每一次进退均一步一战的做法。这既是进攻之计，也是防守之计。它主要体现为：进则顽强地挪动，不求大成，但求有进；退则坚固抵抗，寸土必争地计算细小的退让。步步为营时，进不求大，但不会嫌大；退不得大，但不忌讳大，关键是不能让对手轻易地得到。从谈判的精神上看，步步为营又有强攻战的特点，鉴于步步为营体现的"寸土必争"这一特点，仍将其列入蚕食战术。

六、擒将战术

在谈判中，事态的发展往往取决于主谈者，因此，焦点常常围绕主谈者或主谈者的重要助手而出现激烈的争斗。所谓争斗，不是通常意义上的争斗，而是谈判中的争取工作和施压手段。擒将战术的具体策略，见图10-10。

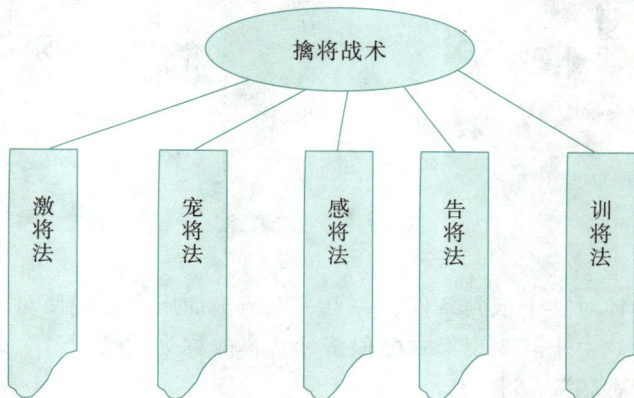

图10-10　擒将战术

（一）激将法

这是指以话语刺激对方的主谈者或其重要助手，使其感到坚持自己的观点和立场已直接损害了自己的形象、自尊心和荣誉，从而动摇或改变其所持的态度和条件。

（二）宠将法

这是指以好言切合实际或不切实际地颂扬对方，以合适的或不合适的礼物赠送对方，使对方产生一种友善的好感，放松思想警戒，软化谈判立场，使己方的目标得以实现的做法。

（三）感将法

这是指以温和礼貌的语言、勤勉守信的行动感动对方，使对方感到实在不好意思坚持原立场而置你的态度于不顾，从而达到预期谈判效果的做法。

（四）告将法

这是指在对方主谈者的上司或老板面前，说其坏话，施加压力，动摇对方的谈判意志，或者挑起对方上司或老板对其不满，乃至撤换主谈的做法。

（五）训将法

这是指通过真实的、虚假的、真假相掺的，但在逻辑上令人信服的理由，利用己方创造的或对方给出的各种机会，使对方主谈者了解己方想灌输的某种思想，并使其对己方产生理解和信任的做法。

七、运动战术

将全体谈判进行多论题、多形式的谈判组织，或谈判者灵活地调动自己在谈判中的位置，以追求最佳谈判效果的做法，均属于运动战术。运动战术的具体策略，见图10-11。

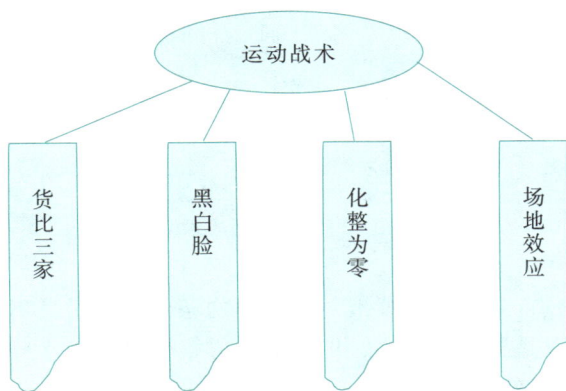

图10-11　运动战术

（一）货比三家

这是指在谈判某笔交易时，同时与几个供应商或采购商进行谈判，以选择其中最优一家的做法。具体做法是：邀请同类产品的卖方或同类产品的买方，同时展开谈判，将各家的条件进行对比，择优授予合约。

（二）黑白脸

这是指在谈判中，时而以白脸、时而以黑脸的形象出现，以求得谈判中的优势的做法。该策略是一种软硬兼施的手法，边打边拉谈判对手，从而使谈判目标得以实现。

（三）化整为零

这是指在谈判中，将整体不能一次谈成的条件，分成几个部分，各个击破的做法。该策略对破除僵局有一定的作用。

（四）场地效应

这是指在谈判中有意识地利用谈判地点的变化来实现预定谈判目标的做法。场地的变化突出了主观性，即来自计谋，而非客观需要；场地变化具有广泛性，包含了会场内外、城市与国家的变化。场地变化会给谈判气氛、谈判者的精神和注意力带来影响。

八、外围战术

外围战术是指为了保证全局的谈判效果，谈判者要清除影响双方谈判决心的因素，澄清谈判的真实形势，以消除与谈判主题相关的外围障碍的做法。外围战术的具体策略，见图10-12。

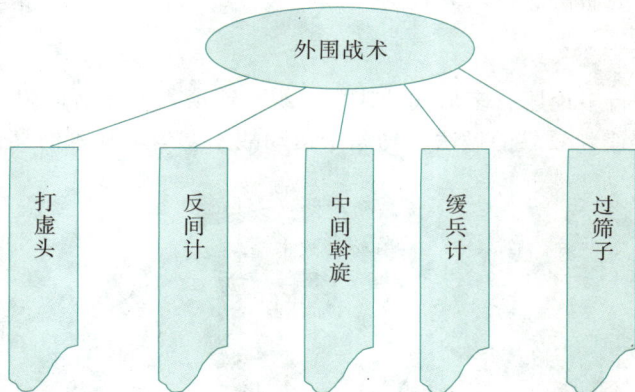

图10-12　外围战术

（一）打虚头

这是指在谈判中，首先分析并找准对方最虚的条件，即对最不合理的部分先展开攻击的做法。打虚头可以是买方的策略，即针对卖方报价最虚、水分最多的部分先实施挤压；也可作为卖方的策略，即对买方最不合理的要求先还手。

（二）反间计

这是指故意挑拨多个卖方或买方之间的关系，卖方和买方的主谈者与其上司、同僚之间的关系，制造矛盾，从而创造机会，实现己方谈判目标的做法。具体做法有两种：一是寻找矛盾，利用矛盾；二是没有矛盾可设法制造矛盾。

（三）中间斡旋

这是指当参谈各方陷于紧张的矛盾漩涡之中而不能自拔时，从外界寻求有影响的力量来缓解各方关系，并谋求使矛盾各方接受某个新提案的做法。该策略的"中间"含义较广，凡是当事方之外的第三者，均可称为"中间人"，均可起到"中间"的斡旋作用。

（四）缓兵计

这是指为了争取时间去完成另一个谈判，即不让对方说"行"，又不说"不行"，使其进退两难而处于等待状态的做法。

（五）"过筛子"

这是指在谈判中，将对方的各种条件通过分析和对比予以分类，并据此进行还击的做法。在这里，"筛子"的概念为：认识与标准的范围。该策略有程序与技巧双重作用：谈判前过筛子为程序，谈判中过筛子为技巧。

九、决胜战术

谈判进行最后的交锋，以决定成交与否，此时运用的相关策略均属于决胜战术。此处应说明的是：作为商业谈判，原则上无胜负之分，只有"合同签约利益"之说。决胜战术的本质，在于合约建立的利益大小，而非谈判者之间的胜负。决胜战术的具体策略，见图10-13。

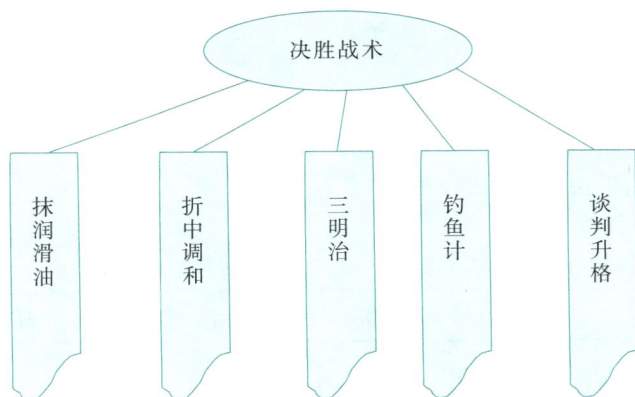

图10-13　决胜战术

（一）"抹润滑油"

这是指为了解决双方最后的分歧，做一些对自己全局利益影响不大，但对对方来讲仍不失为有利条件的让步，以促使对方做出相应让步的做法。

（二）折中调和

这是指分担差距，相互向对方靠拢以解决谈判最后差距的做法。折中包括一次折中和二次折中，也可以内容不同但意义相当的条件参与折中。

（三）"三明治"

这是指将几种不同水准的条件一起打出，让对方好坏一起接受的做法。"三明治"与"一揽子交易"相比，从做法上讲，其本质是一样的，即好坏搭配。从规模上讲，规模大时，称"一揽子交易"为宜；规模小时，称"三明治"更适合。

（四）钓鱼计

这是指以某个有利于对方的条件吸引对方，使其不得不与你谈判到底的做法。这是以小利为诱饵，争取大利的做法。它与"抹润滑油"策略的不同之处是，"抹润滑油"策略在最后定价成交时使用，而钓鱼计在全局谈判中均可使用，但若不想与对手成交，则不必使用此计。

（五）谈判升格

这是指当分歧在双方主谈者之间无法解决时，请双方上级主管出面干预，以定乾坤的做法。该策略在谈判僵局和终局定价时经常使用。谈判升格和一般性会见的本质差别是前者谈实质条件，后者仅限于礼节。

训练营

【训练任务10-2】

选择谈判战术。

【任务目标】

熟练选择谈判战术。

【任务内容和要求】

（1）应对办法必须体现一定的谈判战术。

（2）这个谈判战术必须要有一定的效果。

（3）选出代表阐述应对办法及理由。

【任务组织】（见表10-3）

表10-3　　　　　　　　　　　选择谈判战术任务组织表

活动项目	具体实施	时间	备注
谈判战术的选择	（1）将班级分成8组，每组5~6人 （2）老师讲述谈判背景：假设A是一名女秘书，下午4点半，一看没什么事了，打电话给男友约好下班后一起吃饭看电影。可是下午4点50分时，老板突然出现在A面前，拿了一叠文件，很焦急地要A马上将资料整理一下，明天上午9点有位客户突然要来谈生意。A看了看资料，恐怕不到晚上8点是弄不好了，她该怎么办呢 （3）每组共同研究A的应对办法 （4）写出应对办法体现的谈判战术 （5）选出一个代表阐述应对办法及理由 （6）讨论8组应对办法的优缺点	40分钟	教室分组签

【任务评价】（见表10-4）

表10-4　　　　　　　　　　　选择谈判战术任务评价表

评价指标	评价标准	分值（分）	评估成绩（分）	所占比例
运用谈判战术应对战术合理表达效果	1.能灵活运用谈判战术	15		70%
	2.能创造性地运用谈判战术	20		
	3.集体研究能集思广益，取长补短	15		
	4.应对办法切实可行	10		
	5.阐述理由充分，表达准确	20		
	6.整体效果好	10		
	7.活动评估	10		
教学过程	出勤、态度和热情	100		30%
综合得分				

金钥匙

■ 谈判是意志力的对抗。

■ 谈判战术在施展过程中，往往是忍耐力的较量，谁先失去耐心，谁便会丧失冷静而败下阵去。

超链接10-2　孙子的十二诡道与谈判战术

提到谈判战术，不能不提孙子和《孙子兵法》。此书虽然是从兵法的角度出发，却完全适用于商务谈判。

孙子的战术中心观念是："兵者，诡道也。"他主张兵不厌诈，战争之前一定要隐藏自己的实力，造成敌人错误的估计，然后"攻其无备，出其不意"。他点出心理作战的要诀是：要避开敌人的锐气而攻其暮气，扰乱敌人的军心，使敌人疲于奔命，然后以逸待劳乘虚而入，即所谓避实击虚的策略运用。孙子举出了十二项战术上可以运用的诡道，大体上包括三大类原则。

第一类是隐藏己方的实力，以欺瞒敌方。方法是：能而示之不能，即己方实力甚强，却隐藏以放松敌人的警戒;用而示之不用，即虽已出兵，却装成按兵不动；近而示之远，远而示之近，即故意使敌方认错己方的距离，以攻其不备。

第二类是误导、混乱敌人。方法是：利而诱之，即使敌人误以为有利，引诱其入瓮；乱而取之，即混乱敌阵，乘机突袭。

第三类是对付实力甚强的敌人。方法是：实而备之，即对实力强的敌人要充分戒备；强而避之，即避开敌人强劲的部队；怒而扰之，即激怒敌人，使对方乱了正常的步调；卑而骄之，即故意放低姿态，以养敌人骄傲之气；逸而劳之，即敌人安逸时，骚扰他们使其疲于奔命；亲而离之，即设法离间分化敌人的内部。

课后思考：

1. 你对谈判战术有何理解？
2. 用谈判战术设计一次谈判，写出感受和体会。

项目十一

谈判的成交与结束技巧

【目标与要求】
- 熟悉谈判成交的技巧
- 熟悉谈判的结束时机

【学习任务】
- 用谈判结束的时机和成交技巧模拟谈判
- 列出谈判结束的时机和成交技巧的实施要领

模块一　谈判的成交技巧

【目标与要求】　熟悉谈判成交的条件
能用促成谈判成交的办法进行谈判
能用谈判促成缔约的办法进行谈判

【学习任务】　列出谈判成交的时机技巧实施要点
用谈判促成缔约办法模拟谈判
写出对模拟谈判的体会和总结

故事汇

　　2018年，南京某代表团前往德国，和印度、伊朗等国商人竞争同一家破产摩托车厂的设备。由于机制方面的限制，在谈判初期，我方丧失了机会。我方谈判专家认为只要没有最后执行，总还会有机会，就一直关注着摩托车厂的谈判进程。当得知伊朗商人未能如期付款导致合同失效时，我方抓住机会同该摩托车厂又进行了一场实质性谈判，最终以低于伊朗商人100万欧元的价格买下了该厂拍卖的设备。

故事启发　　在谈判处于劣势时，要想改变劣势，就要抓住每一次谈判成交的时机，而把握时机的关键是要掌握有关谈判信息。在选择时机时，不要轻易放弃，更不能失去耐心。一旦时机来临，就可能改变劣势，促成谈判。

知识库

一、成交时机操纵技巧

（一）注意捕捉成交信号

　　成交信号是指谈判双方在洽谈过程中所表现出来的各种成交意向，它常常会通过谈判人员的行为、语言和表情等多种外在渠道表现出来。

　　1.从对方的谈吐中反映出的成交信号

　　以价格为中心的谈话；过多地提有关问题；提出有关的要求；对产品价格、数量等方面仍提出一些异议。

2.从对方的表情中反映出的成交信号

对方开始脱掉外套；解开外衣的纽扣，放下交叉的腿，坐到椅子的边缘，并更靠近谈判桌；态度、表情逐渐转好，忽而陷入深思，忽而表情开朗，探身阅读交易说明书；微笑，神态自然放松；下意识地点头，面带笑容；交换座位，凑近对方；拍拍对方的肩膀或手臂。

（二）善于抓住成交时机

1.能够抓住成交时机

在谈判中，总有一些迹象表示谈判已经进入最后阶段。如果成交时机已经出现，但谈判者并未意识到这一点，反而继续长篇大论地说下去，会使对方兴致索然，导致谈判失败。优秀的谈判者是那些善于感知他人态度变化的人，能从各种迹象中判定成交的势头。

有些成交迹象是有意表示的，有些成交迹象是无意流露的。如果你的谈判对手问你："你们多快能将货物运来？"这就是一种有意表现出来的真正感兴趣的迹象。它告诉你成交的时机已到，即使你的推荐活动还没做完，也不需要再啰唆了。谈判对手的另一些话也能提醒你成交的时机。当他询问价格时，说明他兴趣极浓；当他询问条件时，说明他实际上已经做出了成交的决定。

2.注意寻找促成缔约的办法

需要注意的是，当交易双方处于一种准备成交的激奋状态时，需要有一方做出一项足以促成缔约的行动。

【案例11-1】

某公司电器部经理威廉热情万分地送走顾客回到自己的办公室时，终于长长地出了一口气。经过近一周的洽谈，威廉确信自己做成了这笔业务：4台笔记本电脑、1台激光打印机。明天顾客将来看货并观看电脑操作人员的现场示范。这笔生意价值20万元，一切看来都很顺利。顾客是威廉多年的朋友，几天前他打电话问威廉，有没有东芝手提式笔记本电脑，他打算买4台，并说他已经在各电脑市场调查过了，这种型号的电脑每台最低3万元，有一位电脑经销商愿意以每台2.8万元卖给他，不过他还想再看看。威廉立即邀请他过来谈一谈。两人见面后无所不谈，威廉向他推荐了另一种自己公司正在经销的产品，价格比东芝电脑稍高一点，3.1万元一台，而且比东芝电脑销重一点，但性能要更好一些。顾客十分满意，立即打电话给自己的手下，通知他们把明天的事情安排好，挤一点时间一起过来观看现场示范。随后他又与威廉聊了聊天，他十分感谢威廉的热情接待，并对威廉向他推荐的这款产品称赞不已。不巧的是，他的随身电话响了，接完电话后，他很歉意地表示有一件急事等他处理，只有等明天再接着谈了。威廉送他出门时，他没有意识到，这笔生意他实际上没有真正成交的把握。

【案例启示】

威廉的失误之处在于，他接待顾客时，并没有趁着当时双方兴味正浓、热情正高的时机，将成交的"气氛"引向成交的"行动"。他本应该争取订单，立即向对方示意，签下这笔协议，并以满意的服务将对方送回家。但是，威廉并没有这样做，他在需要画

"句号"的时候画了"逗号",他请顾客第二天来看货并观看现场示范,这其实是一步败棋,它使"逗号"可能在最后演变成不了了之的"省略号"。因为这样一来,顾客回家后可能会思索:为什么要付出比我原来预想的价格多的钱呢?当电脑需要提来提去时,为什么要买重一点的呢?在仔细和理智地比较各个电脑经销商之后,他开始反省自己的冲动,为什么要和这样一位老伙计在友谊的基础上做生意。因此,既然他们彼此并没有达成具有法律效力的契约,那么顾客在第二天会找一个理由,推辞去看货的约定,然后去买他原来确定的那款产品。

因此,必须注意,一次谈判只要没有最后成交,你的努力就不能有一丝一毫的松懈。即使成交的气氛已经形成,也需要有具体的行动。此外,如果你最后商定交易的方法不正确,那么世界上所有的讨价还价技巧都于事无补。

二、未成交时的策略

(一)向对方发出成交信号

(1)谈判者用最少的言辞,阐明自己的立场。例如,"好,这就是我最后的主张,现在就看你的了"。

(2)谈判者所提出的建议是完整的,绝对没有不明确之处。

(3)谈判者在阐明自己的立场时,完全是一种最后的决定的语调,坐直身体,双臂交叉,文件放在一边,两眼紧盯对方,不卑不亢,没有任何紧张的表示。

(4)回答对方的问题尽可能简单,常常只回答一个"是"或"否",使用短词,很少谈论据,表明确实没有折中的余地。

(5)一再向对方保证,现在结束对他最有利,告诉他一些好的理由。

(二)把握好最后可能出现的机会

谈判可能出于种种原因未能达成协议,这时最明智的做法就是既要保持自己的尊严和原定的谈判方案,又要照顾对方的情感,创造条件,促进谈判朝着有利的方向发展。如果方法得当,可能会使谈判出现新的转机。

【案例11-2】

在2019中日进出口钢材的谈判中,尽管中方提出了合理的报价,但经过反复磋商,仍未与日方达成协议。眼看谈判要不欢而散,中方代表并没有责怪对方,反而用一种委婉谦逊的口气向日方道歉:"你们这次来中国,我们照顾不周,请多包涵。虽然这次谈判没有取得成功,但在这十几天里,我们建立了深厚的友谊。协议没达成,我们不怪你们,你们的权力毕竟有限。希望你们回去能及时把情况反映给你们总经理,谈判的大门随时向你们敞开。"

日方谈判代表原以为一旦谈判失败,中方一定会给予冷遇,没想到中方在付出巨大努力和人力而未获谈判成果的情况下,仍一如既往地给予热情招待,他们非常感动。回国后,他们经过反复核算、多方了解行情,认为中方提出的报价是合理的,后来主动向中方投来"绣球"。在中日双方的共同努力下,第二次谈判终于取得了圆满成功。

【案例启示】

中方谈判成功的诀窍便是充分利用对方谈判者的感激心理，在第一次谈判失败的情况下，不责怪、冷遇对方，而是施以情感投资，否则谈判之门便不会重开了。

三、成交阶段的最后策略

商务谈判是双方谋求一致的过程，在完成最后的签约之前，双方的立场和利益始终存在着一定的分歧。即使在缔约过程中，谈判双方已经达到近乎完全一致的程度，但彼此之间的微小差异仍有扩大的可能。因此，谈判者应珍惜谈判成果，设法促成协议的最后缔结。在缔约阶段，谈判者可考虑运用下述谈判策略：

（一）最后出价，不急表态

在谈判进入收尾阶段时，谈判者一定要正确评估判断达成协议的形式，在各种达成协议的条件都具备的时候，才做出最终报价。如果过早地亮出最后一张"底牌"，容易使对方产生得陇望蜀的欲望，对方就可能换个话题，希望得到更多的东西。因此，最好能够在对方给出最后报价之后再亮出自己的最终报价。如果双方出现僵持不下的局面，则应该在最后期限前给出报价。这一点，往往是对谈判者耐力的考验，越是关键时刻，越要沉住气，不要急于表态。

（二）最后让步，小于前次

谈判者可以以上次的出价作为最后出价，明确告诉对方"这是我方的最后出价"，也可以再做些让步作为最后出价，这要视谈判的具体情况而定，没有约定俗成的惯例。但值得注意的是，如果不得不再做些让步的话，最后这次让步的幅度一般要小于前次让步的幅度，以使对方感到不再有进一步让步的可能。

（三）最后一次，也有条件

即使在做出最后让步时，也不要忘记附加条件。这里的"附加条件"应包含两层意思：一是以要求对方做出某种让步为条件；二是以需经我方决策层批准为条件。这样既是为是否兑现让步留下余地，也是为了争得对方的积极回应。

训练营

【训练任务 11-1】

谈判结束。

【任务目标】

掌握谈判成交的时机和缔约办法。

【任务内容和要求】

（1）通过"选择颜色"活动进行有效沟通。

（2）通过"选择颜色"活动练习成交技巧。

【任务组织】（见表 11-1）

表 11-1　　　　　　　　　　　　　谈判结束任务组织表

活动项目	具体实施	时间	备注
选择颜色	（1）将同学分成2组，每组8人 （2）请每组成员在充分考虑计分标准之后，讨论决定本组选择什么颜色，并写在计分表中 （3）根据计分表为双方打分 （4）游戏可进行数轮，其间双方只有一次机会可以交流，但只有双方都提出要求时才行，其他时间不可以 （5）双方要注意观察对方表情来判断胜负，并商量结束时间 （6）总分为正的小组是赢家，总分为负的小组是输家；双方都正为双赢，双方都负则没有赢家	30分钟	教室 活动资料

【任务评价】（见表 11-2）

表 11-2　　　　　　　　　　　　　谈判结束任务评价表

评价指标	评价标准	分值（分）	评估成绩（分）	所占比例
谈判结束时机 捕捉成交信号 团队配合 讨论情况	1.模拟真实	20		70%
	2.体现谈判结束的时机技巧	20		
	3.捕捉成交的信号准确	20		
	4.遵守时间	10		
	5.队员配合默契	10		
	6.分享体会深刻	10		
	7.活动评估	10		
教学过程	出勤、态度和热情	100		30%
综合得分				

金钥匙 🔑

成交阶段谈判人员的信号，也就是谈判成交的最佳时机，即"心理上的适当瞬间"，是指在某些瞬间，谈判各方的思想观点、见解可以协调一致。

■ 语言信号：好的，我同意。

■ 行为信号：合上记录本，坐姿改变。

■ 表情信号：放松表情，微笑。

超链接11-1　有效成交的技巧

一、比较成交法

1.有利的比较成交法

这是置对方于有利地位的成交法。典型语言为"这种型号的产品××厂商已经订货了"，或者"大多数厂家刚开始总是购买3部，你们是否也登记订购3部"等。

2.不利的比较成交法

根据对方的不幸遭遇而设法成交的方法。典型语言为"你们推迟一天，就有被竞争者抢先的危险，像××公司的遭遇一样"，或者"你们知道，××公司的市场地位一直很稳固，但自从那家新工厂购买了自动生产设备后……"等。

二、优待成交法

1.让利促使双方签约

在对方对大部分交易条件不很满意，而价格又较高的情况下，谈判人员可以考虑对方压价的要求，让利给对方，如采用减价、附赠品等方法。

2.试用促使双方签约

谈判者可以提议订购一笔少量廉价的样品，或者无偿使用，这是一种十分简单的成交法。

三、利益成交法

1.突出利益损失，促使对方做出决定

这种方法强调对方如果不尽早购入他们所需的产品，他们会错过目前这一时期的所有利益。

2.强调产品的好处，促使对方做出决定

洽谈业务时，要把所有的有利因素醒目地写在双方都可以看到的一张纸上，高度概括有利于成交的一切因素，这是圆满结束洽谈的一种有效方法。

3.满足对方的特殊要求，促使对方做出决定

有时候对方可能会用提出希望或提出反对意见的方式来表达他们的特殊要求，在这种情况下，如果可以满足对方的特殊要求，则会增加成交的可能性。

四、检查性提问成交法

在业务洽谈过程中，谈判者有很多机会提出一些带有检查性质的问题，特别是在最后阶段，这样做可以试探出马上签约的可能性。采用这种方法，不仅可以在困境中得到订单，还可以排除一些误解，有针对性地解决问题。

五、必然成交结束法

1.假定性成交

假定对方已完全同意，或者对方对几个主要条件印象不错，但又迟疑是否马上做出决定，因此成交就成了当务之急。这种方法非常灵验，如果对方阻止你，还可使用其他的成交法，也不会受到什么损失。

2.自信必然成交

如果你想使对方在合同上签字，那么你必须有这样一种信念：你的产品及交易条件符合对方的要求。谈判者必须乐观、自信。使用这种方法时要注意一点：不要向对方提出一些有损于个人身份和人格的请求。

3.着眼于未来的成交法

诱导对方放眼未来，向对方描述购买和使用产品后的情况，这一方法的特点是绕过现有问题去谈成交以后的事情。

六、趁热打铁成交法

谈判者必须抓住可以成交的瞬间机会，趁热打铁，避免唠叨太多。

七、歼灭战结束法

谈判者将力量集中在说服对方接受某一对他做出决定有重大影响的问题上，随着一两个重要问题的解决，双方即达成交易。

八、推延决定结束法

如果对方不能马上做出决定，而且确实有原因的话，应立即建议对方推迟做出决定，而不应错误地极力说服对方马上做出决定或施加某种压力。

九、书面确认结束法

书面确认是一项非常得力的工具，谈判者可以在洽谈期间当面交换意见书，或在休会期间写确认信，这样做有以下几点好处：书面形式比口头表述更准确；书面材料有助于思考问题；书面材料可以增加报价的可靠性；书面材料能够影响幕后人。

课后思考：

1.对谈判成交的技巧，你有何理解？

2.组成买卖双方两个小组，设计签约仪式，写出过程。

模块二　谈判的结束技巧

【目标与要求】　熟悉谈判结束阶段的主要标志
　　　　　　　　掌握谈判结束操纵技巧
　　　　　　　　了解谈判收尾工作要点

【学习任务】　　列出谈判结束的时机技巧的实施要点
　　　　　　　　模拟谈判的结束技巧
　　　　　　　　写出对模拟谈判的体会和总结
　　　　　　　　列出谈判收尾工作要点

故事汇

　　一位法国人，他家有一片小农场，种的是西瓜。有一天，来了一个小男孩，他说要订购西瓜，被农场主人回绝了，但小男孩不走，主人做什么，他都跟着，在主人身边，专谈自己的故事，一直谈了个把小时。主人听完小男孩的故事后，开口说："说够了吧？那边那个大西瓜给你好了，1法郎。""可是，我只有1毛钱。"小男孩说。"1毛钱？"主人听了便指着另一个西瓜说："那么，给你那边那个较小的瓜好吧？""好吧，我就要那个。"小男孩说："请不要摘下来，我弟弟会来取，两个礼拜以后，他来取货。先生，你知道，我只管采购，我弟弟负责运输和送货，我们各有各的责任。"

故事启发　　男孩虽然遭到明确无误的拒绝，但谈判并没有结束，男孩通过融洽关系，造成既定事实后追加有利的成交条件的办法，保证了最终目标的实现。此故事的关键点是：卖主明确拒绝后，小男孩却没有收到"最后期限已到"的信息，而将谈判成功地继续了下去。但是，如果真的存在那个"最后期限"的话，结局恐怕就截然不同了。

知识库

一、谈判结束阶段的主要标志

一般来说，谈判进入结束阶段，往往有以下两个明显的标志，见图11-1。

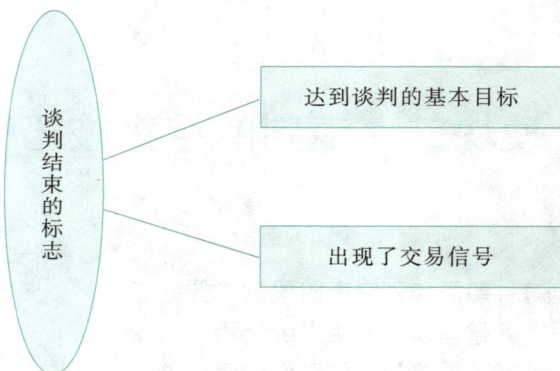

图 11-1　谈判结束的标志

（一）达到谈判的基本目标

经过实质性的磋商阶段，交易双方都对原有的立场做出了让步，此时，谈判人员较多地谈到实质性问题，甚至亮出了此次谈判的"底牌"。如果双方都确定在主要问题上已经基本达到目标，谈判成功就有了十分重要的基础，就可以说促成交易的时机已经到来。

（二）出现了交易信号

在谈判中，如果对方通过一系列动作和表情表明了他对谈判的兴趣，那么接下来，就要看他的进一步表示了。这些表示通常意味着对方想要接纳你的建议或条件了。下面的一些动作或问话，犹如一个个信号，表明商谈将要成功。

（1）向周围的人问："你们看如何？""怎么样，还可以吧？"这是在寻找认同，很明显，他在心中已经认同了。

（2）突然开始砍价或对商品提出问题或毛病，表面上看像是反对，实际是想最后一搏，即使对方不给降价，不对商品的"毛病"做过多解释，对方也会答应交易条件的。

（3）谈判中，常褒奖其他公司的产品，甚至列举产品的名称，这正是"此地无银三百两"。既然别家的商品如此好，对方为何与你浪费时间呢？

（4）对方问及市场反应如何，产品的普及率及市场占有率是多少、或问及付款方式、商品的折旧率、保证期限，以及售后服务或维修情况等。很简单的道理，如果对方不想达成这项协议，又何必枉费如此多的口舌问这些问题呢？

（5）对方如果说："你真能砍价，真说不过你。""实在拿你没办法。"这是已经在比较委婉但又心甘情愿地表示服输，愿意和你合作。

（6）对方不时用手摸摸商品，凝视商品，这是爱不释手的表现，此时要趁热打铁，不可错过机会。

（7）谈判者用最少的言辞阐明自己的立场。谈话中可能表达出一定的承诺意愿，但不包含诓诈的含义。

（8）谈判者所提出的建议是完整的、明确的，并暗示如果他的意见不被接受，只好中断谈判。

（9）谈判者在阐述自己的立场、观点时，表情不卑不亢，态度严肃认真，两眼紧紧盯住对方，语调及神态表现出坚定和期待的态度。

（10）谈判者在回答对方问题时，尽可能简单，常常只回答一个"是"或"否"，很少谈论论据，表明确实没有折中的余地。

二、谈判结束操纵技巧

谈判到什么地步可以告一段落呢？照理说，应该是彼此认为对方已经不可能再让步，继续努力亦无济于事时，便开始做出结束谈判的决定。

做最后决定可能凭借事实或直觉判断，重要的是谈判双方对谈判的期望，以及结束谈判的后续事宜。下面提供的10个技巧，将有助于你和对手最终达成协议。

（1）表现出对"结束谈判"的积极态度，反复询问对方："既然我们对所有问题都已达成共识，为什么不现在签署协议呢？"

（2）持续询问对方，如不能达成协议，问题何在。或许在对方的回答里，你可以找到解决问题的方法。

（3）假定谈判已经顺利达成协议。如果你是买方，准备一支笔把协议要点记下来，并询问对方支票开立的日期；如果你是卖方，询问买家货品该送往何处。

（4）和对方商量协议的具体内容，如遣词用字、运送方式等，以示谈判双方在主要议题和价格上已取得的共识。

（5）强调如果不即刻达成协议的话，可能会导致一些损失。有些人对能得到什么无动于衷，却非常在意有所损失。假如你是卖方，你可以告诉对方，你提供这么优厚的条件，基本上已经逾越了你的权限，所以如果对方不马上答应，等你老板来了，可能就没有这么好说话了。而且，实话说，还有很多人在排队等待这个千载难逢的机会呢！

（6）在要求结束谈判时，更要注意对方的反应，此时，话不宜过多，话太多会让对方觉得你紧张、情绪不稳定，从而对你们即将达成的交易产生疑虑。

（7）反复告诉对方，达成协议是相当明智的抉择。尽量把理由说得更有说服力，还可以提供一些特别的诱因，促使对方提早结束谈判。比如说赠送折价券、允以分期付款、提供设备等。

（8）以行动表示。业务人员开始动笔填写订单，买方给卖方购货凭证，并相互握手。行动可以具体展现你对达成协议的诚意。

（9）以陈述故事的方式告诉对方，某某人因错失达成协议的机会，以致陷入痛苦的困境，从而衬托双方成交是多么难得。

（10）除非屡遭拒绝，否则不要轻言放弃。一位基金的营业员曾经说，他总是在别人拒绝他七次之后，才宣告放弃。

三、谈判的收尾工作

一项商务谈判活动不管进行多久、多少次，总有终结的时候，此时为谈判的收尾阶段。

（一）谈判破裂的收尾

谈判破裂意味着谈判的失败，是谈判双方不愿看到的事情。但是，谈判破裂又是经常出现的正常现象，其根本原因往往是交易双方的交易条件差距较大，难以通过协商达成一致。当谈判出现这种情况时，谈判人员应注意采用适当的方法正确处理。

1.正确对待谈判破裂

谈判中的最后拒绝必然会在对方心理上造成失望与不快，因而要将由此造成的失望与不快控制在最小限度内，尽量使对方在和谐的气氛中接受拒绝，所谓"买卖不成仁义在"，双方应含笑握手离开。

2.把握最后可能出现的转机

当对方宣布最后立场后，谈判人员要做出语言友好、态度诚恳的反应，并争取最后的转机。例如，在分析对方的立场后，可以做以下陈述："贵方目前的态度可以理解，回去后，若有新的建议，我们很乐意再进行讨论。""请贵方三思，如果贵方还有机动灵活的可能，我们将愿陪贵方继续商讨。"这样，对那些以"结束谈判"要挟对方让步的人网开一面，有时也会使谈判出现"柳暗花明又一村"的局面。

【练一练】11-1

一个顾客在某商场买了一部MP4，回去后发现MP4有问题，第二天回来要求退货，但销售人员以超过一天的退货期为由不予退货。请同学们两人一组，一人扮演销售人员，一人扮演顾客，模拟以上情景进行有关谈判。

讨论：作为销售人员，在出现纠纷时应如何处理？

（二）谈判成交的收尾

谈判取得了成果，双方达成了交易，谈判者应该善始善终，做好谈判记录的整理和协议的签订工作。双方要检查、整理谈判记录，共同确认记录正确无误，在此基础上，双方签订书面协议（或合同）。协议一经签字后就成为约束双方行为的法律性文件，双方都必须遵守和执行。

四、商务谈判结果的各种可能

商务谈判结果可以从两个方面来看：一是双方是否达成交易；二是经过谈判，双方关系发生了何种变化。这两个方面是密切相关的，我们将这两个方面的结果联系起来分析，可以得出以下六种谈判结果，见图11-2。

（一）达成交易，并改善了关系

双方的谈判目标顺利完成，并且实现交易，双方关系在原有基础上得到改善，可以促进今后进一步的合作。这是最理想的谈判结果，既实现了眼前的利益，又为双方长远利益的发展奠定了良好的基础。要想实现这种结果，双方首先要抱着真诚合作的态度进行谈判，同时，谈判中双方都能为对方着想并做出一定的让步。

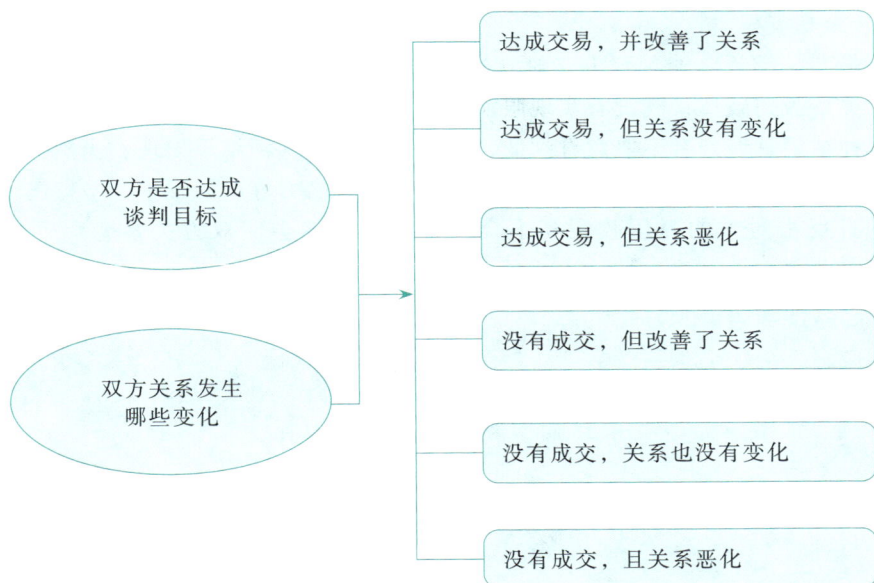

图 11-2　谈判的六种结果

（二）达成交易，但关系没有变化

双方的谈判结果是达成交易，但是双方关系并没有改善也没有恶化，这也是不错的谈判结果。因为双方力求此次交易能实现各自的利益，并没有刻意去追求建立长期合作关系，也没有太大的矛盾造成不良后果，双方平等相待，互有让步，实现交易成功。

（三）达成交易，但关系恶化

虽然达成了交易，但是双方付出了一定的代价，双方关系遭到一定的破坏或是产生了阴影。这种结果从眼前利益来看是不错的，但是对今后的长期合作是不利的，或者说是牺牲了双方关系换取交易成果。这是一种短期行为，"一锤子买卖"，对双方的长远发展没有好处，但为了眼前的切实利益而孤注一掷，也可能是出于无奈。

（四）没有成交，但改善了关系

谈判没有达成协议，但是双方关系却得到了良好发展。虽然由于种种原因双方没有达成交易，但是在谈判中，双方经过充分的交流和了解，实现了相互之间的理解和信任，都产生了今后要继续合作的愿望。"买卖不成仁义在"，此次谈判为将来双方成功合作奠定了良好的基础。

（五）没有成交，关系也没有变化

这是一次毫无结果的谈判，双方既没有达成交易，也没有改善双方关系。这种近乎平淡无味的谈判没有取得任何成果，也没有造成任何不良后果。双方都彬彬有礼地坚持己方的交易条件，没有做出有效的让步，也没有激烈的相互攻击，在今后的合作中也有可能进一步发展双方关系。

（六）没有成交，且关系恶化

这是最差的结果，谈判双方在对立的情绪中宣布谈判破裂。双方既没有达成交易，又使原有关系遭到破坏；既没有实现眼前的实际利益，又对长远合作关系造成了不良的影响。这种结果是谈判者不愿意看到的，所以应该避免这种结果出现。当然，在某种特殊环境中的特殊情况下，出于对己方利益的保护和对己方尊严的维护，坚持己方条件不退让，并且反击对方的高压政策和不合理要求，虽然会使双方关系恶化，也是一种迫不得已的做法。

五、商务谈判结束的方式

商务谈判结束的方式不外乎三种：成交、中止和破裂，见图11-3。

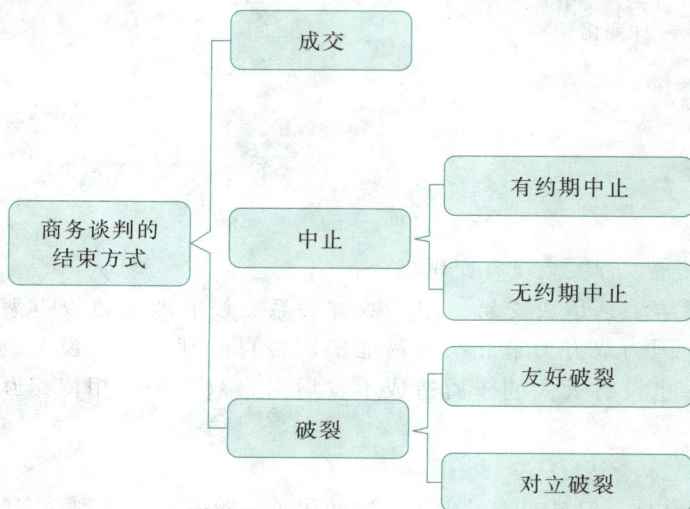

图11-3　谈判的结束方式

（一）成交

成交即谈判双方达成协议，使交易得以实现。成交的前提是双方对交易条件经过多次磋商并达成共识，对全部或绝大部分问题没有实质上的分歧。成交方式是双方签订具有高度约束力和可操作性的协议书，为双方的商务交易活动提供操作原则和方法。由于商务谈判内容、形式、地点的不同，成交的具体做法也是有区别的。

（二）中止

中止是谈判双方出于某种原因未能达成全部或部分成交协议，而由双方约定或单方要求暂时中止谈判的方式。中止如果是在整个谈判进入最后阶段、在解决最后分歧时发生的，就是终局性中止，并作为一种谈判结束的方式被采用。中止可分为有约期中止与无约期中止。

1.有约期中止

有约期中止是指双方在中止谈判时对恢复谈判的时间予以约定的中止方式。如果双方认为成交价格超过了原定计划或让步幅度超过了预定的权限，或者尚需等上级部门的批准，使谈判难以达成协议，而双方均有成交的意愿和可能，于是经过协商，一致同意中止谈判。这种中止是一种积极姿态的中止，它的目的是促使双方创造条件，最后达成协议。

2.无约期中止

无约期中止是指双方在中止谈判时对恢复谈判的时间无具体约定的中止方式。无约期中止的典型是冷冻政策。在谈判中，或者由于交易条件差距太大，或者由于存在特殊困难，但双方又有成交的需要而不愿使谈判破裂，于是双方采用冷冻政策暂时中止谈判。此外，如果双方对造成谈判中止的原因无法控制，也会采取无约期中止的做法。例如，国家政策突然变化、经济形势发生重大变化等超越谈判者意志的重大事件发生时，谈判双方难以约定具体的恢复谈判的时间，只能表述为"一旦形势许可"或"一旦政策允许"等，然后择机恢复谈判。这种中止，双方均出于无奈，会对谈判最终达成协议造成一定的干扰和拖延，属于被动的方式。

（三）破裂

破裂是指双方经过最后的努力仍然不能达成共识和签订协议，交易不成，或友好而别，或愤然而去，从而结束谈判。谈判破裂的前提是双方经过多次努力之后，没有任何磋商的余地，至少在谈判范围内的交易已无任何希望，谈判再进行下去已无任何意义。依据双方态度的不同，破裂可分为友好破裂结束谈判和对立破裂结束谈判。

1.友好破裂结束谈判

友好破裂结束谈判是指双方互相体谅对方面临的困难，讲明难以逾越的实际障碍而友好地结束谈判的做法。在友好破裂方式中，双方没有过分的敌意态度，只是各自坚持自己的交易条件和利益，在多次努力之后最终仍然无法达成协议。双方态度始终是友好的，能充分理解对方的立场和原则，能理智地承认双方在客观利益上的分歧，对谈判破裂抱着遗憾的态度。谈判破裂并没有使双方关系破裂，反而通过充分的了解和沟通，产生了进一步合作的愿望，为今后双方再度合作提供了可能。我们应该提倡这种友好破裂方式。

2.对立破裂结束谈判

对立破裂结束谈判是指双方或单方在对立的情绪中愤然结束未达成任何协议的谈判。造成对立破裂的原因有很多，如对对方的态度强烈不满，情绪激愤；在对待对方时不注意交易利益的实质性内容，较多责怪对方的语言、态度和行为；一方以高压方式强迫对方接受己方条件，对方拒绝；双方条件差距很大，互相指责对方没有诚意，难以沟通和理解。不论何种原因，双方在对立情绪中谈判破裂毕竟不是一件好事，这种破裂不仅没有达成任何协议，而且使双方关系恶化，今后很难再次合作。所以，在破裂不可避免的情况下，一方面，要尽力使双方的情绪冷静下来，不要使用过激的语言，尽量使双方能以友好的态度结束谈判，至少不要使双方关系恶化；另一方面，要摆事实讲道理，不要攻击对方，要以理服人，以情感人，以礼待人，这样才能体现出谈判者良好的修养和风度。

六、总结分析与最后的让步

认真回顾总结前期谈判的情况，总结取得的成绩，发现存在的问题并对最后阶段存在的问题做出决策。对于最后一两个有分歧的问题，用最后的一次让步作为最后的"甜头"来解决。

【练一练】11-2

小黄为了买一台录像机，跑了几家电器商店，这几家电器商店的价格都介于2 800元至3 000元之间。为了购买到更便宜一点的录像机，他又询问了几家商店，最后他来到了一家门面装饰不凡的电器商店。店员十分客气地同他打了招呼。他询问了录像机的价格，店员拿出一张价格表给他看，他所要的那种型号的录像机价格是3 000元，但店员报价2 800元，小黄觉得应该买，店员随即开购货单。这时从旁边过来另一位店员，看到货单后说价格应该是3 000元而不是2 800元。正在试机的店员立即查看价格表，转身对小黄说："真对不起，我刚才看错了，将3 000元看成了2 800元。"说完，就将购货单上的2 800元改成了3 000元。

面对这种情况，小黄应该怎么办？

七、谈判的记录及整理

根据国际商务谈判的性质，有许多记录谈判的方法。但根本的要点是：每一次洽谈之后，双方离去前，都要用书面记录方式将双方达成一致的议题拟一份简短的报告或纪要，并由双方草签认可，以确保该共识以后不会被违反。这种文件具有一定的法律效力，在以后的纠纷处理中尤为重要。在国际商务谈判中，谈判的记录通常有以下做法：

（1）通读谈判记录或条款，以表明双方在各点上均一致同意。通常当谈判涉及商业条款及规格时，需要使用这一方法。

（2）每日的谈判记录由一方在当晚整理就绪并在第二天作为议事日程的第一个项目宣读，后由双方确认通过。只有在这个记录通过之后才能继续进行谈判。这项工作比较费力，但对于长时间的谈判来说是可取的。

（3）如果只进行两三天的谈判，则由一方整理谈判记录后，在谈判结束时宣读通过。在未经双方同意并且书面记录在案的情况下，谈判不可中断。

记录人员很容易犯的错误是：他往往会记下他认为人们说了些什么而不是实际上人们说了些什么，这一点是记录人员的禁忌。如果双方共同确认记录准确无误，那么所记载的内容便是起草书面协议或合同的主要依据。

谈判者通常会争取自己一方做记录。谁保存会谈记录，谁就握有一定的主动权，如果对方向你出示他们的会谈记录，那就必须认真查看，要将自己的记录与对方的记录加以核对，发现偏差就应指出和要求修正。

八、签订书面协议

谈判双方在交易达成后，必须签订合同或协议书、备忘录等形式的法律契约，签订书面协议或合同是商务谈判的重要组成部分。签订程序主要包括以下几个步骤，见图11-4。

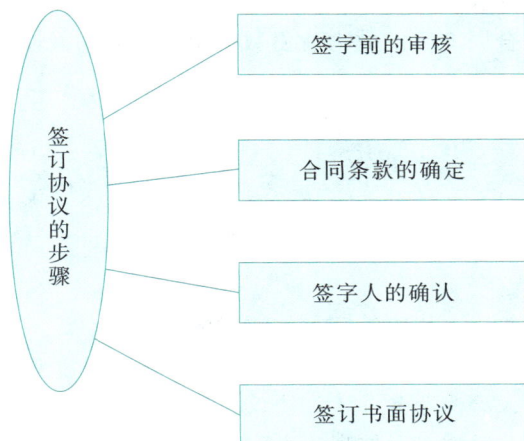

图11-4　签订协议的步骤

（一）签字前的审核

要保证双方对所谈内容理解一致。在签订协议之前，应与对方就全部的谈判内容、交易条件进行最终的确定。协议签字时，再将协议的内容与谈判结果一一对照，确认无误后方可签字。在实践中，常常有人有意无意地在签订协议时故意更改谈判的结果，如故意在日期、数字上，以及关键性的概念上做文章。

【练一练】11-3

下面的题目有的有错误，找到它们并在它们的下面画一条横线，请在2分钟内完成，在别人没有完成前请不要公布自己的答案。

（1）132=169

（2）243÷3=61

（3）4×27=98

（4）（213-23）÷2=95

（5）7^3=343

（6）242-12÷3=238

（7）6^2+8^2=100

讨论：为什么有人认为只有两处错误？

这个游戏考察大家的观察力和判断力，在必要的时候一定要坚持自己的立场和原则，不可以盲目听从别人的观点。

（二）合同条款的确定

商务合同一般由约首、主文和约尾三部分组成。约首是合同的首部，用来反映合同的名称、编号，订约的日期、地点，双方的名称、地址、邮编、传真号码以及双方订立合同的意愿和执行合同保证的表示等。主文即合同的正文部分，也是合同的主体内容部分，主要记载双方的权利和义务，表现为各项交易条件，这是合同的核心部分。约尾是合同的尾部，用来反映合同文字的效力、份数，附件的效力及双方签字等。

【练一练】11-4

请草拟一份租房合同，并自行分为两人一组，就租房合同条款展开谈判。

讨论：在进行有关合同条款的谈判时应注意哪些问题？

（三）签字人的确认

谈判合同一般由企业法人代表签字，从法律的角度来讲，只有董事长和总经理才能代表其公司或企业对外签约。在国际上，经常有某一公司或企业的职员以其公司或企业的名义，到处招摇撞骗，洽谈业务并签订协议，从中谋利，却很少履行协议。因此，在洽谈签约之前，务必要求对方出示体现法人代表资格的文件，如授权书、委托书等证明材料，以证明其确实是合法的代表人。

（四）签订书面协议

协议经双方签字后，就成为约束双方的法律性文件，有关协议规定的各项条款，双方必须遵守和执行。任何一方违反协议的规定，都必须承担法律责任。

训练营

【训练任务11-2】

寻找谈判结束信号。

【任务目标】

通过模拟谈判，掌握谈判结束技巧。

【任务内容和要求】

选出几位同学，分别扮演销售人员和顾客，模拟手机交易谈判，观察对方成交的信号，并促成交易。

【任务组织】（见表11-3）

表11-3　　　　　　　　寻找谈判结束信号任务组织表

活动项目	具体实施	时间	备注
手机交易	（1）A、B两组同学，每组10人，分别扮演销售人员和顾客，进行手机交易 （2）寻找成交信号，共同分享体会	25分钟	教室 手机

【任务评价】(见表11-4)

表11-4   寻找谈判结束信号任务评价表

评价指标	评价标准	分值 (分)	评估成绩 (分)	所占比例
手机交易	1.模拟真实	20		70%
	2.体现谈判结束的时机技巧	20		
	3.捕捉成交的信号准确	20		
	4.能利用谈判信号为自己提供机会	20		
	5.谈判语言组织合理	10		
	6.活动评估	10		
教学过程	出勤、态度和热情	100		30%
综合得分				

金钥匙

在国外洽谈的准则

■ 知道自己是外国人。

■ 安排好自己的行程。

■ 了解当地的文化与习俗。

■ 调整谈判节奏。

■ 掌握世界通用的谈判技巧。

■ 你永远拥有拒绝的权力。

■ 不做与你无关的事情。

■ 要尊重对方。

■ 重合同,守信用。

超链接11-2 谈判签约仪式礼仪

1.签约仪式的准备

(1)签字厅的布置要整洁庄重;

(2)合同文本的准备;

(3)签字时的座次安排;

(4)出席人员的服饰要求。

2.举行签约仪式的步骤

(1)仪式正式开始;

(2)正式签署;

(3)交换各方已签好的合同文本;

（4）饮香槟酒庆祝。

商务合同正式签署后，还要提交有关方面进行公证，之后才能正式生效。签约仪式后，主谈判方可设宴或酒会招待所有参加谈判和签约的人员，以示庆祝。

课后思考：

1. 列出谈判收尾工作的要点、谈判结束时机技巧的实施要点。

2. 用谈判结束阶段的缔约办法进行一次模拟谈判，写出感受和体会。

主要参考文献

[1] 何彬. 沟通能力优化训练与指导 [M]. 北京：人民邮电出版社，2014.

[2] 张远. 北大谈判课 [M]. 深圳：深圳出版发行集团，海天出版社，2013.

[3] 高宏. 一看就懂的谈判技巧全图解：升级版 [M]. 北京：北京理工大学出版社，2016.

[4] 巴毕茨基. 价格谈判：在生意场合胜出的50个谈判绝招 [M]. 北京：电子工业出版社，2014.

[5] 戴蒙德. 沃顿商学院最受欢迎的谈判课 [M]. 北京：中信出版社，2018.

[6] 一色正彦，高桦亮辅. 针锋不必相对：商业谈判中的谈判技巧 [M]. 北京：电子工业出版社，2014.

[7] 王鹏. 高效沟通：如何让沟通精准有效 [M]. 成都：四川文艺出版社，2018.

[8] 高方涛. 谈判心理学：优势谈判的决胜策略 [M]. 北京：中国铁道出版社，2019.

[9] 邹晓春. 沟通能力培训全案 [M]. 3版. 北京：人民邮电出版社，2014.

[10] 施汉特. 绝地谈判 [M]. 杭州：浙江人民出版社，2019.